首都经济贸易大学出版基金资助

U0595401

义的追寻
——转型社会的社会正义形成原理

沈敏荣 ◎ 著

YI DE ZHUIXUN

ZHUANXING SHEHUI DE

SHEHUI ZHENGYI XINGCHENG YUANLI

首都经济贸易大学出版社

Capital University of Economics and Business Press

·北 京·

图书在版编目（CIP）数据

义的追寻：转型社会的社会正义形成原理／沈敏荣著. --北京：首都经济贸易大学出版社，2019. 9

ISBN 978-7-5638-2907-1

I. ①义… II. ①沈… III. ①正义—理论研究 IV. ①B82

中国版本图书馆 CIP 数据核字（2018）第 303401 号

义的追寻：转型社会的社会正义形成原理
沈敏荣　著

责任编辑	卢　翎	
封面设计	砚祥志远·激光照排　TEL：010-65976003	
出版发行	首都经济贸易大学出版社	
地　　址	北京市朝阳区红庙（邮编100026）	
电　　话	(010) 65976483　65065761　65071505（传真）	
网　　址	http：//www. sjmcb. com	
E－mail	publish@cueb. edu. cn	
经　　销	全国新华书店	
照　　排	北京砚祥志远激光照排技术有限公司	
印　　刷	人民日报印刷厂	
开　　本	710 毫米×1000 毫米　1/16	
字　　数	316 千字	
印　　张	17	
版　　次	2019 年 9 月第 1 版　2019 年 9 月第 1 次印刷	
书　　号	ISBN 978-7-5638-2907-1	
定　　价	55. 00 元	

序　言 ｜ 义的启蒙

　　泱泱大国，五千年传承，然自明清以来，专制、禁锢之风四起，中华民族的精神气质为之扭曲：从不谈"仁与圣"，到处处以"仁、圣"标榜；从"道可道，非常道"敬仰，到"尽天理"的确信；从"思无邪""欲而不贪"的对人的自然属性的尊重，到"灭人欲"、包小脚的不宽容；从"学而时习之"的实事求是，到清谈玄学误国；从以人取法、可变之礼，到祖宗之法不可变；从"因材施教"的多元化成长之道，到"修齐治平"的单行道；从"己所不欲，勿施于人"、由己及人的"敏于行"，到马基雅维利主义的"奸诈狠毒""斩草除根"；从"兴于诗、成于乐"的快乐学习，到"书中自有黄金屋、书中自有颜如玉"的功利学习；从自"小人"开始的"废寝忘食、乐以忘忧"，到满口仁义道德的"党同伐异"。中国的传统呈现出截然不同的两幅图景，呈现出明显不同的二元结构。而此时，相对应地正是西方14、15世纪的文艺复兴的开端，这也是西方在近现代社会超越东方的开始。

　　这种分界线正是源于对"义"的推崇或排斥。孔子

1

曾曰："君子之于天下也，无适也，无莫也，义之与比。"孔子的"毋意、毋必、毋固、毋我"将其所建立的仁学的所有理论经验全部推翻，需要在"义"的基础上根据每个人的特点、每个场景的不同状况重新组合，才能成就"己欲立而立人，己欲达而达人"。"义"是孔子仁学实践之学，是每个人从"小人"，践行"君子之道"，成就"大人"之学。"义"是根据不同的特点、不同的场景、不同的挑战的对仁学的创新，其中有很大的个人能动的成分。有了"义"，无论是个人或是社会组织，还是一个文明社会，才会有活力和精神的继承性。而如果没有了"义"，民族精神就会断了脊梁。民强，而后国强；民弱，而后国衰。

孟子以其理论与实践发展的"义"成为儒家经典表述，"义，人之正路也。"孟子曾说："大人者，言不必信，行不必果；惟义所在。"我们从中看到的是雄辩式的理性分析，而非道德说教。在变动的社会中，迷惘和困惑形成思想的市场，只有理性说服力才是思想真正的力量，强权只会窒息思想的火花，超越时间和空间的真理无法用利益来支持，只能用理性与激情来支撑。正是有了"义"的支撑，才使得孟子之学极其强大。他的很多思想，如"富贵不能淫，贫贱不能移，威武不能屈"、"穷则独善其身，达则兼济天下"、"得道者多助，失道者寡助"、"天时不如地利，地利不如人和"以及"行一不义，杀一不辜，而得天下，皆不为也"成了"义"的最好注脚，塑造了中华民族的品格。荀子也曾说："从道不从君，从义不从父，人之大行也。"太史公曾说："《书》以道事，《诗》以达意，《易》以道化，《春秋》以道义。"

墨子之"义"创造性地发展了"义"的思想，将"义"推到极高的层次："万事莫贵于义"，成了其整个理论与实践的灵魂。这种创新性的发展使得墨子之学在表现形式上与儒家学说不同，使其成为当时与儒家齐名的两大显学之一。但是究其实质，两者在"义"的理解上存在诸多惊人的相似之处。这一点可以说是有活力的文明的共性。《旧约》中的义与义人，《新约》中的因信称义，都是人们在变动社会的压力下提交的生存智慧的答卷。这些答卷存在很多惊人的相似。而这正是文明的内核，也是民族复兴的支点。

"义"创造性地设定了人的道德边界，留给不同的人不同的生存空间，命运自此掌握在"志于道、依于礼、据于德、敏于行、依于仁、游于艺、成于乐"的君子手中，而不会在变动社会中沉沦或是被变动的巨浪压垮，"君子疾没世而名不称焉"。人生在世是具有使命感的，需要将与生俱来的能力发挥出来，成就"知者不惑，仁者不忧，勇者不惧"。"义"完成了中华民族文明史上的一次启蒙，使理性和信心之光照耀自身。

"义"使得在共同的生存智慧之上给每个人提供各自不同、适宜的生存法则成为可能，必然的结论是"一人一义，千人千义"，这和后来大一统社会的政治要求背道而驰。秦代的"焚书坑儒"、汉代"罢黜百家、独尊儒术"的一元化鼓励措施所指向的政治与"应有之义"格格不入。封建政治的垄断性、封闭性、片面性在"义"的照耀下显得猥琐和丑陋，因此，大一统的政治本能地排斥"义"。在儒、墨成为显学400年后，"墨家"不再是显学了，儒家也被改造得没有了"义"的内核了，"非礼之礼，不义之义"充斥儒家思想，衰落自此开始。

大一统的影响长期延续，仁圣的思想如幽灵般地萦绕，这种只求结果不问过程的非理性思维仍影响着我们的生活；社会分层所拉开的鸿沟对于很多人而言无法用后天的努力来弥补，人的潜力被层层有形、无形的透明天花板压制着，社会的非理性充斥其间；权钱交易不断地突破我们的道德底线，人类的邪恶若没有被有效地约束，吞噬着人们的信心。这种影响有如巨大的阴影遮蔽我们的精神和心灵。我们需要新的启蒙。

阳光曾经照耀着我们，但是长期的封闭和静止使得雾霾层层笼罩，只有当新的阳光照耀时，雾霾才会消散。而只有"义"的光芒，才具有这样的力量。

目　录

Contents

第一章 "义"到 "正义" 的跨越：
作为社会正义之基的义

君子之于天下也，无适也，无莫也，义之与比。

——孔子

第一节　长期被忽略的 "义"：作为传统支柱的 "义"

"礼坏乐崩"是转型社会的普遍特点。社会变迁考验人的道德底线，屡屡突破道德底线已是见怪不怪，"无耻才能出名，无赖才能获利"司空见惯，随处可见的是人的欲壑难平，以及道德约束的脆弱。正如荀子在战国时期所写的："天地易位，四时易乡。列星陨坠，旦暮晦盲。幽暗登昭，日月下藏。""仁人绌约，敖暴擅强。天下幽险，恐失世英。螭龙为蝘蜓，鸱枭为凤凰。比干见刳，孔子拘匡。""以盲为明，以聋为聪，以危为安，以吉为凶。"① 大变动社会考验人的生存智慧，是随波逐流、游戏人生？还是保存良知、改变命运？

中华民族的传统成形于春秋战国时期，而春秋战国时期正是史上少有的大变动时期。正是在这一变动中，有识之士并未随波逐浪、游戏人生，而是积极地探寻大变动社会的生存智慧，以不变的智慧来应对外在的大变动，这就是当时的诸子百家，他们的思想构成了中华民族丰富的精神财

① 《荀子·赋》。

1

富，也给了现代人以智慧的启示。

一、厚德载物：德的伦理逻辑

在大变动社会中，到处可见的是"仁人绌约，敖暴擅强"，那为什么还要讲道德呢？因为讲道德能够解决自己的生存问题，让自己的生活更好吗？如果讲道德使自己的生存状况恶化，还有几人会讲道德呢？人在大变动时代需要遵循什么样的"道"？对这些问题，诸子百家几乎都给出了同样的答案。

道家的《庄子》就指出，人具有无穷的潜力，如果将这种力量发挥出来，是人原来能力的无数倍，这才是人在大变动社会可以倚靠的力量。"北冥有鱼，其名为鲲。鲲之大，不知其几千里也；化而为鸟，其名为鹏。鹏之背，不知其几千里也；怒而飞，其翼若垂天之云。是鸟也，海运则将徙于南冥。南冥者，天池也。《齐谐》者，志怪者也。《谐》之言曰：'鹏之徙于南冥也，水击三千里，抟扶摇而上者九万里，去以六月息者也。'"①

孔子也指出，人身上这种仁的力量是自身拥有的，"我欲仁，斯仁至矣"②，如果将这种力量发挥出来，就可以克服大变动社会的纷乱，"知者不惑，仁者不忧，勇者不惧"③。

荀子也指出，仁的力量非常神奇，"有物于此，居则周静致下，动则綦高以钜。圆者中规，方者中矩。大参天地，德厚尧、禹。精微乎毫毛，而充盈乎大宇。忽兮其极之远也，攭兮其相逐而反也，卬卬兮天下之咸蹇也。德厚而不捐，五采备而成文。往来惛惫，通于大神，出入甚极，莫知其门。天下失之则灭，得之则存。""有物于此，生于山阜，处于室堂。无知无巧，善治衣裳。不盗不窃，穿窬而行。日夜合离，以成文章。以能合

---

① 《庄子·逍遥游》。
② 《论语·述而》。
③ 《论语·子罕》。

从，又善连衡。下覆百姓，上饰帝王。功业甚博，不见贤良。时用则存，不用则亡。"①

在大变动社会，外界的一切，如地位、财富、权力、身份都不足以依靠时，人们普遍将视野投向人自身，审视自身所具有的禀赋，各个文明都不约而同得出同样的结论。在西方也是如此，《圣经·旧约》是希伯来人的生存经典，他们将人视为"神"的创造物，是神按照自己的形象所造，人身上具有神性。人将自身的神性发挥出来，就需要重新与神和好。而在《圣经·新约》中，更是将这种思想用更直白的方式表达出来，"岂不知你们的身子就是圣灵的殿吗？这圣灵是从神而来，住在你们里头的。并且你们不是自己的人。因为你们是重价买来的。所以要在你们的身子上荣耀神。"②

现代科学和心理学也逐渐取得这样的共识，如果将人的潜力都发挥出来，人的潜力相当于人现有能力的数万倍。③ 问题的关键是如何将这种潜力发挥出来。"德"的重要性这时就显现出来了。"厚德"才能承载各种"物"，当然也包括人的潜力。

在人的潜力发挥的过程中，人需要有各种品格，如"立志"④，需要有"仁、知、信、直、勇、恭、慎、刚、毅、木、讷、诚、忠、恕、孝、悌、义、智、好学、中庸、以德报怨"等诸种美德。其中，"仁、义、礼、智、信"被中国传统社会称为"五达德"。在孔子的仁学中，这些美德的基本逻辑是这样的，"十五而志于学"，首先需要"立志"，即"志于道"，这是非常重要的，这个"道"就是上面所讲的关注于人的力量之源的发展，这是根本，失之毫厘，谬以千里。然后是"志于学"，学习各种"文"理，也就是学习前人的各种智慧结晶，如"诗"，"可以兴，可以怨"，了

---

① 《荀子·赋》。

② 《圣经·歌林多前书》（6：19—20）。

③ 沈敏荣：《仁者无敌：仁的力量——大变动社会的生存之道》（上），人民出版社2015年版，第42页。

④ 《论语·为政》。原文为：子曰："吾十有五而志于学，三十而立，四十而不惑，五十而知天命，六十而耳顺，七十而从心所欲，不逾矩。"

解自己，发现自己的兴趣与爱好，这是人的立世之本；在此基础上向外扩展，既照顾好自己，也能够照顾好自己最亲密的人——父母，那就是"孝"，以及和自己有血缘关系的平辈，能够做到像哥哥照顾弟弟一样地处理兄弟姊妹之间的关系，这就是"悌"，这是人能力扩展的第一步，也正是《论语》中所讲的："孝弟也者，其为仁之本与。"① 然后再扩及自己周边认识的人，那就是"义"，再是不认识的人，那就是"泛爱众"② "爱人"③，最后是能够正确对待你的敌人和对手，"以德报怨"。这样，在"美德"的基础上，人的能力实现了逐步扩展。

二、德的危机：现实社会的挑战与成长路径的复杂性

"厚德载物"是人成长的必然途径，"不恒其德，或承之羞"④，但讲"德"并不是无条件的，而是需要与特定的条件相结合，正如孔子讲的，需要与"礼"，即与人的日常行为规范相结合⑤，德如果不与"礼"相结合，就会走向反面。同样，德还需要与"好学"相结合，否则也会走向反面。

那么，在现实生活中，当面临着巨大危机的时候，德如何权变就成为一个大问题了。不同的人、不同的情境需要有不同的策略，这就是孔子讲的"子绝四：毋意，毋必，毋固，毋我。"⑥ 这就会有对德的选择，甚至是从表面上体现为对德的完全抛弃。所以，在《论语》中，孔子会发出这样的感叹："吾未见好德如好色者也。"⑦ "小人之德草。"⑧ "知德者，鲜

---

① 《论语·学而》。
② 《论语·学而》。原文为：子曰："弟子，入则孝，出则悌，谨而信，泛爱众，而亲仁。行有余力，则以学文。"
③ 《论语·阳货》。原文为：君子学道则爱人，小人学道则易使。《论语·颜渊》。原文为：樊迟问仁。子曰："爱人。"
④ 《论语·子路》。
⑤ 《论语·阳货》。原文为："好仁不好学，其蔽也愚；好知不好学，其蔽也荡；好信不好学，其蔽也贼；好直不好学，其蔽也绞；好勇不好学，其蔽也乱；好刚不好学，其蔽也狂。"
⑥ 《论语·子罕》。原文为：子绝四：毋意，毋必，毋固，毋我。
⑦ 《论语·子罕》。
⑧ 《论语·颜渊》。

矣!"① 这都源于德所具有的特点。

一是德本身的难以把握。德并不是孤立存在，它需要取决于其他因素，如"好学"，如果没有好学而光有德本身，好事情也会变成坏事情。孔子讲的"六言六弊"就是这样。② 没有"好学"，好品德就会滑向反面。同时，德本身还有程度与均衡的问题，不考虑场合、环境，就不能实现德的目的，正如孔子讲的"言必行，行必果"的美德，如果不考虑场合、环境，仍然是"小人"。③

二是每个人的成长环境、性格不同，不同的人对不同的德的需求也不同。正如孔子的弟子中，有以德行见长，也有以言语见长；有以政事见长，也有以文学见长。④ 不同的人需要"因材施教"，对其道德的要求也应该是不同的。孔子并不对学生做统一的要求，而是让学生各言其志⑤，在自身兴趣爱好的基础上因材施教，让其发挥自身的潜力。

三是德与德的冲突。在孔子的仁学体系中有这么多德，"仁、知、信、直、勇、恭、慎、刚、毅、木、讷、诚、忠、恕、孝、悌、义、智、好学、中庸、以德报怨"，能否在同一时间内全部做到，这是有疑问的。对孔子的优秀弟子而言，德行第一的颜回，在提问辩论环节上有欠缺⑥；言语第一的宰我⑦，但勤奋欠佳，在《论语》中有关于他白天睡觉的记载⑧；

---

① 《论语·卫灵公》。

② 子曰："由也！汝闻六言六蔽矣乎？"对曰："未也。""居！吾语汝。好仁不好学，其蔽也愚；好知不好学，其蔽也荡；好信不好学，其蔽也贼；好直不好学，其蔽也绞；好勇不好学，其蔽也乱；好刚不好学，其蔽也狂。"

③ 《论语·子路》。原文为："言必信，行必果，硁硁然小人哉！"

④ 《论语·先进》。德行：颜渊，闵子骞，冉伯牛，仲弓。言语：宰我，子贡。政事：冉有，季路。文学：子游，子夏。

⑤ 《论语·先进》。见"子路、曾皙、冉有、公西华侍坐。"孔子让其各言其志。

⑥ 《论语·先进》。原文为：子曰："回也，非助我者也，于吾言无所不说。"

⑦ 《论语·先进》。原文为：德行：颜渊，闵子骞，冉伯牛，仲弓。言语：宰我，子贡。政事：冉有，季路。文学：子游，子夏。

⑧ 《论语·公冶长》。原文为：宰予昼寝。子曰："朽木，不可雕也，粪土之墙，不可杇也；于予与何诛？"

政事第一的冉有，曾为虎作伥，正义与邪恶不分，气得孔子要清理门户。① 这些德，要一起实现非常困难，而且世界充满矛盾与冲突，从我们日常生活中常开的玩笑中也可见端倪。② 这时，就需要有轻重缓急，当时孔子的弟子子夏就说，可以通过区分大德与小德，抓大放小来解决，"大德不逾闲，小德出入可矣"（《论语·子张》）。孟子也提出了自己的解决方案，在正常情况下，讲德，但是在紧急、危急情况下，需要"权变"，需要变通。③

这种冲突与讲德性之后的生活困顿，在现实生活中比比皆是。连孔子都感叹："德行最好的颜回，却是那么的贫困，而善于市场投机的子贡，却富甲一方。"④ 这种冲突与困顿中还能否讲德行？如何讲？这确实考验一个人的智慧。

四是德与生命的冲突。爱惜自己的生命也是德行的一部分，而当德与自己的生命相冲突时，这是一种非常极端的情况，这就是孟子所说的："鱼，我所欲也。熊掌，亦我所欲也。二者不可得兼，舍鱼而取熊掌者也。生，亦我所欲也；义，亦我所欲也。二者不可得兼，舍生而取义者也。"⑤ 在变动和危机中常有"置之死地而后生"，常有对德与生的选择考验，何去何从，难以抉择。

五是外在环境的变化，尤其是富与贵的不同，人对德的选择也会有不同，这种选择，其中有没有一致性的有机联系呢？这是考验选择的智慧，如果没有联系，那就存在双面人格、投机主义，而如果存在有机联系，则

---

① 《论语·先进》。原文为：季氏富于周公，而求也为之聚敛而附益之。子曰："非吾徒也。小子鸣鼓而攻之，可也。"

② 如媳妇与亲妈都掉水里，应该救哪个呢？手心手背都是肉，应该爱哪个更多一点呢？

③ 平时，讲礼需要做到男女授受不亲，但在危急的情况下，如嫂溺溺水时，就不能再讲了，需要及时援手施救。《孟子·离娄章句上》第17章。淳于曰："男女授受不亲，礼与？"孟子曰："礼也。"曰："嫂溺则援之以手乎？"曰："嫂溺不援，是豺狼也。男女授受不亲，礼也；嫂溺援之以手者，权也。"曰："今天下溺矣，夫子之不援，何也？"曰："天下溺，援之以道，嫂溺，援之以手——子欲手援天下乎？"

④ 《论语·先进》。"子曰：回也其庶乎。屡空。赐不受命，而货殖焉，亿则屡中。"

⑤ 《孟子·告子上》。

是智慧的选择。正如孔子所言："子贡曰：贫而无谄，富而无骄，何如？子曰：可也；未若贫而乐，富而好礼者也。"（《论语·学而》）。

这种选择其实是困难的，如韩信能受胯下之辱，大丈夫能屈能伸，这种屈伸有度吗？在《墨子·非儒》中就曾有这样的记载：

> 孔某穷于蔡陈之间，藜羹不糁，十日，子路为享豚，孔某不问肉之所由来而食；号人衣以酤酒，孔某不问酒之所由来而饮。哀公迎孔子，席不端弗坐，割不正弗食。子路进请曰："何其与陈、蔡反也？"孔某曰："来！吾语女，曩与女为苟生，今与女为苟义。"夫饥约，则不辞妄取以活身，赢鲍，则伪行以自饰，污邪诈伪，孰大于此！

我们姑且不论此事的真伪，在贫困潦倒时还能保持人的尊严，在富贵显赫时还能保有自己的本色，其实是很难的。

德在实践中，尤其是在变动社会中，常常面临世俗世界的挤压、挑战和逼迫，这时就需要融通和变化，如何变通、幻化，考验着变动社会中人们的生存智慧。

三、德之权：知通大道、应变无穷

在激烈的竞争条件下，很难使众多的"德"同时实现，这时候就面临着取舍与选择的问题。正如孔子所讲："君子之于天下也，无适也，无莫也，义之与比。"（《论语·里仁》）也正如荀子所指出的："知通乎大道，应变而无穷"（《荀子·哀公》），能够做到"与时迁徙，与世偃仰，千举万变，其道一也。"（《荀子·儒效》）

在春秋礼乐崩坏时期，孔子非常强调德，但是在具体的实践中，孔子提出："言必行，行必果，硁硁然，小人哉。"美德如果没有取舍、没有变化、没有权宜，并不能达到"仁义"的目的，并不能促进人的发展。而在具体的实践上，孔子提出了惊人的方案，即"无适也，无莫也"，也就是说，所有的德都是可以变化的、权宜的。但问题是，如何权宜，如何变化，就需要遵循特定的标准，否则整个"德"的体系就会崩溃。这个标准就是孔子提出的"义"的标准。

当时，诸子百家在仁、德的问题上的分歧不大，就是在人的潜力、德性、美德上分歧也不大，但是在如何实现、如何实践上分歧就出现了。孟子认为，应该从自身心性出发，这是应有之义；而荀子认为，应该从义之"术"与"势"出发，从而有性善与性恶的分野；法家后来对"术"与"势"的思想做了充分地发展；而墨家认为，应该从兄弟之义出发，从而在孔子仁学的基础上发展出一套完全不同的人的发展路径，从而有儒、墨并称显学。道家认为，应该遵从人的自然属性和人的自然路径，不应该背离人的自然之路，在身份认同上异化。但是，在用"义"来弥补"德"的不足这一点上，各家是惊人的相似，只是对"义"赋予了不同的意思，正如墨子讲的，"一人一义"。

以孟子为例，孟子认为美德的权宜应该遵循这样几个原则：

第一，平世与乱世中对"德"的要求是不同的，如大禹、后稷在平世，以天下之忧而忧，三过家门而不入；而颜回，身当乱世，居陋室，"人不堪其忧"，但颜回却能独善其身，"不改其乐"，前后虽然体现的德不同，但"禹、稷、颜回同道"。[①] 不同的行为，由于外在环境不同，体现的道是一样的。如果环境变了，同样一种行为，可能是美德，也可能不是美德了，如在平世，同室之人相斗，急忙救助是可以的，但如果是乡邻争斗，急忙救助则显得匪夷所思了。这正是孟子归纳的："穷则独善其身，达则兼济天下"，治世应经世济民，乱世则应独善其身，伺机而动。

第二，与第一项同理，在平世与在危急情况下，对德的要求也是不一样的。如男女授受不亲，这是在平世对"德"的要求，而若"嫂溺待

---

① 《孟子·离娄章句下》。又见沈敏荣：《仁者无敌：仁的力量——大变动社会的生存之道》，人民出版社 2015 年版，第 551 页。

援"，就不能顾及"男女授受不亲"，否则就是"豺狼"了。①

第三，在有多项可选择项时，"取舍"的办法是："可以取，可以无取，取伤廉；可以与，可以无与，与伤惠；可以死，可以无死，死伤勇。"②在可以取可以不取的时候，选择不取；可以给可以不给的时候，选择不给；当死亡是可以选择时，不应该选择死亡。人实现自身的潜力其实是在实现一件几乎不可能完成的任务，因此，必须在必须要做的事情上做到"勇猛精进"，而不应该做那些可以做也可以不做的事情，人不应该在似是而非、模棱两可的事情上浪费自己的时间和精力。

第四，一些重要的美德是有条件的，如果这些条件不具备，就不需要讲究这些美德。"君之视臣如手足，则臣视君如腹心；君之视臣如犬马，则臣视君如国人。"③"君使臣以礼，臣事君以忠。"④忠诚是政治社会的基本美德，但如果政治不再适合人的发展，美德的坚持也就没有必要了。这也正是马基雅维利的《君主论》、霍布斯的《利维坦》所论述的中心主题。⑤

四、德之变：变之术与仁之义

德之权相对来说比较容易，德之变就难以识别也难以做到了。在特定情况下，德的标准是可以背离的，即做出与德完全相反的外在行为。而如果具有德的外形，但违背内在"道义"的行为，则不应该。这正如孟子所讲的"非礼之礼，非义之义"⑥，是应当摒弃的。荀子由此提出"变之术"，即外界社会变化无常，人在世间生存和立足，必需"事变得应"，既能够应对外界的变化，又能够做到"守道如一"，最终实现"万物得宜"，即"上得天时""下得地利""中得人和"。这种变化之法正是孔子以后的

---

①② 《孟子·离娄章句上》。
③⑥ 《孟子·离娄章句下》。
④ 《论语·八佾》。
⑤ 沈敏荣：《市民社会与法律精神——人的品格与制度变迁》，法律出版社 2008 年版，第389 页。

有识之士孜孜不倦探讨的中心议题。现将孟子和荀子探讨的结果粗略归纳如下：

第一，在特殊和紧急情况下权变是最重要的，外在的道德要求应让位于实质的道义要求，在不同的情境下，两个相反的行为可能都是符合内在道义的。孟子曾以危急情况下是不是需要有勇的美德为例来说明，在危难的时候需要以命相拼还是明哲保身，并无确定的答案，需要依情况而定。曾子的明哲保身和子思的不离不弃都符合仁道。[①] 这正如孟子讲的："亦仁而已，何必同？"[②]

第二，如果与"义"相冲突，或是与"世之大伦"相冲突，美德是可以违背的。如孟子讲，舜以孝出名，而婚姻需要父母之命，告之父母是孝的基本内容。但舜父与后母欲杀他，更不容其幸福[③]，这样，舜娶妻就可以无须告之父母，因为告之父母，父母必然反对，而这种反对是出于不可告人的目的。[④] 这也正如后来禅宗六祖指出的"如人探水，冷暖自知"，义的权宜性使德真正实现其"润身"的目的。

以上是孟子提出的变化之术，荀子对此做了更详细的论述。乱世之中，美德的权变非常复杂，不容易掌握，只有通达明道之人才可以掌握。

第一种是"通忠之顺"，通过推行忠诚而达到顺从，也就是表面上好

---

① 《孟子·离娄章句下》。原文为：曾子居武城，有越寇。或曰："寇至，盍去诸？"曰："无寓人于我室，毁伤其薪木。"寇退，则曰："修我墙屋，我将反。"寇退，曾子反。左右曰："待先生如此，其忠且敬也。寇至则先去，以为民望。寇退则反。殆于不可。"沈犹行曰："是非汝所知也。昔沈犹有负刍之祸，从先生者七十人，未有与焉。"子思居于卫，有齐寇。或曰："寇至，盍去诸？"子思曰："如伋去，君谁与守？"孟子："曾子、子思同道。曾子师也，父兄也；子思臣也，微也。曾子、子思易地，则皆然。"

② 《孟子·告子章句下》。

③ 《史记·五帝本纪》。原文为：舜父瞽叟盲，而舜母死，瞽叟更娶妻而生象，象傲。瞽叟爱后妻子，常欲杀舜，舜避逃；及有小过，则受罪。顺事父及后母与弟，日以笃谨，匪有解。

④ 《孟子·万章章句上》。万章问曰："诗云：'娶妻如之何？必告父母。'信斯言也，宜莫如舜。舜之不告而娶，何也？"孟子曰："告则不得娶。男女居室，人之大伦也。如告，则废人之大伦，以怼父母，是以不告也。"万章曰："舜之不告而娶，则吾既得闻命矣；帝之妻舜而不告，何也？"曰："帝亦知告焉则不得妻也。"万章曰："父母使舜完廪，捐阶，瞽瞍焚廪。使浚井，出，从而掩之。象曰：'谟盖都君咸我绩。牛羊父母，仓廪父母，干戈朕，琴朕，弤朕，二嫂使治朕栖。'象往入舜宫，舜在床琴。象曰：'郁陶思君尔。'忸怩。舜曰：'惟兹臣庶，汝其于予治。'不识舜不知象之将杀己与？"

像违背，但实质上做到遵从。如做到"争然后善"，与君主争辩，这好像是违背顺从之美德，但这样可以使君主得到好处，这就是真正的"忠"和"善"；"戾然后功"，违背君主的命令才能为君主建立功业，违背君主的命令，这好像是违背美德，但由此可以建立功勋，即"将在外，军令有所不受"，这也是美德的真正体现。做到这些需要有"生死无私"，置自己的生死于度外，没有私心，这与自己的本性相违背，却可以实现真正的美德，这样就可以实现"致忠而公"，这才是真正的忠诚公正。①

第二种是"权险之平"。这从形式到实质都与美德相左，却真正地实现了"道"和"义"，这就是"从道不从君，从义不从父"。② 暴君无道，坑害黎民百姓，对暴君的忠就是不义，杀掉暴君才能做到仁，这一点是非常不容易掌握的。③ 君臣上下易位后才能做到天下安定。上述几项从形式到内容都与美德相左，而它之所以符合美德，是因为这样做可以实现"功参天地，泽被生民"，也就是"道"和"义"的美德是最终衡量标准，即能够实现符合"道"，做到"功参天地"，能够实现真正的"义"，实现"泽被生民"，这种"夺""杀""易位"才具有合理性，才能成就真正的美德。这也是荀子指出的，"权险之平"只有汤武一样的"圣王"才可以做得出来。④

第三种则不属于美德，而属于权变，但也是与德的权变相容的。祸乱产生之后又加以放纵，使之达到不可收拾的地步；君主有过错还给予同

---

① 《荀子·臣道》。原文为：通忠之顺，权险之平，祸乱之从声，三者非明主莫之能知也。争然后善，戾然后功，生死无私，致忠而公，夫是之谓通忠之顺，信陵君似之矣。见王先谦撰：《荀子集解》，沈啸寰、王星贤点校，中华书局 1988 年版，第 257 页。

② 《荀子·子道》。见王先谦撰：《荀子集解》，沈啸寰、王星贤点校，中华书局 1988 年版，第 529 页。

③ 荀子在《正论》中指出："诛暴国之君，若诛独夫"，而在《荀子·臣道》中也指出："调而不流，柔而不屈，宽容而不乱……而能化易，时关内之"，同时，孔子也指出，用"杀"字，要慎之又慎，"子为政，焉用杀"（见《论语·颜渊》）。原文为：季康子问政于孔子曰："如杀无道，以就有道，何如？"孔子对曰："子为政，焉用杀。子欲善，而民善矣。君子之德风，小人之德草，草上之风，必偃。"杨伯俊：《论语译注》，中华书局 1958 年版，第 127 页。

④ 《荀子·臣道》。原文为：夺然后义，杀然后仁，上下易位然后贞，功参天地，泽被生民，夫是之谓权险之平，汤、武是也。见王先谦撰：《荀子集解》，沈啸寰、王星贤点校，中华书局 1988 年版，第 257 页。

情；不讲任何原则地附和；不顾是非，不论是否曲直适宜；不顾原则地迎合君主来苟且保身，使本来狂妄、荒诞的暴君更加迷乱无常。这种将"恶"推向无可复加地步的行为本身不属于"美德"，但这种"权变"在客观上促进了"道"与"义"的实现。①

在乱世之中，美德需要变化，只有做到了"斩而齐"，不齐才能齐；"枉而顺"，不直才能直；"不同而一"，不一致时才能实现一致。只有知道了各种应变，才能成为道德的表率。② 由此，权变的方法就非常重要，这就是"术"。

五、义的逻辑：符合"道"与"仁"的权变限定

德之权变是为了应对外界的变化，但这种变化过程可能会使人忘记出生的原点，当初的"发心"，因此，如何保障这种权变能够"宗原应变，曲得其宜"③ 就非常重要了。而且这种权变的困难也让人费解，易生误解。正如孔子讲的："事君尽礼，人以为谄也。"④ 这里就出现了如何理解"义"的问题。如果将"义"出现的契机考虑在内，我们就可以比较好地把握它。

第一，权变之"术"是在"仁"之下，只有符合"为仁"之"义"，"术"才是可行的。否则，即使是最大的诱惑，也是不为的。即使以"得天下"这一"至势"来相利诱，也不应背离"为仁"之途而单行"术"（"行一不义，杀一无罪，而得天下，不为也"）。君子行事不在于建立多少功勋，君子的学说不在于清晰与否，名声不在于多么广泛地流传，唯其

---

① 《荀子·臣道》。原文为：过而通情，和而无经，不恤是非，不论曲宜，偷合苟容，迷乱狂生，夫是之谓祸乱之从声，飞廉、恶来是也。见王先谦撰：《荀子集解》，沈啸寰、王星贤点校，中华书局1988年版，第257页。

② 《荀子·臣道》。原文为："传曰：'斩而齐，枉而顺，不同而一。'诗曰：'受小球大球，为下国缀旒。'此之谓也。"见王先谦撰：《荀子集解》，沈啸寰、王星贤点校，中华书局1988年版，第257页。

③ 《荀子·非十二子》。

④ 《论语·八佾》。

符合道义最为可贵①，这也是孔子所说的："君子之于天下也，无适也，无莫也，义之与比。"②

第二，只有在"义"之下，"术"才具有合理性。荀子指出，君子推崇他人的德行，颂扬他人的美好，这与"谄谀"在形式上具有共同性；君子公正地、坦率地指出他人的过错，这与"毁疵"（即诽谤挑剔）具有相似性；说自己的高大美好，可比拟于古代圣王，德比天地，这好像是虚夸荒诞；君子顺应时世，或屈或伸，能做到像蒲苇一样柔弱顺从，这与胆小怕事具有形式上的相似性；君子能做到刚强猛毅，任何时候都不屈服，这与骄横暴躁相似。这些形式上的相似性只有在遵循了实质上的"义"之后才可以辨识区分。这些变化只有在依据"义"进行判断时才可能知道其中的曲直，做到该曲就曲，该直就直。否则，"术"离开了"义"，就会受"欲"的支配，"术"的意义也就丧失了。③

第三，"术"是权宜，"仁义德行"才是常道。"君子道其常，小人道其怪"，"仁义德行"具有最大的"利"，而"术"只是权宜，是"小利"，如果放弃了"仁义德行"，而只讲"术"，就会只注重"小利"而放弃"大利"。将"仁"的道理告知人们，指示他们，磨炼他们，让他们积累成性，并反复地诱导他们，那么，闭塞的人顷刻就会心胸宽大，愚蠢的人就会变得聪明。④ 这才是最大的"利"。

光讲"术"，不讲"仁义"，就会出现因小失大，放弃应该做的事情，

① 《荀子·不苟》。原文为："君子行不贵苟难，说不贵苟察，名不贵苟传，唯其当之为贵。"见王先谦撰：《荀子集解》，沈啸寰、王星贤点校，中华书局1988年版，第37页。

② 《论语·里仁》。见杨伯峻：《论语译注》，中华书局1958年版，第36页。

③ 《荀子·不苟》。原文为："君子崇人之德，扬人之美，非谄谀也；正义所指，举人之过，非毁疵也；言己之光美，拟于舜禹，参于天地，非夸诞也；与时屈伸，柔从若蒲苇，非慑怯也；刚强猛毅，靡所不信，非骄暴也；以义应变，知当曲直故也。《诗》曰：'左之左之，君子宜之，右之右之，君子有之。'此言君子能以义屈信、变应故也。"见王先谦撰：《荀子集解》，沈啸寰、王星贤点校，中华书局1988年版，第41~42页。

④ 《荀子·荣辱》。原文为："故曰：仁者好告示人。告之示之、靡之儇之、鈆之重之，则夫塞者俄且通也，陋者俄且僩也，愚者俄且知也。"见王先谦撰：《荀子集解》，沈啸寰、王星贤点校，中华书局1988年版，第65~66页。

用小恩小惠来养育民众、安抚他们、爱护他们，冬天为他们准备稠粥，夏天为他们准备瓜菜麦饭，窃取一时的赞誉，这是"偷道"，即表面上符合"道"，其实将其实质完全更换了。这种做法虽然可以在短时间内得到"奸民"的赞誉，但并非"长久之道"，这样做事是没有成就的，不可能建功立业，这种治理是"奸治"。或者反其道而行之，尽力"要时务民""进事长功"，轻视民众的非难和赞誉，任凭民心的丧失，这样，事情虽然取得进展，但民怨载道，这种治理又是"偷偏者"，即失去和偏离道义的做法，最终的结果是败坏堕落，最后还是没有功效。①

如果失去了"义"，"术"就会变得左右摇摆，最后无功而返。由此，施小恩小惠的"术"去养育百姓保持荣誉是不行的；反其道而行之，只强调功效而忘记民众的做法也是不可行的，究其根本，这些"术"离开了"义"，是不可能成功的，都属于"奸道"。

第四，将"义"与"术"结合起来，合为"义术"，"力术止，义术行"②。真正的做法是行符合"义"的"术"，能够使民众做到"夏不宛暍""冬不冻寒""急不伤力""缓不后时"，这样才能"事成功立""上下俱富"，能够做到"忠信""调和""均辨"。"义术"要远优于"力术"。"和调累解"要快于"急疾"，即用调和宽缓的办法要比急于求成的办法更好；"忠信均辨"要优于"庆赏"，即用忠诚信实、公平公正的办法要比奖赏庆祝的方法更让人心悦诚服；"必先修正其在我者，然后徐责其在人者，威乎刑罚"，必定先纠正存在于自己身上的缺点，然后再慢慢地要求他人更正缺点，这样的威力比刑罚更大。"调和宽缓""忠信均辨""正己而后正人"这三项美德，如果居上位者能够真正做到，那么居下位

---

① 《荀子·富国》。原文为："垂事养民，拊循之，唲呕之，冬日则为之饘粥，夏日则为之瓜麸，以偷取少顷之誉焉，是偷道也。可以少顷得奸民之誉，然而非长久之道也；事必不就，功必不立，是奸治者也。愭然要时务民，进事长功，轻非誉而恬失民，事进矣，而百姓疾之，是又偷偏者也。徙坏堕落，必反无功。故垂事养誉，不可；以遂功而忘民，亦不可。皆奸道也。"见王先谦撰：《荀子集解》，沈啸寰、王星贤点校，中华书局1988年版，第188~189页。

② 《荀子·强国》。见王先谦撰：《荀子集解》，沈啸寰、王星贤点校，中华书局1988年版，第300页。

者就会"归之如流水，亲之欢如父母，为之出死断亡而愉"。①

由此，"术"与"义"是一体的，由"术"通向"义"是必然的结论。千变万化的"术"必然统摄于"道"的"一"之下，"言之千举万变，其统类一也"②，"伏术为学，专心一志"③，这样才能具有"圣人之知""通于神明，参与天地"。正是"义"与"术"的统一，才能成就"圣王"，才能造就"大儒""仁者"。

第二节 义与正义的联结：社会正义的基础

正义理论产生于古希腊，始于对城邦组织规律的讨论。古希腊当时是城邦国家，如何在二百多个城邦国家中立足、强大，是每个城邦的核心主题。靠理性之外的信仰，即信仰奥林匹亚的诸神并不能直接解决这个问题，而要回归理性的规律探寻正道。"至于正义或不正当本身是什么？它们本身的力量何在？它们在人的心灵上当神所不知，人所不见的时候，起什么作用？"苏格拉底回归人的哲学正是在这个背景下展开的，它首先是作为一种调整自然力对宇宙组成部分的平衡与协调的先验的宇宙原则出现的。当希腊人开始摆脱对传统秩序的盲从，反思政治法律的合法基础时，正义范畴才被引入政治哲学。

一、正义的伦理基础：个体正义与社会正义的联结

无论是苏格拉底、柏拉图、亚里士多德，还是其他的古希腊思想家，

---

① 《荀子·富国》。原文为："故古人为之不然：使民夏不宛暍，冬不冻寒，急不伤力，缓不后时，事成功立，上下俱富；而百姓皆爱其上，人归之如流水，亲之欢如父母，为之出死断亡而愉者，无它故焉，忠信、调和、均辨之至也。故君国长民者，欲趋时遂功，则和调累解，速乎急疾；忠信均辨，说乎赏庆矣；必先修正其在我者，然后徐责其在人者，威乎刑罚。三德者诚乎上，则下应之如景向，虽欲无明达，得乎哉！"见王先谦撰：《荀子集解》，沈啸寰、王星贤点校，中华书局1988年版，第189~190页。

② 《荀子·性恶》。见王先谦撰：《荀子集解》，沈啸寰、王星贤点校，中华书局1988年版，第445页。

③ 《荀子·性恶》。原文为："今使涂之人伏术为学，专心一志，思索孰察，加日县久，积善而不息，则通于神明，参于天地矣。故圣人者，人之所积而致矣。"见王先谦撰：《荀子集解》，沈啸寰、王星贤点校，中华书局1988年版，第443页。

尽管思想主张差别很大，但都是从个体出发，承认个体力量的开发和释放是城邦国家的力量之源。这是自苏格拉底建立起来的古希腊哲学传统，也成为西方社会后续思想传统的渊源。

柏拉图在《理想国》中把探讨城邦的正义作为主题，他的《理想国》是一部正义论。他认为，国家如果根据每个人的天赋和教育训练分配给他一种适当的工作，使所有的人各司其职，互不僭越，就实现了社会正义。[①] 柏拉图认为：国家正义就是各个等级各守其职，各安其分。个人正义就是合理地安排自己灵魂中的理性、欲望和激情，并且使三部分相互协作，相互配合，使整个心灵处于和谐状态。可以说，柏拉图正义理论的本质就是一种和谐。[②] 这种个人正义与社会正义的联结成为后续正义思想的伦理基础，也使西方的正义思想传统与东方的集体主义形成不同的伦理路径。

尽管柏拉图的正义理论建立起了个体正义与社会正义的联结，成为后续理论传统的基础，但这种"各尽其职"只是一种理想状态，不具有实操性，因此无法解决不同情景下城邦共和国具体的利益和社会资源的安排。因此，亚里士多德在总结各个城邦共和国经验的基础上，将正义理论往前大大地推进了，成为更具实操性的理论。亚里士多德把正义作为政治学上的善，认为正义存在于某种平等关系之中。他既批评民主派关于自由人具有同等身份，在政治权利上也应该完全平等的观点，也批评寡头派关于人们的财富不平等，政治权利也不应该平等的观点。他主张政治权利的分配应与个人的价值相一致，综合考虑门第声望、自由身份、财富、才德、功绩等因素，在某些方面以数量平等为原则，在另一些方面以比值平等为原则。[③] 因此，在古希腊的正义理论中存在两条路径，一是城邦国家正义理论的内在理性的探讨，二是实践理性之下的正义理论。

中世纪神学正义学很大程度上是在这一基础上展开的，这源于正统基

---

① "各尽其职就是正义。"引自柏拉图：《理想国》，郭斌和、张竹明译，商务印书馆1995年版，第155页。

② 柏拉图：《理想国》，郭斌和、张竹明译，商务印书馆1995年版，第165页。

③ 亚里士多德：《政治学》，吴恩裕译，商务印书馆2016年版，第152页。

督教依神性来改变人性、人性回归神性的思路。以圣奥古斯丁、托马斯·阿奎那为代表的神学家把上帝的意志作为正义的基础，认为正义只有在基督教国家里才能实现。上帝的正义是永恒的正义，永恒的正义使万事万物有条不紊。这种正义是上帝的道，是真理（truth），也就是自然的秩序，人人必须服从它。埃德蒙·柏克对此曾做过描述："有一种东西，并且只有这种东西恒久不变，它先于这个世界而存在，并且也将存在于这个世界自身的组织结构之中，它就是正义。这种正义起源于上帝，驻留在我们每一个人的胸中……并且，这个地球都化为灰烬之后，以及在我们的律师和诉讼当事人面对伟大的法官——上帝——之时，它仍将特立永存……"①他将"正义"理解为外在于人的先验存在，亘古不变。

同样，奥古斯丁把宇宙分为两个城，即上帝之城和世俗之城。上帝之城是正义的城市，它被和谐、幸福和圣洁保卫；世俗之城是吃了善恶果之后亚当、夏娃的后代居住之城，充满悲惨、无望、不幸和痛苦，一切罪恶都在这里诞生。② "这两种城市从有人类开始，持续到终结"。③ 他认为，万物的和平在于秩序的平衡，秩序就是把平等和不平等的事物安排在各自适当的位置上。上帝的"永恒法则"是万物的内在秩序，万物之中都体现了上帝的永恒法则。这种内在于万物之中的永恒法则被奥古斯丁称为"自然法"。在这里，奥古斯丁的正义是上帝要求世俗的人们救赎的标准，只有通过实现正义的要求，才能达到实现救赎的目的。这是超越世俗之城达到上帝之城的必然之路。可见，奥古斯丁虽然借鉴了斯多葛学派的自然法思想，但他是借助于启示而非理性来理解自然法，其正义观也转向了神学正义观。

继奥古斯丁之后，托马斯·阿奎那认为，正义源于上帝而恒久不变，

---

① 卡尔·J. 弗里德里希：《超验正义》，周勇等译，生活·读书·新知三联书店1997年版，第17页。

② 这也是《圣经》对人的基本理解。自亚当、夏娃吃了善恶果，被神驱逐出伊甸园之后，人类的苦难就开始了。土地变得坚硬、夏娃要受生育之苦、父母忍受丧子之痛、兄弟之间反目、人类之间隔阂与战争，背离正道、真理的事情一再发生，而义人走正道者只是简单的个例。

③ 奥古斯丁：《论上帝之城》，吴飞译，上海三联书店2007年版，第12页。

它有权要求支配人间的典章制度，人类透过上帝植于自身的理性可以认识正义，因此就形成了神法、自然法、圣经、人定法的效力层级。托马斯·阿奎那关于正义的最广泛而明晰的论述见于《神学大全》，在这些论述之前辅以对上帝的正义的讨论。[①] 由此，阿奎那面对这样的问题：是否有上帝的正义？他通过区分交换正义和分配正义的办法来回答这一问题。只有后者属于上帝，它通过显示于自然和有自由意志的事物之中的宇宙秩序呈现出来。因此，上帝的正义是真理，"上帝的正义被恰当地称之为真理，这一正义依据上帝的智慧的理性确立了事物的秩序，这种理性即他的法律。"[②]

基督教的神学正义观以探求神的真理为使命，虽然这种内在的正义以个体神性的回归为基础，但是，当基督教会，尤其是罗马天主教会摒弃实践理性下的正义，坚持适用统一的正义理论和教会法（如宗教裁判所的设立），使其丧失个体正义的地位及在社会正义中的支撑功能，这也成为16世纪新教改革的最大原因。"神的永久正义完全是一个怜悯的赠礼，只要人相信耶稣基督，他就可以获得这份赠礼。人不论做什么都无法强迫神赠与他这份礼物。相信他获得了这份礼物本身也不是人所能达到的。"[③] 这样，个体正义与社会正义被重新用非理性的方法衔接起来。

二、近代正义理论的衰落：个体正义与社会正义的断裂

西方正义理论的传统是建立在个体正义与社会正义一致的基础之上，但是这种一致性到了近代民族主权国家时期受到了致命的打击，即这种一致性在政治实践中不具有现实性。

个体正义与社会正义的一致性的前提是在城邦国家，城邦公民首先是道德共同体，互相之间彼此了解，有强烈的羞耻感和荣誉感，依据亚里士

---

① 托马斯·阿奎那：《神学大全》，段德智等译，商务印书馆2013年版。第一卷为论上帝，即真理；第二卷为伦理学，第三卷为教义神学。

② 卡尔·J.弗里德里希：《超验正义》，周勇等译，生活·读书·新知三联书店1997年版，第29页。

③ 马丁·路德：《路德三檄文和宗教改革》，李勇译，上海人民出版社2010年版，第23页。

多德《政治学》所说，最优的城邦国家以 1 万公民为佳，如果人数众多，公民不再相互了解，甚至成为陌生人，容易发生"搭便车"现象，共和国与公民的训练方式就堪忧了。① 近代民族国家正是出现了这样的危机，才使政治从亚里士多德的"善的艺术"和中世纪的"上帝之城的善"② 变为近代霍布斯所言的"必要的恶"③。所谓"恶"，就是政治社会的运行规律不再适宜人的发展，而是违背人的发展，也就是说，这个"恶"是个体正义与社会正义断裂的标志。政治社会不再是适宜个体发展的平台。失去了个体正义，社会正义的意义何在呢？

亚当·斯密解决了人如何在现代社会发展的难题，他提出的人在市场与财富中发展的思路奠定了现代社会的基础。④ 在《国富论》一书中，斯密指出，人的发展在于后天努力，而非先天差别，后天分工与训练决定了人的比较优势。因此，人人依其兴趣与爱好，在分工与交易中训练自己的比较优势，就会形成绝对比较优势，而人人以自己的绝对比较优势进行市场交易，在不知不觉中，个人的自私自利行为促进了社会整体福利的提升。⑤ 由此，社会需要提供的是政府尽少干预的契约自由，同时，为了促进交易和当事人意思自治的顺利进行，契约法对当事人合意提供全程指导，设计出不同情况的合理条款，供当事人选择（opt-in）；或是提供补充条款（opt-out），以弥补当事人有限理性的不足。由此而形成以意思自由与契约自由为核心、与政治社会相分离的市民社会。人们在社会中，只要后天努力，就可以从一个默默无闻的小子变成世界首富，比尔·盖茨、马克·扎克伯格、拉里·佩奇，谢尔盖·布林等就是最好的注解，证明契约

---

① 沈敏荣：《市民社会与法律精神——人的品格与制度变迁》，法律出版社 2008 年版，第 290 页。

② 奥古斯丁，《论上帝之城》，吴飞译，上海三联书店 2007 年版，115 页。

③ 亚当·斯密：《国民财富的性质和原因的研究》（下卷），郭大力、王亚南译，商务印书馆 1994 版，第 16 页。

④ 沈敏荣：《市民社会与法律精神——人的品格与制度变迁》，法律出版社 2008 年版，第 55 页。

⑤ 沈敏荣："跨越义与正义的鸿沟——构建现代中国的法律伦理基础"，载《武陵学刊》，2016 年第 6 期。

社会与市场经济设计的合理性。

一方面，现代社会的物权法与契约法如此设计正是基于对人的自然属性与人的发展的认识，人需要保持自身的自然属性，从而确保自身与众不同的兴趣与爱好，也需要通过竞争与外在刺激，不断地激发自己的斗志，释放自身的潜力。这正是现代社会建构的基本伦理基础。另一方面，这个结构的有效建立需要以法律的强制方式来保障。对于物权的侵犯、对于人的自然基础（人身）、身份、利益、名誉、隐私等的损害，法律以强力的方式进行救济，从而维护人的人格完整，维护人的尊严。这就是现代市民法（私法）上的自然人、理性人与人格人的基本伦理逻辑关系，也是现代社会秩序正义的逻辑基础。文艺复兴以来对人的认识使市民社会与经济社会代替政治社会成为现代社会的基础，成为人在现代社会的主要成长平台。

那么，社会是否可以提供正义呢？亚当·斯密的回答是否定的。这是他从社会分工与交易理论出发研究所得。既然分工与交易作为社会成员发展的通道，必然导致财富成为个人发展的载体。因此，在市场经济条件下，个人的发展是一种通过价格中介汇集民众发展信息的间接发展方式，而非共和国中公民通过直接参与政治生活直接展示美德，发展自身的方法。[1] 这种间接的发展方式使财富决定个人的生活方式和个人的思维。因此，在这种社会中，有依靠工资生活、依靠地租生存和依靠利润生存的典型的三类人，即工人阶级、地主和资本家。这三类人的性格并不是源于其自身，而是源于其财富的属性。[2]

但三种财富属性使得这三类人都不能代表社会的公共利益，无法取得共识。因此，社会的构建必然是没有任何一个阶层和阶级所主导的自由模式。因此，在市场经济条件下，自由竞争，尽可能少的国家干预，国家保持守夜人式的职能是最优的选择。这也是市场经济的共识。因此，市场经

---

① 正如亚里士多德在《尼各马可伦理学》中指出，"公职将能展现一个人的品质"。见亚里士多德：《尼各马可伦理学》，廖申白译，商务印书馆2003年版，第130页。

② 亚当·斯密：《国民财富的性质和原因的研究》（上卷），郭大力、王亚南译，商务印书馆1994版，第12页。

济条件下的社会正义是一种消极正义，是一种政治社会不作为，或是最少作为的正义。这也使近代社会的正义理论萎缩。

正是这种个体正义与社会正义的分离，使社会正义的道德性逐渐减弱，功利性和实证性逐渐加强，出现了从功利主义和实证主义角度来论证正义理论。以英国政治思想家边沁为首的近代功利主义者把功利作为正义的基础，把是否促进最大多数人的最大幸福作为法律和政府行为是否合乎正义的标准。现代实证主义法学派把国家制定的法律作为正义的标准，认为在国家的法律出现之前，无所谓正义和非正义，实证法律允许的行为就是正义行为，实证法律禁止的行为就是非正义行为。

究其实质，功利性和实证性的正义观都是将正义标准化，以一种整体性、客观性的标准来代替正义内在的标准，忽视了正义所具有的多样性与一致性相统一的特点，它们共同的弱点是忽视了个体正义，而个体正义正是正义合理性和合法性的源泉。

三、现代正义理论的复兴：个体正义与社会正义的重新衔接

正是由于近代社会个体正义与社会正义的断裂，使 19 世纪以来正义理论在道德哲学和政治哲学领域沉寂。但自 1971 年罗尔斯（John Rawls，1921—2002）出版《正义论》一书以来，正义重新回到了当代哲学研究的中心舞台。罗尔斯在《正义论》中开宗明义地指出："正义是社会制度的首要价值；法律和制度，不管如何有效率、有条理，只要不正义，就应予以改造或废除；每人皆拥有一种基于正义的不可侵犯性，此不可侵犯性即使以社会整体利益之名也不可践踏；正义否认为了一些人分享更大利益而剥夺另一些人的自由是正当的，不承认许多人享受的较大利益能补充强加于少数人的牺牲；故此，在一个正义的社会里，平等的公民自由是确定不移的，由正义所保障的权利绝不受制于政治交易或社会利益的权衡。"[1]

---

[1]　罗尔斯：《正义论》，何怀宏译，中国社会科学出版社 1988 年版，第 4 页。

为什么 20 世纪六七十年代之后出现正义理论的勃兴呢？这是源于亚当·斯密的自由市场经济理论在西方的危机，使得国家干预越来越频繁。那么，国家干预的正当性在哪儿呢？并不是讲自由市场的危机就意味着国家干预的正当性，因为自霍布斯以来，国家政治作为一种"恶"已经取得了普遍共识，市场经济的危机并不能证明国家属性的改变。如何使国家的政治安排具有内在的善，这正是现代政治伦理需要解决的问题。在这个背景下，正义理论的勃兴就很好理解了。

美国当代政治哲学家罗尔斯反对功利主义和实证主义，提出一种"作为公平的正义"理论。罗尔斯认为，正义是社会制度的首要价值，是每个人的先天权利。正义的对象是社会基本结构，即用来分配公民的基本权利和义务、划分由社会合作产生的利益和负担的主要制度。罗尔斯的正义论重新回归个体正义，强调给予社会经济竞争中的"最不利者"以实质平等的机会，为此需要以"分配正义"对弱势群体进行补偿和倾斜，以便维持平等进入社会资源、社会竞争的机会均等原则。在保障公民自由权利的前提下，体现出对实质平等、事实平等的追求。罗尔斯把正义理解为"作为公平的正义"，提出了两个基本的正义原则。第一个是"平等自由原则"：每个人都应拥有最广泛的平等自由。第二个是"机会平等和差别原则"，即社会和经济的不平等应如此安排：①适合于最少受惠者的最大利益；②职务和地位平等地向所有人开放。这些原则之间存在优先次序，即平等自由原则是第一位，机会平等原则是第二位，差别原则是第三位。"机会平等和差别原则"涉及社会及经济不平等的制度安排，大致适用于收入和财富的分配，以及权力地位和职务等向所有人的平等分配。而正义原则优先次序的规范则保证只有在满足了对于基本自由权利的保障之后，才能进行第二原则的经济利益的分配平等、分配正义。

罗尔斯的正义理论重新将亚里士多德的平等原则和尚优原则在现代民族国家条件下做了重新演绎，并提出了以平等原则为基础，在此基础之上实现机会平等和差别原则，以此作为国家政治社会安排的基础。但是这种作为公平的正义观并没有解决国家作为"恶"的属性的问题。因此，在没有解决国家"恶"的属性的前提下，任何的正义安排都无法解决个体正义与社会正义脱节的问题，这也是罗尔斯"作为公平的正义"理论无法解决的难题。因此，1974 年，诺奇克出版了《无政府、国家与乌托邦》一书，提出了"极端自由主义"或称"自由放任主义"的正义观。他把正义理论建立在权利之上，认为个人财富只要符合持有正义——个人"持有"财产的来路是正当的，符合正义的获取原则和转让原则，那么，国家无权加以剥夺。他主张权利是首要的正义，国家除了担当"守夜人""最弱国家"、维持基本的市场和社会秩序之外，不得动用国家权力参与具体经济社会事务，插手社会财富的再分配。罗尔斯所主张的国家参与再分配的社会经济平等的主张在诺奇克看来是对个人自由权利的侵犯和干涉，是明显的不正义。

既然在民族国家的整体上无法解决个体正义与社会正义的衔接问题，但是在小范围的社群层次上，类似于城邦国家的信息传递，可以做到个体与社群整体的一致，因此，在社群层次上，个体正义与整体正义的一致是可以实现的，在社群层次上实现二者的统一正是现代正义的基础。不同的社群有不同的正义，多元正义是现代正义的基本特点。麦金太尔通过对正义与实践合理性的历史考察，试图证明存在多种正义而不是一种正义，同时没有普遍适用于一切时代的正义观念。罗尔斯所代表的当代自由主义的正义理论也是历史性的，其所宣称的普遍主义立场是站不住脚的。[①] 正如亚里士多德所讨论的，在贵族、共和和君主体制下，正义的标准不具有统一性。沃尔泽从分配的角度对正义进行了研究，提出了"多元正义""复合平等"的概念。[②] 沃尔泽指出，正义存在于社会物品（社会善）的分配之中，不同的社会物品应遵循不同的分配原则。他总结了三种不同的分配原则，即市场交换、需要与应得。不同的社会物品应遵循不同的分配原则，此即多元正义、复合平等。社群主义的另一代表人物桑德尔则从道德主体、分

---

① 俞可平：《社群主义》，东方出版社 2015 年版，第 35 页。
② 沃尔泽：《正义诸领域：为多元主义与平等一辩》，储松燕译，译林出版社 2009 年版，第 69 页。

配原则、社会契约等角度展开论述，分析了以罗尔斯为代表的"政治自由主义"学说的偏颇，并据此提出了"正义内在于善"的思想。① 在桑德尔看来，正义不可能是社会制度的首要美德，正义是内在于善的。

四、转型社会条件下的正义理论：作为社会正义基础的个体正义的加强

中国的传统具有很强的"大一统"特点，而"大一统"使得集体主义（collectivism）盛行。集体主义强调集体和国家的重要性，强调集体利益应当凌驾于个人利益之上。人是集体中的一员，离开集体，个人几乎无所作为或者作用很小，所以社会中的每一个人都必须重视合作和集体的力量，任何事情都必须多为他人考虑，要珍视友谊和家庭。"大一统"文化归结到一点，就是强调人是众多复杂关系中的一员，忘掉自我，无欲无求，才能超脱痛苦，而这也正是中国集体主义理念（collectivism）的主要根源。这种将个体正义完全排斥在外的集体主义使社会正义成为无源之水，无本之木，使中国长期以来缺乏清晰的"正义"观念。

社会正义需要建立在"个体正义"之上，在中国的传统思想中，由于"个体正义"与社会正义在大一统社会缺乏有效地联结，"正义"的思想未能得到发展。其实，在中国传统的成形期，尤其是春秋战国时期，"义"的思想非常发达，作为诸家学说的中心，孔子的仁学提出："君子之于天下也，无适也，无莫也，义之于比"，孟子也提出："言不必信，行不必果，唯义是从"，墨子更指出："天下贵以义"，还有"耳不闻学，行无正义。""今游侠，其行虽不轨于正义，然其言必信，其行必果。"（《韩诗外传》）这里的"义"就是指"个体正义"。② 但是大一统社会对这种多样性的"个体正义"非常恐惧，它成为大一统思想打击的核心目标。其结果就是以"义"为中心的墨学仅仅维持了 400 年的显学地位，逐渐转入地下；儒家学说中"义"的思想也转变成静态化的"道德"，而失去了其权宜、

---

① 桑德尔：《自由主义与正义的局限》，万俊人译，译林出版社 2001 年版，第 112 页。
② 沈敏荣："大变动社会与仁学智慧"，载《华侨大学学报》，2016 年第 5 期。

权变的特点。

正是这种个体正义与社会正义思想的脱节，使得正义思想未充分蜕变，形成自身独立的思想，而仅仅是作为"事物本质、正确的思想"的字面本原含义在使用。如《史记正义》《五经正义》，即这些书中正确、内在的道理，或是事物的本来、内在、正确的含义。如"览盈虚之正义，知顽素之迷惑。"① "屏群小之曲说，述五经之正义。"②

但是，中国的近代化逐渐走出了大一统社会的困局，进入到变动社会的环境之中。1911 年，辛亥革命推翻帝制，社会走向共和；1949 年，中华人民共和国建立；1978 年，改革开放；1994 年，明确社会主义市场经济；这是一个告别"大一统"社会格局的发展轨迹，社会不断呈现出多元化、多样化的特点。而维系这种多元化、多样化的社会，使之形成有效、有机的社会机体，正义的思想必不可少。正如罗尔斯所讲，在这样的社会背景下，"正义之于社会，正如真理对于思想"，处于核心、基本的位置。

正是由于正义思想的重要性，在我国不断走向现代社会的过程中，重视、丰富和发展正义理论必不可少，也非常紧迫。中国社会的现代化具有自身的特殊性，中国不同于西方的民族国家，是一个多民族国家；同时，中国是转型社会，从计划经济向市场经济过渡；中国也正经历着传统的大一统社会向现代社会的转变。这些特征使中国社会明显不同于西方社会，因此，西方社会的理论并不当然适用于中国社会，而需要激发中国社会传统中的内在运行机制，使之与现代性相契合。这种对社会正义理论的强调，必须从个体正义开始，而这正是中国传统中非常薄弱的地方。因此，正视个体正义，从个体正义出发，才能够重视和发展社会正义思想。

其实，中国传统上对"个体正义"的强调也是"社会正义"的基础。孔子的仁学极具代表性。孔子的仁学是从个人的发展出发，认为人身上具

---

① 曹植：《七启》。
② 桓谭：《抑谶重赏疏》。

有大人的潜质，需要将人内在的大人潜质发挥出来，才能在大变动社会中"不降其志，不辱其身"，才能做到"坦荡荡"，而非"常戚戚"。① 而发挥个人的潜质，必须遵循"美德"，美德是个人成长、发挥个人潜质的不二法门。但是美德具有不确定性、相互冲突性、无体系性、整体性的特点，过分强调美德容易走向反面，即"过犹不及"，因此，必须根据不同的时间、地点、环境及时进行调整，同时将美德体系化，运用于实践，能够面对现实生活的挑战。"义"的思想可以解决这些问题。"义"可以整合、取舍美德，使之具有适度性、恰当性、整体性，使美德在具体的环境和条件下能够确定化，通过适宜性能够应对外在的挑战，并且能够保持美德的统一性和一致性。"兴于诗、志于道、依于仁、游于艺、成于乐"正是个体正义的体现。这种个体正义在春秋战国时期的传统思想中被定义为"义"，正是由诸多的"义"，最后才汇集成"正义"，没有了"义"，社会正义就会是无源之水，无本之木。

因此，"义"所代表的"个体正义"高于美德，具有统率美德的作用。正是在"个体正义"的基础上，个人的发展需要周围环境的支持，尤其是对社会环境和政治制度的要求。比如，在符合正义的城邦国家中生存，是个人成长的唯一平台，只有圣人或是鄙人才不会需要城邦国家。② 因此，正是在个体正义的基础上，才需要有社会正义，社会正义的出现才能够水到渠成，否则，社会正义脱离于个体正义，其自身的表述就会出现问题。

尽管正义的道德化并不是正义的应有之义，但是由于中国长期以来存在社会正义与个体正义的脱节，使社会正义理论萎缩，而在正义理论萎缩的情况下，道德在相当大程度上可以代替正义理论来约束政治权力。这也是我们看到的中国传统上正义理论的道德化普遍存在。但正义理论的道德化使其丧失了灵活性、权宜性的特点。

---

① 沈敏荣：《仁者无敌：仁的力量——大变动社会的生存之道》（上），人民出版社 2015 年版，第100 页。

② 亚里士多德语。见亚里士多德：《政治学》，吴寿彭译，商务印书馆 2016 年版，第 7 页。

我国在接受西方的影响时，深深地打上集体主义的烙印，如我们的市场经济并不是个人主义的市场经济，而是社会主义市场经济，社会主义就具有集体主义因素。那么，我国的正义理论肯定也是不同于西方的正义理论，而具有其自身的特点。这种影响虽然随着市场化的进程不断减弱，但是其强大的传统与实践影响仍十分深远。很大程度上，社会正义理论脱离于个体正义而存在，存在道德化、功利主义和实证主义的倾向，这将在很长一段时期内存在。因此，对于我国的正义理论而言，正义理论很大程度上具有培育个体正义的意义。社会主义与市场经济是不同的伦理路径，社会主义中的政治是"善的艺术"，而市场经济的前提是政治社会是"必要的恶"，二者的共同基础正是个体正义。社会主义追求个体的解放，而市场经济是在社会分工与交易中发展人的"绝对比较优势"，这种个体正义正是现代社会的标志。也正是在这个意义上，正义理论在现代社会中变得越来越重要，个体正义也变得越来越重要。如何发展个体正义正是中国现代化面临的核心问题。

第三节　义的演进：从义到正义的三次转向

"正义"一词源自 justitia，由拉丁语中"jus"转化而来。"jus"是个多义词，有公正、公平、正直、法、权利等含义。相应地，法文中的"droit"、德文中的"recht"、意大利文中的"diritto"等，都兼有正义、法、权利的含义。在英文中，"justice"一词有正义、正当、公平、公正等意思，通常是指人们按一定的道德标准所应当做的事。古希腊哲学家认为，人们按自己的等级做应当做的事就是正义；基督教伦理学家则认为，肉体归顺于灵魂就是正义。正义是社会合理性的基础，尤其是社会法律，更是以正义为核心价值。但是对何为正义，学者们众说纷纭，莫衷一是。这种分歧源于正义在其发展进程中有三次大的转向，使得正义具有多重含义。若不厘清这几层含义，就会使得"正义"一词存在诸多混淆，对于缺乏正义传统和正义秩序，而且正在经历转轨时期的当代中国而言，这种辨别尤其重要。

正义具有非常强的传统渊源。人是社会动物，但是人与人应该依什么样的方式聚集在一起却是一个大问题，因此，人在历史、文化中的结合就使得一个社会的正义理念会打上很深的文化传统的烙印，如中国传统社会认为应该依家庭的原则来治理国家，称为"国家"，这种影响至今犹在；西方社会认为应依"城邦共和国"来治理，依多数人的意志来治理国家；一些伊斯兰国家认为，应该依据古兰经教义来聚集民众，因为这些教义代表真理，这种宗教激进主义具有强烈的社会影响。在这些社会结构和治理模式中，毫无例外地都将"正义"作为基本精神内核，认为正义才是社会成员聚集的纽带，违背了正义，人与人的聚集是不可能持久的。① 因此，正义成为政治学、社会学和法学的核心。

一、社会正义：亚里士多德的经典正义观："真理—美德—权宜—正义"的逻辑路径

（一）真理：源于对人的理解

古典世界的首要任务是探寻现实世界的"真理"（Truth）。泰勒斯把水看成是万物的基础。② 米利都学派的三大哲学家力图在多样性的事物中寻求一个根本的东西，并用以说明万物的由来。③ 毕达哥拉斯认为，"数"是万物的本质，宇宙的组织在其规定中通常是数及其关系的和谐体系。④ 德谟克利特认为，"原子"是万物之源，在大小和数量上都是无限的，它们在整个宇宙中由于一种涡旋运动而运动着，并因此形成一些复合

---

① 这种聚合就构成一个文明的核心，而不同的聚合方式会产生文明的碰撞，美国学者亨廷顿认为，这种冲突构成了 21 世纪的主要冲突。

② 北京大学哲学系外国哲学史教研室编译：《古希腊罗马哲学》，生活·读书·新知三联书店 1957 年版，第 4 页。

③ 北京大学哲学系外国哲学史教研室编译：《古希腊罗马哲学》，生活·读书·新知三联书店 1957 年版，第 52 页。

④ 恩格斯：《自然辩证法》，人民出版社 1971 年版，第 166 页。

物：火、水、气、土。① 普罗泰戈拉提出"人是万物的尺度"，认为判断是非善恶的标准只能是个人的感觉。苏格拉底认为存在客观真理，可以用论辩诘难，找出对方论证中的矛盾的方法，启发人们自觉认识和改正自己的错误。柏拉图认为，我们感觉到的种种变动的、有生灭的具体事物只是现象，它们是相对的，它们的本质是一个同名的、永恒不变的、绝对的"理念"。

亚里士多德是古希腊思想的集大成者，上述这些思想对其产生了深刻的影响。依"真理"（自然）生活成为最高准则。在亚里士多德等古希腊思想家看来，探寻自然的本质、依自然的规则而生存是人的应有之义。亚里士多德认为，所有事物的本性都被认为是带有某种倾向性，以目的为导向，倾向于行为活动的某种乐观结果。他主要从生命体的角度出发来思考问题，他确信这些生命体的发展总是朝向一个目的或结局。每个生命体都带着一些未曾开发和运用的潜力而出生，随着生命周期的发展，它趋向于成熟完善，并在自我种群中繁衍。亚里士多德对这个生命进程的理解包含了他关于生命内在结局的观点，认为个人活动的最终动力（目的）就是持续地优化运用他的潜能。这个结局不是脱离本性的某种外在目标，而是一种圆满实现的状况，是达到个人完美的终极目标的条件。这种自我完善当然是和人类整体以及社会的福利和完善相一致的。② 人的这种内在的潜能就是人的神性，这一点在他的《政治学》和《伦理学》中反复强调。人是由神性和兽性两重属性决定的，因此，社会政治、法律安排的目的是如何将人的神性源源不断地发挥出来。这是社会政治、法律的始点，也是决定其合理性的标准。亚里士多德采取的是自然法的思路，"自然对每一事物各赋予一个目的，只有专用而不混杂使用的事物才能有造诣最精当的形性。"③ 亚里士多德在《政治学》和《尼各马可伦理学》中系统地整理了城邦的经验和教训，亚里士多德的正义呈现出"真理（善）—德性（道

---

① 北京大学哲学系外国哲学史教研室编译：《古希腊罗马哲学》，生活·读书·新知三联书店1957年版，第166页。

② 布尔克：《西方伦理学史》，黄慰愿译，华东师范大学出版社2016年版，第22页。

③ 亚里士多德：《政治学》，吴寿彭译，商务印书馆2016年版，第5页。

德德性）—权宜（理智德性）—正义"的发展路径。

在亚里士多德那里，正义存在于城邦之中，一个人如果不在城邦中发展，那是不可思议的，要么是超人（即不按正常人的发展路径走的极小概率事件），要么是愚人（即视真理而不见的人）。绝大多数人是需要在城邦中发展的。

那么，城邦需要发展一个什么样的人呢？亚里士多德遵从了古希腊传统对人的普遍性共识，即人的普遍性是由神性和兽性构成，人具有神的属性，即能够无所不能。古希腊文明将人理解为神与人的结合，如希腊神话中的英雄阿喀琉斯（Achilles）、奥德修斯（Odysseus）、赫拉克勒斯（Heracles）等，在古希腊思想中，人与神的属类是共同的，人也具有无所不能的神性。因此，人存活于世上的最大意义是如何在人性的基础上将人的神性释放出来。而兽性是只依自己的欲望、冲动、感觉和短期利益而行为。人通过恰当地培养，能够将自身的神性发挥出来，如果不经过培养，任其发展，则只会纵长兽性。"人类由于志趋善良而有所成就，成为最优良的动物，如果不讲礼法、违背正义，人就堕落为最恶劣的动物。悖德（不义）而又武装起来，势必引致世间莫大的祸害；人类恰正生而具备［他所特有的］武装［例如言语机能］，这些武装本来应由人类的智慧和善德加以运用，可是，这也未尝不可被运用来逞其狂妄或济其罪恶。"①

（二）道德德性：外在诸善与内在诸善

人的发展需要特定善的支持，没有这些善的支持，人的神性是发挥不出来的。"每种技艺与研究，同样地，人的每种实践与选择，都以某种善为目的。所以有人说，所有事物都以善为目的。"② "每种技术和研究，同样地，每个行动和工作，都被认为是为了追求某种善。因此，善的概念已经被正确地定义为所有事物最终所追求的那个东西。"③

---

① 亚里士多德：《政治学》，吴寿彭译，商务印书馆 2016 年版，第 9 页。
② 亚里士多德：《尼各马可伦理学》，廖申白译，商务印书馆 2003 年版，第 3~4 页。
③ 亚里士多德：《尼各马可伦理学》，廖申白译，商务印书馆 2003 年版，第 9 页。

城邦政治学是为了人的发展这种善，这种善就是最高的善。① "我们见到的每一个城邦（城市）各是某一种类的社会团体，一切社会团体的建立，其目的总是为了完成某些善业。……既然一切社会团体都以善业为目的，那么我们也可以说社会团体中最高而包含最广的一种，它所求的善业也一定是最高而最广的；这种至高而广的社会团体就是所谓'城邦'，即政治社团（城市社团）。"② 而这些善，包括外在诸善与内在诸善。外在诸善包括财富、高贵、友爱、好运；内在诸善包括身体诸善和灵魂诸善，身体诸善包括健康、强壮、健美、敏锐，灵魂诸善包括节制、勇敢、公正、明智。③ 这些善并不是单独存在，需要同时获得，而这种获得只有在城邦中才能取得，这也是为什么城邦是适宜公民发展的唯一场所，而脱离城邦的生活是不足取的。如何将这些善整合在一起，促进人的发展，这就是个人的事务（伦理学），同时也是城邦的事务（政治学），因此，伦理学与政治学具有共通之处。

这种德性只有在城邦中才能得到支持。这种德性，最基本点就是真实，只有在真实的基础上，人的神性才能够源源不断地发挥出来。④ "产生着德性的那些行为，以及德性是在我们能力以内的和出于意愿的。"⑤ 真实性是这些理智德性的特点，"如果我们凭借着在不变甚至可变的事物中获得真，并且从未受到其欺骗的品质是科学、明智、智慧和努斯，如果使我们获得的不是这三者之一，那么始点就只能靠努斯来获得。"⑥

（三）权宜：理智德性

在亚里士多德看来，这些善只是一种理论的归纳，属于道德德性，要在现实世界中实践这些善，还需要理智德性。亚里士多德认为，"可感知

---

① 亚里士多德：《尼各马可伦理学》，廖申白译，商务印书馆 2003 年版，第 6 页。
② 亚里士多德：《政治学》，吴寿彭译，商务印书馆 2016 年版，第 3 页。
③ 亚里士多德：《尼各马可伦理学》，廖申白译，商务印书馆 2003 年版，第 22 页。
④ 亚里士多德：《尼各马可伦理学》，廖申白译，商务印书馆 2003 年版，第 63~64 页。
⑤ 亚里士多德：《尼各马可伦理学》，廖申白译，商务印书馆 2003 年版，第 76 页。
⑥ 亚里士多德：《尼各马可伦理学》，廖申白译，商务印书馆 2003 年版，第 174 页。

的世界才是真实的世界，并不存在所谓仅可用智力来理解的概念王国。亚里士多德不把这些形式看作另一个更高层世界的组成成分，而是与所有实物形态相关的各种共同性。"① 在真实的基础上，人的美德就是采取中庸，"有三种品质：两种恶——其中一种是过度，一种是不及——和一种作为它们的中间的适度的德性。"② "德性是适度，是品质，表明了德性使我们倾向于去做，并且按照逻各斯的要求去做。"③ "大多数人类情感态度都包括了在一个方面可能是过分的或者在另一个方面可能是不足的各种不同境界或感觉。"④ "其中间境界，或中值，并不是介于两个极端之间的某个精确点。道德中值是根据个人而不同的，是根据时空环境而不同的。"⑤ "在确定美德的中值时，具体而说，应该运用的是感知性的评估力，而不是正规的推理。"⑥

亚里士多德详细描述了他的中值理论在各种不同道德性格上的应用。许多古典时代、中世纪和现代化早期的伦理学论文中所列举的各种美德和邪恶，都是源于亚里士多德在其两部伦理学著作的第二卷中的描述。⑦

（四）正义：超越道德德性的公共利益的体现

亚里士多德的道德德性与理智德性的实现需要在城邦中才能实现，"凡隔离而自外于城邦的人——或是为世俗所鄙视而无法获得人类社会组合的便利或因高傲自满而鄙视世俗的组合的人——他如果不是一只野兽，那就是一位神祇。"⑧ 因此，城邦的设计必须依据自然、道德德性和理智德性来进行，这就是正义。因此，不同的城邦表现出来不同的正义原则。但是，这些正义原则具有共同的特点。"在亚里士多德看来，正义是多种多样的，它们的中值也各不相同。首先，有一种很普通的正义，就是使自己的行为与法律保持一致的习惯性倾向，即法律正义。它的目标是集体的利

---

① 布尔克：《西方伦理学史》，黄慰愿译，华东师范大学出版社2016年版，第21页。
② 亚里士多德：《尼各马可伦理学》，廖申白译，商务印书馆2003年版，第53页。
③ 亚里士多德：《尼各马可伦理学》，廖申白译，商务印书馆2003年版，第76页。
④⑤⑥ 布尔克：《西方伦理学史》，黄慰愿译，华东师范大学出版社2016年版，第24页。
⑦ 布尔克：《西方伦理学史》，黄慰愿译，华东师范大学出版社2016年版，第24~25页。
⑧ 亚里士多德：《政治学》，吴寿彭译，商务印书馆2016年版，第9页。

益。也就是被后来的亚里士多德学派称为'共同利益'和公共福利的东西。"① 也就是说，城邦是注重公共利益的，这样就属于"正常政体"，如果背离了公共利益，只为私利或是部分利益，则属于"变态政体"。亚里士多德《政治学》一书要探讨的正是如何在"正常政体"中构建"最优城邦"。亚里士多德也用中值概念来处理智慧之德，特别是用来探讨公平正义之德性。既然正义的概念是用来处理人际交往的，那它就是一种义务性地去做有利于他人并避免伤害他人事情的习惯。

亚里士多德也把正义看作与个人利益（特殊正义）相关的概念。把公共利益公平地分配给不同个体，这就是分配正义。这种（分配性的）正义认识到个体之间的相对不平等性，并努力通过这样一种方法来调整从公共基金中分配的荣誉和金钱，使之达到某种等比级数，这就是尚优原则。

所谓公正，被认为是一种由之而做出公正的事情的品质。由于这种品质，人们行为公正和想要做公正的事情。不公正的意思也是这样。亚里士多德认为，在各种德性中，唯有公正是关心他人的善，为他人好处着想，公正不是德性的一个部分，而是整个德性。生活于城邦之下的亚里士多德指出：城邦以正义为原则。由正义衍生的礼法，可凭以判断人间的是非曲直，正义恰正是树立社会秩序的基础；公正原则之所以格外受重视，是由于它关涉城邦的幸福生活，人一旦离开公正，将是一切动物中最凶恶的；公正就是给予和维护幸福，或者是政治共同体福利的组成部分。亚里士多德认为，"当一个人对理智德性的认识逐渐加深，并在内心产生要使自己的行为习惯性地符合伦理德性的愿望时，道德活动的目的就达到了。"②

二、帝国之下的正义危机：正义的第一次转向——正义逻辑链条的断裂

亚里士多德所揭示出来的"真理—美德（道德德性）—权宜（理智德

---

① 布尔克：《西方伦理学史》，黄慰愿译，华东师范大学出版社2016年版，第25页。
② 布尔克：《西方伦理学史》，黄慰愿译，华东师范大学出版社2016年版，第19页。

性）—正义"的思想成为正义的经典论述。无论是柏拉图认为的"各尽其职就是正义"，还是古罗马法学所认为的"正义就是给每个人以应有权利的稳定的永恒的意义"，抑或现代法思想家凯尔逊所认为的"正义是一种价值判断"，尽管各家各派学者的观点各异，但都是在亚里士多德的正义框架之内，都揭示了如何将个人的意志在群体的层面揭示出来。正义是最基本的法源之一，更是法的追求与归宿。这也成为判断一个社会政治安排是否合理的标准。现代社会正是在文艺复兴的基础上力图恢复古希腊的传统。但是这种政治正义随着城邦国家时代的结束、罗马帝国时代的来临而结束。在西塞罗共和国与帝国的交替时期，这种正义的扭曲就显得非常严重了。

西塞罗的思想直接承接斯多噶学派，提出自然即为理性，接受自然法指引应是人的普遍本性，自然法是法律和正义的基础。斯多噶学派认为，维系宇宙的基本原则是理性，自然法即是理性，理性是判断善恶是非的标准，自然法是判断人为法的标准。主要的善就是以一种顺从自然的方式生活，即顺从一个人自己的本性和顺从普遍的本性；不做人类的共同法律惯常禁止的事情，共同法律与普及万物的正确理性是同一的。

这种理解与亚里士多德的经典正义逻辑路线图是完全一致的。理性自然引申出人的德性。西塞罗认为，人是自然界里最特殊的动物，其特殊性就在于人是所有生物中唯一具有优越的理性的种类。人和神具有同一种德性，任何其他种类的生物都不具有。这种德性不是什么别的，就是达到完善，进入最高境界的自然。自然予人以理性，理性是神与人类的共同财产，是人与神沟通的桥梁。理性是从自然生出来的，它指导人们何事该做、何事不该做，当这种理性在人类理智中稳定而充分地发展了的时候，就是法律；法律应是正确的理性、真正的理性。正确的理性是永恒的、不变的、唯一的，而这种德性最好的实践场所就是共和国，在共和国实现一个公民的理想。"其实，一个人具有美德如同掌握某种技艺，不加以运用是不够的，并且技艺即使不加以运用，它仍可以因谙熟而继续存在，然而美德却全赖于对它的运用。对美德的最好运用在于管理国家，并且是在实际上而不是在口头上实现那些哲学家们在他们的角落里大声议论的东西。"①

但是，越来越庞大的罗马帝国不能再承载共和国的正义理想。在亚里士多德的《政治学》中，正义的基础是"公共利益"能够在共和国中实现，这样才是正常政体，否则就是变态政体。但在庞大的帝国，要照顾到各方的利益已不可能。而缺少的了正义的罗马帝国，道德沦丧成为普遍现象。② 美德没有权宜和正义的支撑，道德的力量也软弱不堪。

当国家变成帝国时，照顾到全体公民的利益变得不再可能，正常政体必然会被变态政体所代替。城邦的政治越来越成为野心家的乐园，共和国的将军们攫取权力的欲望越来越强烈，恺撒就是其中的典型，而且还深受共和国公民的爱戴。越来越多的人注意到这种正义模式的负面性："当他们列举忘恩负义的公民们让许多光辉的人们遭到的不幸和屈辱的时候。为此他们列举了不少希腊人的例子，如弥尔提阿得斯，一个战胜和制服了波斯人的人。当他胸前那些在夺取伟大的胜利时受到的创伤尚未痊愈时，他从敌人的枪矢下保全下来的生命却在人民的镣铐中完结了。又如特弥斯托克勒斯，在他被恐怖地逐出由他解放的祖国时，他不是前往他曾经保卫过的希腊港口，而是逃往曾经被他征服过的异邦。"③ "经常在那里发生的这类事情也曾经有如洪水涌进我们这个强大的国家泛滥。""对卡弥卢斯的放逐，阿哈拉遭受的屈辱，纳西卡受到的憎恨，勒纳斯被放逐，奥皮弥乌斯受判处，墨特卢斯被迫流亡，盖尤斯·马略遭受的巨大不幸和许多杰出人

---

① 西塞罗：《论共和国》，王焕生译，上海人民出版社 2006 年版，第 19 页．
② 道德的沦丧历来被认为是罗马帝国衰亡的原因之一。据说图拉真统治期间，罗马城有 32 000 名娼妓。据一些古典作家的说法，同性恋在当时是极其普遍的，甚至是时髦的现象。当时的罗马街头整日整夜游荡着大批的流氓无产者。3—4 世纪，罗马的流氓既无收入，又鄙视劳动，终日的兴趣只在于出卖自己的选票和观看野蛮的角斗。这时的角斗比以前规模更大，更加血腥，狮子、老虎等猛兽也被引进剧场，与赤手空拳的角斗士进行生死决斗。参观角斗的既有愚昧无知的下层民众，也有富裕的达官贵族。各种宴会通宵达旦，为追求美味珍馐入口时的美妙感受，他们在饱餐之后吃催吐的药物，以便再吃。呕吐物把台伯河水弄得污秽不堪。罗马社会道德的沦丧表明：其文明已进入腐朽、衰败的阶段。
③ 西塞罗：《论共和国》，王焕生译，上海人民出版社 2006 年版，第 23 页．

士遇迫害，或者稍后不久发生的许多人遭杀戮。"① 甚至西塞罗本人也在帝国的体制下未能幸免于难。尽管西塞罗留下了不朽的篇章，但是在帝国内寻求共和国的理想已是幻影。

三、自然正义的独立发展：二元社会下的正义路径——"真理—美德—义—正义"的逻辑路径

如何在帝国的环境下寻找正义，成为当时人们迫切需要解决的问题。基督教的出现让这一问题的解决出现了转机。基督教是在《旧约》的基础上发展起来的，而《旧约》的正义思路与亚里士多德的正义思路是一致的。

在《旧约·创世记》中，人是由两部分属性组成的，一是尘土性，即人源于世间的尘土，有时空限制；二是来源于不受时空限制的神的气，即人的神性。人的生命源于这两部分属性的结合，单一的某一部分都不足以构成完整的生命。因此，人的生命的意义是用尘土性支撑起整个神性，即有限的人生可以实现无限的奇迹：对诺亚而言，能够在天地灭绝之时，成为人类文明的希望；对亚伯拉罕来说，就是在没有子嗣的情况下，能够坚信自己的子孙像天上的星星一样多，成为万国之父；对摩西而言，以一个凡人之躯，能够使整个民族摆脱奴役，成为自由民。这就是希伯来《旧约》所坚持的"真理"。

而要实现这些真理，就需要践行"美德"，做一个"义人"（righteous man）。这些美德包括：贞洁（chastity）、节制（sobriety）、慷慨（解放）（sufficiency/emancipation）、热忱（勤勉）（diligence）、温和（忍辱）（patience）、宽容（博爱）（charity）、谦卑（敬奉）（humility），避免七种恶习：色欲（lust）、贪食（gluttony）、贪婪（avarice）、懒惰（安逸）（sloth/arcadia）、愤怒（报复）（anger）、嫉妒（恋慕）（envy）、傲慢（骄傲）（pride）。

---

① 西塞罗：《论共和国》，王焕生译，上海人民出版社 2006 年版，第 25 页.

但是在如何实现美德上，基督教与《旧约》出现了差异。在《旧约》的摩西律法思路中，仍然与亚里士多德的城邦正义的思路是一致的。在氏族共同体中遵循符合真理的律法，而氏族的组织是符合公共利益的，是为了氏族全体人民的利益。摩西律法成为社会政治生活的中心。

但在在帝国的统治下，这种政治正义的模式面临着巨大的挑战。公元前721年，亚述帝国萨尔贡二世攻陷撒马利亚，灭了以色列，并掳走27290人。公元前586年，新巴比伦国王尼布甲尼撒摧毁了耶路撒冷城，圣殿遭洗劫焚毁，犹太王被挖去眼珠，系上锁链，举族解送巴比伦，在那里度过囚徒生活达半个世纪，这就是著名的"巴比伦之囚"。尽管公元前539年，波斯帝国灭了新巴比伦，使犹太复国，但公元前65年又被罗马帝国所灭，犹太人的国家不复存在。罗马帝国设犹太省，对犹太人进行压榨和奴役。犹太教的会众经受不了帝国的如此碾压，何去何从，确实考验犹太人的智慧。在罗马帝国的重压之下，犹太社会瓦解，犹太贵族受罗马帝国威逼利诱，犹太律法的基础"犹太会众"瓦解。没有了会众，靠个人遵循美德已不再可能。如何重建会众成了犹太教复兴的中心。"善"让人成为"羊"，而在帝国之下，人已成为了"狼"，如何让"羊"在"狼群"中生存成为考验犹太教生存的试金石。[①]

在东方社会，由于政治大一统社会的挤压，墨家思想逐渐式微，但是在西方社会，基督教的发展是在古罗马帝国下形成的另外一条思路。公元一世纪前后，耶稣所倡导的犹太教的宗教改革在理智德性上走出了一条完全不同的道路。这种基督教的思路对后来西方文明的发展产生了深刻影响。

在古罗马帝国的统治下，罗马统治者对犹太人从政治上、宗教上进行严格地控制，包括分化、收买、强压等各种措施，犹太人面临着比当年摩西出埃及时更大的危机。犹太人的上层撒都该人被罗马统治者收买，通过收买犹太贵族、祭司，从而达到对犹太人的控制。摩西所制定的律法遵循的前提是需要有"会众"的合作，但当性命、前途面临深刻考验之时，强

---

① 沈敏荣：《仁者无敌：仁的力量》，人民出版社2015年版，第461页以下。

压之下又有几人会遵循律法？撒都该人追求的是个人利益，只希望保持现状，没什么理想，不盼望什么天国的降临。① 摩西从律法出发实现"完全人"的设想在罗马帝国的强压统治下面临着严苛的考验，没有人可能再遵守摩西律法②：耶路撒冷的神殿被摧毁，整个犹太民族被迁徙出祖宗之地，进入巴比伦之囚时代。在强大的挤压与考验面前，律法的约束力是多么地脆弱。③ 在帝国强大的压力下，个人遵循律法的可能性微乎其微，在会众被大一统社会冲击得七零八落的情况下，遵循律法的道路必须要改革。在"这又不信、又悖谬的世代啊，我在你们这里要到几时呢？我忍耐你们要到几时呢？"④

明显的改革路径至少有两条，一条是明确地阐述律法的内容，将律法从字面隐晦的状态下变成非常明确的生活行为规则，这一条是《密西拿》⑤ 和《塔木德》⑥ 的思路，也就是犹太教发展的方向，使之在犹太社群中赢得权威性。⑦ 另一条就是耶稣的改革方向，宣扬犹太教的精神，"莫想我来要废掉律法和先知，我来不是废掉，乃是要成全"。⑧ 对形式上的律法进行符合精神的重大改革，使得犹太教在大变动社会中具有灵活性，切切实实地贯彻最为核心的价值，而将非核心的行为规则进行重大改革，由义出发，通过合作来实现完全人，而舍弃从律出发的发展路径。这是遵循不同的道，但是同样实现"完全人"的目标。摩西的律法对义人而言是可

---

① 徐怀启：《古代基督教史》，上海人民出版社 2012 年版，第 7 页。

② 《新约·约翰福音》8：3—9 曾记载耶稣的一句话，"你们中间谁是没有罪的，谁就可以先拿石头打她。"

③ 法利赛人把宗教信仰的热诚局限在对律法的传统、民族习惯和宗教的仪式，拘泥刻板地遵守。他们认为神的完全统治只有通过这种拘泥刻板的遵守才能体现出来。引自徐怀启：《古代基督教史》，上海人民出版社 2012 年版，第 22 页。

④ 《圣经·新约·马太福音》，17：17。

⑤ 《密西拿》是希伯来语音译，意为"通过重复学习或教导"。它是犹太教口传律法集《塔木德》的前半部和条文部分。

⑥ 公元前 586 年，犹太王国被灭后，犹太人为了保存自身的传统和维持精神的独立，许多有影响 的贤哲和宗教人员，潜心研究神学，著书立说，在公元 2 世纪至 6 世纪间编纂了犹太教口传律法集，称为《塔木德》，它是犹太人至死研读的书籍。

⑦ 大卫·A. 德席尔瓦：《次经导论》，梁工、吴珊译，商务印书馆 2010 年版，第 17 页。

⑧ 《圣经·新约·马太福音》，5：17。

实现的，但是在耶稣时代，到处是不能遵循摩西律法的人，这种严格的律法在当时的条件下也不可能得到严格的执行，因此，如何在不能遵循律法的条件下还能成为完全人，是耶稣改革的方向，这也正是耶稣所说的："我来本不是召义人，乃是召罪人。"①

（一）属灵条款的严格解释

耶稣和摩西在"完全人"的实现这一目标上是完全相同的，这也正是耶稣所说的："莫想我来要废掉律法和先知，我来不是废掉，乃是要成全。"② 依据摩西的由律法而实现完全人的思路，由于古罗马帝国异族的高压统治，导致古希伯来"会众"的瓦解，使得个人通过遵循"律法"而成为"义人"的路径完全无法实现，需要寻求新的实现方式。

对属灵条款的严格解释，进而达到信仰的高度一致，是耶稣改革的第一步。只有在坚实属灵一致性的基础上，在纯洁的信仰基础上，新的"会众"才有可能重新组建。由此我们可以看到耶稣一系列对律法的严格解释。律法上说"不可杀人"，耶稣进一步指出，"不要向人动怒，不应该骂人"。律法上说"不可奸淫"，耶稣进一步指出，"只是我告诉你们，凡看见妇女就动淫念的，这人心里已经与她犯奸淫了"，即动心起念就是违犯了律法。③ 耶稣更指出，丝毫的不纯洁和不净都是不允许的，要做到完全的纯净。"若是你的右眼叫你跌倒，就剜出来丢掉。宁可失去百体中的一体，不叫全身丢在地狱里。若是右手叫你跌倒，就砍下来丢掉。宁可失去百体中的一体，不叫全身下入地狱。"④ 律法上说"以眼还眼，以牙还牙"，耶稣进一步指出，"只是我告诉你们，不要与恶人作对。有人打你的右脸，连左脸也转过来由他打"。⑤ 这种属灵意义上的解释很难以世俗的方法来理解，也很难做到，由此，其中"不要与恶人作对"的意思耶稣进一

① 《圣经·新约·马太福音》，9：13。
② 《圣经·新约·马太福音》，5：17。
③ 《圣经·新约·马太福音》，5：27。
④ 《圣经·新约·马太福音》，5：28~29。
⑤ 《圣经·新约·马太福音》，5：38。

步解释道，"有人想要告你，要拿你的里衣，连外衣也由他拿去。有人强逼你走一里路，你就同他走二里。有求你的，就给他。有向你借贷的，不可推辞。"① 这样的解释就比原先的容易理解，也容易做到。也就是一个人立志要做"完全人"，就不能纠葛于与"恶人"的争斗之中，否则自己也会成为"恶人"。但社会中"恶人"环伺，如何应对恶人呢？耶稣提出了自己的解决之道：完成成就恶人，甚至远远地超过"恶人"的期许，这样，一者可以迅速地摆脱"恶人"的纠缠，二者，作为一个立志成为"完全人"的人，这种动心忍性还能够实现"以直报德"，从而做到"以德报德"，更迅速地实现"完全人"的目标。由此，耶稣颠覆了律法中的"当爱你的邻舍，恨你的仇敌"，提出了"爱你的仇敌"的惊世骇俗的结论，理由是"你们若单爱那爱你们的人。有什么赏赐呢？就是税吏不也是这样行吗？你们若单请你弟兄的安，比人有什么长处呢？就是外邦人不也是这样行吗？"② 这里更提出了立志成为"完全人"的人，你的见识和行为模式就应与一般人不一样，"背上十字架"站得更高，看得更远，这样才可以实现"你们要完全，像你们的天父完全一样。"③

　　由此，做一个"完全人"，仅仅简单地遵守律法还是远远不够的，"你若愿意作完全人，可去变卖你所有的，分给穷人，就必有财宝在天上，你还要来跟从我。"④ 耶稣把传统律法在内容上提到了最高的高度，为了更好地遵循神的旨意，不但人的行为必须符合公平正义，而且推动人的行为的意念也必须纯净圣洁。⑤ 由此，耶稣重申了摩西戒律中最为根本的一条，即《圣经》上所言："夫子，律法上的诫命，哪一条是最大的呢？耶稣对他说，你要尽心，尽性，尽意，爱主——你的神。这是诫命中的第一，且是最大的。其次也相仿，就是要爱人如己。这两条诫命，是律法和先知一

---

① 《圣经·新约·马太福音》，5：39~40。
② 《圣经·新约·马太福音》，5：46~47。
③ 《圣经·新约·马太福音》，5：48。
④ 《圣经·新约·马太福音》，19：21。
⑤ 徐怀启：《古代基督教史》，上海人民出版社 2012 年版，第 25 页。

切道理的总纲。"①

（二）非属灵条款的变通

耶稣改革的目的是通过属灵条款的严格解释，纯正信仰，从而形成新的"会众"，即"教会"，而对于那些非属灵条款，即通过特定环境、情形下的行动规则实现"完全人"的目标，它会随着时代、环境和条件的改变而改变。对于这些条款，耶稣做了灵活、变通解释，甚至直接舍弃。正如耶稣所言："所以我告诉你们，人一切的罪，和亵渎的话，都可得赦免。惟独亵渎圣灵，总不得赦免。凡说话干犯人子的，还可得赦免。惟独说话干犯圣灵的，今世来世总不得赦免。"②

依据律法，应"饭前洗手"，耶稣指出，不能仅仅认为洗手就可以让人洁净，真正让人污秽的是人的内在，而不是外在的表象，"因为从里面，就是从人心里，发出恶念，苟合，偷盗，凶杀，奸淫，贪婪，邪恶，诡诈，淫荡，嫉妒，谤讟，骄傲，狂妄。这一切的恶，都是从里面出来，且能污秽人。"③ 律法上说要遵守"安息日不劳作"，耶稣指出，不能机械地理解这一戒律，安息日是寻求心灵的安宁，是自我反省之日，要真正地遵循，而非机械地理解、表面地遵循，其实，这一日谁又不劳作呢？"假冒为善的人哪，难道你们各人在安息日不解开槽上的牛驴，牵去饮吗？"④ "你们中间谁有驴或有牛，在安息日掉在井里，不立时拉他上来呢？"⑤

耶稣对那些刻板地遵循律法的法利赛人提出了严厉的批评："你们这假冒为善的文士和法利赛人有祸了。因为你们将薄荷，茴香，芹菜，献上十分之一。那律法上更重的事，就是公义，怜悯，信实，反倒不行了。这更重要的是你们当行的；那也是不可不行的。你们这瞎眼领路的，蠓虫你们就滤出来，骆驼你们倒吞下去。你们这假冒为善的文士和法利赛人有祸

---

① 《圣经·新约·马太福音》，22：36~40。
② 《圣经·新约·马太福音》，12：31~32。
③ 《圣经·新约·马可福音》，7：21~23。
④ 《圣经·新约·路加福音》，13：15。
⑤ 《圣经·新约·路加福音》，14：5。

了。因为你们洗净杯盘的外面，里面却盛满了勒索和放荡。你这瞎眼的法利赛人，先洗净杯盘的里面，好叫外面也干净了。你们这假冒为善的文士和法利赛人有祸了。因为你们好像粉饰的坟墓，外面好看，里面却装满了死人的骨头，和一切的污秽。你们也是如此，在人前，外面显出公义来，里面却装满了假善和不法的事。你们这假冒为善的文士和法利赛人有祸了。因为你们建造先知的坟，修饰义人的墓，说，若是我们在我们祖宗的时候，必不和他们同流先知的血。这就是你们自己证明，是杀害先知者的子孙了。你们去充满你们祖宗的恶贯吧。你们这些蛇类，毒蛇之种阿，怎能逃脱地狱的刑罚呢？所以我差遣先知和智慧人并文士，到你们这里来。有的你们要杀害，要钉十字架。有的你们要在会堂里鞭打，从这城追逼到那城。"① 耶稣进而指出，"那真正拜父的，要用心灵和诚实拜他，因为父要这样的人拜他。"② "凡称呼我'主啊，主啊'的人，不能都进天国，唯独遵行我天父旨意的人才能进去。"③ 耶稣并未真正反对宗教虔诚，他所反对的是虚假的虔诚，宗教制度和传统习惯的虔诚，一种假冒为善的虔诚。这种虔诚无论如何是不能体现神的旨意。④

（三）用重建"会众"来抵抗罪恶

严格遵循了属灵条款，舍弃了机械的虚伪的宗教教条，具有了真正的虔诚，就会成为"主的羊"，"耶稣出来，见有许多的人，就怜悯他们。因为他们如同羊没有牧人一般"。⑤ 这也正是孔子所讲的"好仁不好学，其蔽也愚"（《论语·阳货》）⑥，"仁"与"愚"具有外在的相似性：一个虔诚、善良，并不意味着他就能强大，反而会在"虚伪弯曲"的世界中更加困顿和无助，因为，"羊"无法与"狼"抗争，"羊"与"狼"的战争，其结局是"羊"必然会被"狼"吃掉，"务要谨守，儆醒。因为你们的仇

① 《圣经·新约·马太福音》，23：23~34。
② 《圣经·新约·约翰福音》，4：23。
③ 《圣经·新约·马太福音》，7：21。
④ 徐怀启：《古代基督教史》，上海人民出版社 2012 年版，第 27 页。
⑤ 《圣经·新约·马可福音》，6：34。
⑥ 杨伯峻：《论语译注》，中华书局 1958 年版，第 182 页。

敌魔鬼，如同吼叫的狮子，遍地游行，寻找可吞吃的人。"① 世人大多可能都会同情"羊"，但在知道了"羊"的悲惨命运之后，很少会有人还想成为"羊"。如果不改变"羊"的任人宰割的命运，劝人为善只能是画饼充饥、空中楼阁。而当时的犹太教在"会众"瓦解的情况下，面临的就是这样一个局面。

重建"羊群"、重塑"会众"成为耶稣的核心任务。因为，善良的"羊"单打独斗肯定不可能逃脱被毁灭的危险，唯有组织成一个"羊群"，才有可能生存下来。一群志同道合的人在一起，是可以创造奇迹的，这在《圣经·旧约》通天塔的故事中已经阐释了，这一精神在耶稣那里得到了进一步阐释："我实在告诉你们，凡你们在地上所捆绑的，在天上也要捆绑。凡你们在地上所释放的，在天上也要释放。我又告诉你们，若是你们中间有两个人在地上，同心合意地求什么事，我在天上的父，必为他们成全。因为无论在哪里，有两三个人奉我的名聚会，那里就有我在他们中间。"②

要达到这一目的，还需要特定的实现路径，尤其是在"羊群"中，还需要有具备"勇敢的心"③ 的牧羊人，"神要从你们弟兄中间，给你们兴起一位先知像我的"④，由牧羊人"作群羊的榜样"⑤，能够做到"灵巧像蛇，驯良像鸽子"⑥，这样一群"羊"就不再是弱小无助的，而是能够做到像《以弗所书》上所言："所以要拿起神所赐的全副军装，好在磨难的日子，抵挡仇敌，并且成就了一切，还能站立得住。所以要站稳了，用真理当作带子束腰，用公义当作护心镜遮胸，又用平安的福音当作预备走路的鞋穿在脚上，此外又拿着信德当作藤牌，可以灭尽那恶者一切的火箭，

---

① 《圣经·新约·彼得前书》，5：8。
② 《圣经·新约·马太福音》，18：18~20。
③ 《圣经·新约·希伯来书》10：35。
④ 《圣经·新约·使徒行传》，7：37。
⑤ 《圣经·新约·彼得前书》，5：3。
⑥ 《圣经·新约·马太福音》，10：16。

并戴上救恩的头盔，拿着圣灵的宝剑，就是神的道。"① 由此，问题的关键在于如何重建"会众"，也就是如何让陌生之人在信仰的感召下成为亲密无间、危难时可托付性命的"弟兄姊妹"。

"凡遵行我天父旨意的人，就是我的弟兄姐妹和母亲了"②。要达此目的，首先，"教众"遵守属灵条款的严格解释就成为必然。律法上说，"不可杀人，又说，凡杀人的，难免受审判。"③ 耶稣将这一戒律适用于"教众"之中，并做了严格解释，"只是我告诉你们，凡向弟兄动怒的，难免受审判。凡骂弟兄是拉加的，难免公会的审断。凡骂弟兄是魔利的，难免地狱的火。"④ 由此，"教众"间和谐关系的维护在基督教的教义中具有核心地位，它的地位超越了祭祀的仪式，"所以你在祭坛上献礼物的时候，若想起弟兄向你怀怨，就把礼物留在坛前，先去同弟兄和好，然后来献礼物。"⑤

其次，做到教众间的宽容和耐心。"那时彼得进前来，对耶稣说，主阿，我弟兄得罪我，我当饶恕他几次呢？到七次可以吗？""耶稣说，我对你说，不是到七次，乃是到七十个七次。"⑥ "你们要谨慎。若是你的弟兄得罪你，就劝戒他。他若懊悔，就饶恕他。倘若他一天七次得罪你，又七次回转说，我懊悔了，你总要饶恕他。"⑦

再次，在处理教众兄弟姊妹的关系中不断地反省提升自己。"为什么看见你弟兄眼中有刺，却不想自己眼中有梁木呢？"⑧ 看到教众兄弟有问题，应该反思自身是否也有更大的问题。只有通过自身的反省与提升，用实际行动带动教会其他兄弟姊妹的提升。"你自己眼中有梁木，怎能对你弟兄说，容我去掉你眼中的刺呢？"⑨ 只有通过反省，清除自己身上的毛病

---

① 《圣经·新约·以弗所书》，6：13～17。
② 《圣经·新约·马太福音》，12：50。
③ 《圣经·新约·马太福音》，5：21。
④ 《圣经·新约·马太福音》，5：22。
⑤ 《圣经·新约·马太福音》，5：23～24。
⑥ 《圣经·新约·马太福音》，18：21～22。
⑦ 《圣经·新约·路加福音》，17：3～4。
⑧ 《圣经·新约·马太福音》，7：3。
⑨ 《圣经·新约·马太福音》，7：4。

和问题，或是认清自己身上没有问题，才可以指出他人的问题进而帮助他。"你这假冒为善的人，先去掉自己眼中的梁木，然后才能看得清楚，去掉你弟兄眼中的刺。"① "你回头以后，要坚固你的弟兄"。②

最后，如何帮助兄弟姊妹也是需要方法的。正如孔子所说："忠告而善道之，不可则止，毋自辱焉。"③ 耶稣则更进一步，通过教会的方法来解决。"倘若你的弟兄得罪你，你就去趁着只有他和你在一处的时候，指出他的错来。他若听你，你便得了你的弟兄。他若不听，你就另外带一两个人同去，要凭两三个人的口作见证，句句都可定准。若是不听他们，就告诉教会。若是不听教会，就看他像外邦人和税吏一样。"④ 耶稣的这一思想得到了彼得、保罗等使徒坚决地贯彻与执行。教会是他们的信心之所、力量之源，是耶稣之体。"你们不可停止聚会，好像那些停止惯了的人，倒要彼此劝勉。既知道那日子临近，就更当如此。"⑤ "又要彼此相顾，激发爱心，勉励行善。"⑥ "也要坚守我们所承认的指望，不至摇动。因为那应许我们的是信实的。"⑦ 由此使得教众能够做到真诚热烈地爱自己的弟兄，做到彼此同心。"你们务要常存弟兄相爱的心"⑧。"你们既因顺从真理，洁净了自己的心，以致爱弟兄没有虚假，就当从心里彼此切实相爱。"⑨ "爱人不可虚假，恶要厌恶，善要亲近。爱弟兄，要彼此亲热。恭敬人，要彼此推让。殷勤不可懒惰。要心里火热。"⑩ 要做到彼此同心，"不要志气高大，倒要俯就卑微的人。（"人"或"做事"）不要自以为聪明。不要以恶报恶，众人以为美的事，要留心去做。若是能行，总要尽力与众人和

---

① 《圣经·新约·马太福音》，7：5。

② 《圣经·新约·路加福音》，22：32。

③ 《论语·颜渊》。见杨伯峻：《论语译注》，中华书局1958年版，第129页。

④ 《圣经·新约·马太福音》，18：15~17。

⑤ 《圣经·新约·希伯来书》，10：25。

⑥ 《圣经·新约·希伯来书》，10：24。

⑦ 《圣经·新约·希伯来书》，10：23。

⑧ 《圣经·新约·希伯来书》，13：1。

⑨ 《圣经·新约·彼得前书》，1：22。

⑩ 《圣经·新约·罗马书》，12：9~11。

睦。"① "你们都要同心，彼此体恤，相爱如弟兄，存慈怜谦卑的心。不以恶报恶，以辱骂还辱骂，倒要祝福。因你们是为此蒙召，好叫你们承受福气。"② 教众之间不随意地互相评判与指点，做到精诚合作，互帮互助，共同应对邪恶弯曲的世界。"所以我们不可再彼此论断。宁可定意谁也不给弟兄放下绊脚跌人之物。"③ "弟兄们，你们不可彼此批评。人若批评弟兄，论断弟兄，就是批评律法，论断律法。你若论断律法，就不是遵行律法，乃是判断人的。设立律法和判断人的，只有一位，就是那能救人也能灭人的。你是谁，竟敢论断别人呢？"④ 同时，还做到"你们中间也不可分党。只要一心一意彼此相合。"⑤ 做到财产的相互救济。"圣徒缺乏要帮补，客要一味地款待。逼近你们的，要给他们祝福，只要祝福，不可咒诅"。⑥

正是有"教会"，使得美德再一次得以在教会层面上实现，而前提是"恺撒的归恺撒，耶稣的归耶稣"，这就使现代社会正义赖以存在的二元社会结构得以确立。由此，正如《加拉太书》所言："圣灵所结的果子，就是仁爱、喜乐、和平、忍耐、恩慈、良善、信实、温柔、节制……"再一次得以在社会中实现，社会正义并不是在社会中得以实现，而是在教会中得以实现。而随着教会统治的扩张，这种自然正义也得以在社会中实现，这正是奥古斯丁所讲的"上帝之城"的建立。

基督教的思维路径成长于如何在非希伯来人中传播"正义"⑦，也就是在陌生人、异教徒中如何传播福音。它完全采取非世俗化的道路，通过信仰将陌生人变成兄弟姊妹，从而组建教会，再在教会的"兄弟之爱"中发展自身，实现成为"义人""完全人"的目标，这就完全避开了帝国所带来的负面影响。"神的光明可以普及到所有的人，向他们显示认识、生活

---

① 《圣经·新约·罗马书》，12：16~18。
② 《圣经·新约·彼得前书》，3：8~9。
③ 《圣经·新约·罗马书》，14：13。
④ 《圣经·新约·雅各书》，4：11~12。
⑤ 《圣经·新约·歌林多前书》，1：10。
⑥ 《圣经·新约·罗马书》，12：13~14。
⑦ 《圣经·新约·马太福音》28：19，"所以，你们要去使万民作我的门徒……"

和行动的初始真谛。神的'光明'不只是认识的原则，而且是道德内容和规范的来源。我们关于平等、秩序、正思、节制、个性、公正，以及其他伦理典范的最初概念，都是通过依赖于神的光明才可能具有的个人直觉来获得的。"[①] 这种"正义"的诉求成为当时获取正义的主要方式，使得基督教即使在罗马帝国的严厉迫害之下也得到茁壮成长[②]，最终使得帝国的统治者于公元 392 年将之定为国教。之后，基督教在西方确立了其世俗的统治地位，西方进入到中世纪。

四、经济正义：正义的第二次转向——"真理—美德—义—正义"的逻辑路径

当西方进入到民族国家之后，社会面临着新的矛盾。民族国家完全不同于城邦国家，城邦国家可以实现社会的最大福利，是美德的体现；人从其本性上而言是政治的动物，但是在民族国家下，这一切都成为虚幻。在霍布斯看来，亚里士多德对国家的阐述其实是虚幻的，国家不再是一种"善"，而是一种"必要的恶"。社会也不是一种善的结合，而是一种恶的结合，是一种"狼"的结合。人的本性是恶的，社会是一种狼群的组合。个人与国家不再是一种平行的发展，国家变成了一种怪物，变成了一种"人造的人""人为的上帝"，即"利维坦"，能够吞噬个人权利、财产和自由，具有自身的利益诉求的怪物。[③]

无论是基督教文明还是古希腊的共和国文明，都无法解决这一难题，民族国家的这种"恶"并不完全是指道德意义上的"邪恶"，而是指背离"真理"，丧失"真实性"。民族国家的政治以"秩序""稳定"为核心价值，只能关注"部分利益"或是"私人利益"，它不再具有获取"公共利

---

① 布尔克：《西方伦理学史》，黄慰愿译，华东师范大学出版社 2016 年版，第 62 页。

② 在多达 10 次的迫害中，较重大的两次发生在罗马皇帝尼禄和多米提安在位期间，前者始于 64 年，后者发生于 94 年。

③ 沈敏荣：《市民社会与法律精神——人的品格与制度变迁》，法律出版社 2008 年版，第 218 页。

益"信息的能力。1000 年的中世纪，文艺复兴之后 500 年的历史经验都验证了，无论是基督教文明还是古希腊的共和国文明，都无力解决这一难题，无法找到社会正义的有效提供方式。

直到亚当·斯密的《国富论》提出经济正义，这一问题才得到解决。亚当·斯密在其《道德情操论》一书中讨论人在社会中如何实现美德。在人实现美德的研究中，亚当·斯密发现财富的作用非常巨大，是人组成社会，人的美德实现过程中一个不缺或缺的环节，这也是亚当·斯密写《国富论》的缘由。在亚当·斯密的逻辑体系中，分工非常重要，是基础。分工是"磨炼和发挥个人的才能"。《国富论》以分工为论证的基础，这本书第一篇第一章就是"论分工"。这一思想贯彻全书论证体系的始终。在亚当·斯密的理论中，分工是为了发挥自身的绝对优势，发挥自身工作效率高的方面；而分工同时也导致了人的才能的不同。"人的才能相当部分是后天培育的。"①人的才能上的优势很大部分原因是源于分工。"这就鼓励大家各自委身于一种特定的业务，使他们在各自的业务上，磨炼和发挥各自的天赋资质或才能。"②这是绝对优势和自由竞争的基础。

人人基于自己的比较优势进行分工，不断地磨炼，造就了不同人的"绝对比较优势"，每个人都基于自己的绝对比较优势，生产社会所需的商品并进行交易。个人的自私自利行为一方面为自己积累了巨大的财富，另一方面，无形中也促进了整体社会财富的增加，这就是著名的市场经济"看不见的手"的作用。

引入分工与交易，意味着财富在人的发展中具有基础地位，不同的财富决定了拥有者性格的不同。第一种是通过劳动获取财富的劳动者，劳动的属性是劳动工资，与社会对劳动的需求、社会财富呈正相关关系③，因此，劳动者的利益与社会的利益是一致的，也就是劳动者的发展之"义"

---

①② 亚当·斯密：《国民财富的性质和原因的研究》（上），郭大力、王亚南译，商务印书馆 1994 年版，第 15 页。

③ 亚当·斯密：《国民财富的性质和原因的研究》，郭大力、王亚南译，商务印书馆 1994 年版，第 241 页。

是符合社会利益的。尽管两者利益同向，但亚当·斯密指出，劳动者"没有了解一般社会利益的能力，更没有能力理解本身的利益与社会利益的关系。他们的状况不能让他们有接受各方必要消息的时间，即使有此时间，他们的教育和习惯也不能使他们对任何消息作出适当的判断。因此，在公众集议时，只在特殊场合即在雇主为着自己的特殊目的，而不是为着劳动者的利益，出来鼓励并支持劳动者发言的场合，劳动者才发表意见。此外，劳动者能发言很不多见，其议论受到尊敬的，更为少闻"①。因此，劳动者的"义"符合社会利益，但是劳动者在管理社会能力方面存在欠缺，使得他们的"义"无法成为社会"公义"。

第二种是通过运用资本获取财富的资本家。资本家的分工属性使得这一阶级由于"终日从事规划与设计"，有敏锐的理解力，而且最为富裕，为社会所尊重，具有领导社会的能力。②这也印证了亚当·斯密论证的基础——"他们间的差异，看来是起因于习惯、风俗与教育，而不是起因于天性。"③ 但是资本家的发展之"义"与社会利益相反："不论在哪一种商业或制造业上，商人的利益在若干方面往往和公众利益不同，有时甚或相反。扩张市场，缩小竞争，无疑是一般商人的利益。可是前者虽然往往对于公众有利，后者却总是和公众利益相反。"④ "他们通常为自己特殊事业的利益打算，而不为社会一般利益打算，所以，他们的判断，即使在最为公平（不总是如此）场合，也是取决于关于前者的考虑，而很少取决于关于后者的考虑。"⑤资本这一财富形式使得资本家具有管理社会的能力，但是他们的"义"与社会整体的利益相反，因此，他们的"义"也不能升成社会之"公义"。"因此，这一阶级所建议的任何新商业法规，都应当十分小心地加以考察。非小心翼翼地抱着怀疑态度作了长期的仔细检查以后，决不应随便采用。因为他们这般人的利益，从来不是和公众利益完全

---

① ② ④ ⑤ 亚当·斯密：《国民财富的性质和原因的研究》，郭大力、王亚南译，商务印书馆 1994年版，第 242 页。

③ 亚当·斯密：《国民财富的性质和原因的研究》，郭大力、王亚南译，商务印书馆 1994 年版，第 15 页。

一致。一般地说，他们的利益，在于欺骗公众，甚至在于压迫公众。事实上，公众亦常为他们所欺骗所压迫。"①

第三种是靠土地地租获利的地主，他们的分工形式使得"地主阶级的利益是和社会一般利益密切相关，不可分离的"②。但是由于获取地租是一种消极的方式，"他们不用劳力，不用劳心，更用不着任何计划与打算就自然可以取得收入。这一阶级所处的安乐稳定地位，使他们自然流于懒惰。懒惰不但使他们无知，并使他们不能用脑筋来预测和了解一切国家规章的后果。"③因此，地主的"义"虽然与社会的利益相符合，但是他们也没有能力将自己的"义"升华为社会的"公义"。

正是基于亚当·斯密对近代市场经济三个阶级的"义"做出的分析，无法从中提炼出"正义"的法则：与社会利益相一致的阶级没有能力将自身的"义"转化为社会"公义"，而有能力转化的阶级则与社会的利益相反，因此，斯密最终的结论是，国家无法掌握经济社会的"正义"，完全从竞争市场中退出，市场经济的正义法则是：自由和完全竞争。正是由于现代社会任何一个阶级都有不足的地方，单独的任何阶级都不可靠，而整个社会制度却需要建立在坚定的基础之上。亚当·斯密在否定了阶级作为市场经济社会制度的基础之后，重新提出了将人作为社会制度的基础的看法："每个人改善自身境况的一致的、经常的、不断的努力是社会财富，国民财富以及私人财富赖以产生的重大因素。这不断的努力，常常强大得足以战胜政府的浪费，足以挽救行政的大错误，使事情日趋改良。"④由此，亚当·斯密得出的结论是，减少国家的作用，发挥市场和自由竞争的力量——这就是亚当·斯密的自由市场经济理论：国家尽可能地减少作用，仅仅局限于安全、契约的强制履行以及有限的几个方面。这就是亚

---

① 亚当·斯密：《国民财富的性质和原因的研究》，郭大力、王亚南译，商务印书馆 1994 年版，第 243 页。

②③ 亚当·斯密：《国民财富的性质和原因的研究》，郭大力、王亚南译，商务印书馆 1994 年版，第 241 页。

④ 亚当·斯密：《国民财富的性质和原因的研究》，郭大力、王亚南译，商务印书馆 1994 年版，第 315 页。

当·斯密的思想和他的论证过程，在这一过程中，现代社会的秩序建立起来，现代国家的理念也确立起来了。

五、正义的复兴：正义的第三次转向——以消极正义为基础的积极正义

亚当·斯密提供的经济正义是一种自由和市场的自发机制，而将国家政治排除在经济正义之外，因此，这种正义的体现方式是私人产权的完善保障、契约自由、守夜人的国家，社会的正义并不是靠外在政治提供，而是通过内在机制自发获得，属于"消极正义"。这一切都源于对霍布斯的国家之"恶"的认同。

现代社会中存在两种正义，一种是社会正义，这是社会合理性的基本要求，也是自文艺复兴以来西方社会的基本追求，尽管每个时期都存在理想与现实的落差，但是这种合理性的社会标准始终存在，也在基督教的正义追求中得到加强。第二种是亚当·斯密以来所确立的消极正义，它虽然建立了近代社会基本的正义模式，让个人的真实信息能够在市场中得到反映，个人的能力通过后天的市场分工和绝对比较优势的积累而得到发挥，但这毕竟是一种消极的方式。社会正义中的分配正义、尚优原则不能直接在"消极正义"中得到直接反应。

（一）以积极正义取代消极正义：社会主义的思路

自由市场所提供的消极正义很快就面临危机：消极正义与分配正义的冲突。按照亚当·斯密的市场经济逻辑，人人都有机会参与市场价格的形成，价格不受制于任何一个市场个体，同时也是所有市场主体共同作用的结果，这样，人的比较优势就能够通过价格在市场上反映出来，人不断地积累自己的比较优势，就会成为绝对比较优势。这正是分工促进个人后天能力发展的原理。个人的绝对比较优势不断地积累，人与人的差距就会越来越大，贫富分化成为市场经济的必然结果，社会阶级固化使得市场的分工基础消失，市场变成了纯粹的财富积累的场所，而非人的后天能力的培

养之所，阶级的对立和矛盾随之而来。资本主义的经济危机凸显了这一矛盾。无论是 19 世纪的共产主义运动，还是美国的罗斯福新政（New Deal），都将停止市场机制的运行作为处理危机的前提，只是前者是永久地停止，后者是暂时的中止。这都说明市场机制提供的消极正义具有脆弱性。①

但是这种取代方式仍然面临着信息的真实性问题。20 世纪 30 年代，以路德维希·冯·米塞斯和哈耶克为代表的一批奥地利经济学家，与以奥斯卡·兰格为代表的拥护"市场社会主义"的经济学家之间，围绕英国经济学家约翰·梅纳德·凯恩斯的《货币论》和正在蓬勃兴起的苏联经济模式，爆发了一场激烈的论战。哈耶克等自由主义经济学家根本不相信政府这个市场以外的组织能够掌握有效配置资源所必需的信息。政府怎么可能确切地知道所有消费者准确的需求和生产者精确的生产能力呢？像那些处在"价格漩涡"中的 16 世纪西班牙经济学家们一样，哈耶克同意"价格的确定和形成是如此复杂，以至于只有上帝才知道"的观点。政府根本不可能找到任何一种足以使市场需求恰好等于供给的产品"出清"价格，更不要说是为整个社会生产创造出一个不是由市场决定的"理想价格体系"了。哈耶克在当时进一步指出，市场社会主义者企图通过建立完全受政府计划控制的国有企业来减少经济生活中的不确定性的努力注定是要归于失败的。这是因为没有"经济概念"的政府计划取代了"市场激励"对资源的调配作用。当一种产品的价格主要由政府意志决定，而不是由市场供求关系决定时，这些产品的供应者为什么要去考虑消费者的情绪和嗜好呢？

（二）以消极正义为基础的积极正义

既然纯粹的积极正义的思路走不通，那么，还是延续原来消极正义的道路，采取修补的方法来完善它。即以消极正义为基础、积极正义为补充

---

① 如果停止了市场的运行机制，是否存在更好的正义提供方式呢？政府能否承担起正义提供者的角色呢？社会主义计划经济的历史经验告诉我们，政府仍不具备提供真实信息的功能，市场仍是提供社会成员真实信息的最好方式。因此，分配正义的问题只能通过调整市场机制来解决。西方的福利国家和财税政策正是在这一思路之下展开。

的现代改良思路。

如何解决社会正义提供不足的问题成为迫切需要解决的问题。20世纪早期，社会正义理论成为主要的关切之点。1900年，约翰·霍普金斯大学的政治学教授威斯特尔·韦洛比出版了第一本以《社会正义》为名的著作，他指出："所有文明国家的人民都要把社会和经济状况交由合理性和正义性的标准加以同等的检验，就如同他们曾在过去对政治制度的正当性提出质疑一样。"① 因此，正义原则里的分配正义与尚优原则重新被提出来，在现代社会的视角下得到审视。美国学者罗尔斯提出了正义的两个原则，其一是每个人对于其他人所拥有的最广泛的基本的自由体系相容的类似自由体制都应有一种平等权利；其二是社会的和经济的不平等应这样安排，使它们被合理地期望适合于每一个人的利益，而且依存于地位和职务向所有人开放。罗尔斯还指出了更一般的正义观："所有社会价值——自由和机会、收入和财富、自尊和基础——都要平等的分配，除非对其中一种价值或所有价值的一种不平等分配合乎每一个人的利益。"

第四节　从义到正义的跨越：中国传统的正义渊源

"正义是社会结构的第一要义，如同真理对于思想体系一样。"② 现代社会不同于传统社会，它将人的自然属性、自利理性、物质欲望作为制度设计的基础，假如没有法律正义的约束，必然加剧社会的礼乐崩坏，纲常沦丧；没有"正义"，现代思想和现代制度构建将成为无本之木，无源之水；没有传统思想的支持，"正义"也无法成为社会共识，由此，寻找社会正义的内核与传统渊源，建立社会正义的基础成为现代社会合理性的基础。③

---

① 转引自戴维·米勒：《社会正义原则》，应奇译，江苏人民出版社2001年版，第4页。
② 罗尔斯：《正义论》，何怀宏译，中国社会科学出版社1988年版，第4页。
③ 布莱恩·巴利：《作为公道的正义》，曹海军、允春喜译，江苏人民出版社2008年版，第138页。

中国大一统社会传统以道德为基础，而非以正义为基础，长期以来，"成者王，败者寇"思想盛行。修身、齐家与治国、平天下之间存在深刻鸿沟。而在现代社会，正义是其必备基础，缺乏社会正义，就无现代社会可言。① 在"正义"问题上，我们存在很多误区，或是言必及古希腊、罗马，或是认为中国缺乏类似于西方"正义"的思想，或是认为这必然是大是大非问题，而非细节问题。其实，正义问题与我们的日常生活密切相关。因此，理清"正义"的传统渊源非常重要。

其实，"正义"思想是"义"的思想的进一步发展，如果将"义"的思想研究清楚了，"正义"的思想也随之而来，中国传统并不缺乏"义"的思想渊源，也只有基于这些渊源，才可以构建中国的"正义"思想。通过研究，我们可以明晰，正义只是结果，并非原因，若从正义入手，无法构建现代社会；若是从正义的基础——"义"入手，正义就会纲举目张、水到渠成了。②

一、正义思想的逻辑起点：德的权宜与义的坚持

顾名思义，"正义"思想首先是一种"义"（Righteousness），是一种"公正""正确"的"义"，因此，"正义"首先得符合"义"。由此，要理解"正义"，必须先理解"义"。

中国传统思想中，"正义"是对众多"义"的一种拣选，选择出一种合乎公众的"义"，或是"正确的义"，正如《荀子》所言："不学问，无正义，以富利为隆，是俗人者也。"其他用语也类似，如"耳不闻学，行无正义。"（《韩诗外传》卷五）这里的"正义"是指正确的"义"，这种"正义"与"义"的联结正是"正义"思想的最大特征，也是现代"正义"最本质的含义。在西方文明的语境中，义也是正义的基础，即"个体正义"。社会正义思想源于个体发展之义，社会正义的核心与落脚点是个

---

① 王人博：《中国的近代性》，广西师范大学出版社 2015 年版，第 32 页。
② 方授楚：《墨学源流》，商务印书馆 2015 年版，第 162 页。

体发展①，法律是"不得不为"的"义"的思想的体现，权利（Rights）是人之所以为人必须要提供的空间，义务（Duties）是不得不为的行为和责任。

义的第一层含义是人的应有之义。在中国传统思想中，"义"是人之所以为人的必备要素，孔子讲"君子义以为质"（《论语·卫灵公》），"君子喻于义，小人喻于利"（《论语·里仁》）；义也是人的必备行为准则，"君子有四忧：德之不修，学之不讲，闻义不能徙，不善不能改"（《论语·述而》）"万事莫贵于义"（《墨子·贵义》），奉行义，并不是为了他人的赞扬或是批评，而是为了实践"道"。"义"源于世间固有的法则，因此，坚持世间原有的法则，不以众人的评价为标准，即使天下人都不为"义"，个人还有为义的必要（《墨子·贵义》）。② "义"的这一层含义也从现有汉语的通常用法中显示出来。③

那么，什么是人的应有之义呢？在春秋战国时期，诸子百家虽然分歧诸多，但在这个问题上达成了共识。老子认为，人身上有自然之道；孔子认为人身上有"大人潜质"；庄子认为有"鲲鹏之志"；孟子认为有浩然正气；荀子认为有神奇的力量。④ 因此，人与生俱来的使命就是如何将这种力量发挥出来，这与古希腊文明认为人身上具有神性，与希伯来文明认为人是神依据自身形象所造完全一致。

一方面，人身上具有神奇潜质，另一方面，人又是自然之躯，受欲望、生理、心理约束，是脆弱个体，如何将这两种差异极大的属性结合在

---

① 沈敏荣：《市民社会与法律精神》，法律出版社 2008 年版，第 156 页。

② 原文："子墨子自鲁即齐，过故人，谓子墨子曰：'今天下莫为义，子独自苦而为义，子不若已。'子墨子曰：'今有人于此，有子十人，一人耕而九人处，则耕者不可以不益急矣。何故？则食者众，而耕者寡也。今天下莫为义，则子如劝我者也，何故止我？'"吴毓江撰：《墨子校注》，中华书局 2006 年版，第670 页。

③ "义"最为本原的解释是"事物本来的含义"，是透过现象揭示事物本质。因此，在语言使用上，"义"直接与最终价值相联系，如"仁义""道义""真义"等。"义"就是指事物最本质的含义，事物本来的面目。"义，人之正路也。"（《孟子·离娄上》）"义者，万物自然之则，人情天理之公。"（《舜水文集·杂说》）

④ 沈敏荣：《仁者无敌：仁的力量》，人民出版社 2015 年版，第 41 页。

一起，就成为东西方文明探讨的共同主题。孔子的仁学思想探究的是如何将这两种属性结合在一起①，而西方传统思想探讨的也在于如何"在软弱上显完全"。在这一点上，中国传统思想、古希腊文明、希伯来文明的认识无二致，东西方文明的原点其实差异不大。

义的第二层含义是德的权变。厚德载物，美德是人发展的基础，但是人在践行德的过程中需要"权变"。因为没有权变的德并不会导向人的发展。正如孔子讲的"言必信，行必果，硁硁然，小人哉"。遵循美德不知变化，只能是小人，非大人。而没有权变的德，与恶行没有分别②。（《论语·阳货》）亚里士多德也着重指出"道德德性"这一特点，"有三种品质：两种恶——其中一种是过度，一种是不及——和一种作为它们的中间的适度德性。"③

德的权变唯有"义"才能识别。"君子之于天下也，无适也，无莫也，义之与比"，这是孔子的认识；荀子说"以义应变，知当曲直故也"（《荀子·不苟》）；孟子指出，"言不必信，行不必果，唯义是从"。由此，德如何实践需要有"义"的支持。"……义者，谓各处其宜也。"（《管子·心术上》）《中庸》也讲，"仁者，人也，……义者，宜也，……""义者，人道之宜，裁万物而与天下共睹，是故信其属也。"（戴震：《原善》卷下）"义"为德的权变提供了准则，防止"不义"成为权变异化的防火墙。"行一不义，杀一无罪，而得天下，不为也"，即使以"得天下"这一"至势"来相利诱，也不应背离"为仁"之途而单行"术"。"君子行不贵苟难，说不贵苟察，名不贵苟传，唯其当之为贵。"

从中我们可以看到传统"德治"无法导向正义，导致正义的是"义"，因为大一统社会所依赖的"德"并没有确定性的基础，反而具有不确定性和变动性，这也正是长期以来的"德治"传统并没有衍生出制度

---

① 沈敏荣：《仁的价值与时代精神》，人民出版社 2012 年版，第 286 页。
② 孔子曾明确地指出这一问题。原文："好仁不好学，其蔽也愚；好知不好学，其蔽也荡；好信不好学，其蔽也贼；好直不好学，其蔽也绞；好勇不好学，其蔽也乱；好刚不好学，其蔽也狂"。
③ 亚里士多德：《尼各马可伦理学》，廖申白译，商务印书馆 2003 年版，第 53 页。

化构造的原因。①

二、正义与义的对接：分配正义及其内涵

"正义"是对"义"的拣选而生，因此，"正义"的第一原则是对"义"的承认，而非否定，"义"不一定符合"正义"，但"正义"一定是"义"的。正如《史记·游侠列传》中评价游侠："今游侠，其行虽不轨于正义，然其言必信，己诺必诚，不爱其躯，赴士之厄困，既已存亡死生矣，而不矜其能，羞伐其德，盖亦有足多者焉。"这一点也得到西方正义思想的支持，即正义的第一义是与"义"的对接。如柏拉图认为，"各尽其职就是正义"，"正义就是给每个人以应有权利的稳定的永恒的意义"。西方学者提出的正义的第一原则也正是在这个意义上展开：决定社会生活中利益和负担的恰当分配，这种与个人发展之义相对接的正义也被称为"分配正义"。

分配正义经历了从城邦共和国的公民正义到民族国家市场正义的发展。城邦共和国的分配正义建立在古希腊共和国与公民的思想之上，亚里士多德发现，"追求人的善德离不开城邦"，"只有具备了最优良政体的城邦，才能有最优良的治理；而治理最为优良的城邦，才能有获致幸福的最大希望。"②"城邦善的艺术能够造就公民。"培养优良公民的基本原则是促进最优良的生活。"世有三善，身外诸善，身体诸善，灵魂诸善。幸福生活在灵魂诸善：城邦与个人相同，应各修四德（智、勇、礼、义）庶几可得真正快乐。配备身外诸善（衣食所需）和身体诸善，而能勤修灵魂诸善，达成善业，这就是最优良的生活。"③"幸福为善行的极致和善德的完全。欲达到这样的目的，一个城邦和其中的公民们须有适当的健康身体、财富以及一般生活配备，这些配备都受之于自然。在具有这些自然条件的

---

① 亚里士多德：《政治学》，吴寿彭译，商务印书馆 2016 年版，第 207 页。
② 亚里士多德：《政治学》，吴寿彭译，商务印书馆 2016 年版，第 169 页。
③ 亚里士多德：《政治学》，吴寿彭译，商务印书馆 2016 年版，第 454 页。

城邦中，立法家运用其才能，引导公民纳入行善的良轨。人们所由成德达善者，出于三端：禀赋、习惯、理性。习惯和理性必经培养而得发展，所以立法家应当特别重视教育。"①

人如何在近代社会中发展一直困扰着文艺复兴之后的思想家，古希腊以共和国和公民思想为核心的政治文明在近代古希腊文明复兴中遇到了个人发展之"义"与民族国家运行规则的冲突，民族国家政治的"必要的恶"（霍布斯语）已不能承载个体发展之善，寻求新的方向成为近代社会演进的动力。②

亚当·斯密成为解决这个近代难题的先驱。斯密指出了长期为人们忽视的另一条道路：分工与市场。他指出，人的能力完全来自后天分工与训练，人的先天差别不大，"哲学家与挑夫的差别，要比猛犬与猎狗的差别小得多"③。基于后天分工，人的潜质得到发挥，人就逐渐加强自己的比较优势，成就绝对比较优势，人人基于绝对比较优势参与市场交换。在不知不觉中，社会总体财富增加了，人自私自利的行为最终促进社会总体财富增加，这就是著名的市场经济"看不见的手"的理论。④

因此，古希腊的自然思想与斯密的市场理论结合在一起，社会给予人特定的势力范围，这种势力范围具有绝对性、排他性、周延性，任何人，包括他人、第三人、任何组织，甚至是国家，都不得干涉，人的自然属性在这个绝对势力范围中得到保存。这就是现代物权法的设计，物权被视为"绝对权""对世权"，在19世纪甚至被视为"天赋权利"，"神圣不可侵犯"，"与生俱来"，因为这是人在社会中发展的基础。在此基础上，人人基于自己的兴趣、爱好参与市场分工，培训自己的理性，增强自己的绝对比较优势，国家的干涉越少越好，这就是斯密"守夜人国家"的思想。现

---

① 亚里士多德：《政治学》，吴寿彭译，商务印书馆2016年版，第457页。
② 霍布斯：《利维坦》，黎思复等译，商务印书馆2014年版，第289页。
③ 亚当·斯密：《国民财富的性质和原因的研究》，郭大力、王亚南译，商务印书馆1994年版，第15页。
④ 沈敏荣：《市民社会与法律精神》，法律出版社2008年版，第156页。

代契约法、公司法大量提供辅助法、任意法，帮助当事人理性的成熟，而非国家的干涉，国家的作用仅限于国家安全、契约强制履行及警察治安三大功能。正是在这一分配正义的思想之下，现代市民社会与市场经济的基本秩序建立起来了。①

三、不义划出义的边界：矫正正义及其内涵

正义的根本之义在于与个体发展之义的对接，支持和辅助个人发展，这正是现代性的基本内容。现代社会的根本之义在于个体与社会的共同发展。个体发展之义中的另一个根本内容是权宜、变化。

人的发展需要因地制宜，随机应变，因时而化，不同的人有不同的发展之"义"，"一人一义"是常态。② 孔子的仁学正是持此态度③，"物之不齐，物之情也"（《孟子·滕文公上》），"维齐非齐"（《书经》）。这就出现问题了，人是社会之人，不同的人有不同的"义"，社会的整合需要有一个"公义"，或是"正义"。正如墨子指出的，"一人则一义，二人则二义，十人则十义，其人兹众，其所谓义者亦兹众。是以人是其义，以非人之义，故交相非也。"（《墨子·尚同》）由此，寻找"公义"就成为个人组成社会首先要解决的问题。一方面，社会设计应该支持这种权宜和变化，另一方面也需要给这种权宜、变化设置一个边界，防止权宜和变化发展成"不义"。④

分配正义给了人自我发展的自由，但是这种自由可能导致的并不是人的发展，而是人性本恶：人的自私心、自利心彰显。尤其是在大变动时代，社会中逻辑严重紊乱，礼乐崩坏，坏人横行，小人当道，名闻天下者往往是欺世盗名之辈。⑤ 在道德标准丧失、对错不分之时，利益的诱惑就

---

① 沈敏荣：《市民社会与法律精神》，法律出版社 2008 年版，第 138 页。
② 沈敏荣：《市民社会与法律精神》，法律出版社 2008 年版，第 72 页。
③ 沈敏荣：《市民社会与法律精神》，法律出版社 2008 年版，第 299 页。
④ 沈敏荣：《仁者无敌：仁的力量》，人民出版社 2015 年版，第 116~129 页。
⑤ 这在孔子时代就出现了。"色取仁而行违，居之不疑，在邦必闻，在家必闻。"见《论语·颜渊》。

显得非常巨大。能否获得物质与权力上的利益和地位也成为大多数人追求的目标。因此，在大变动时代，物质利益的诱惑就显得不可抵御。"见利忘义"成为大多数人的选择。孔子也指出，社会或是个人放任利益泛滥的结果是自我的丧失，标准的缺位，自我心灵的不安宁，怨恨由此而起。① 在现代社会条件下，当亚里士多德的共和国积极正义无法实现，亚当·斯密的消极正义也无法满足社会的正义要求时，矫正正义就显得弥足珍贵了。

那么，什么是"不义"呢？虽然义不必然是正义，但正义必然是义，而义是对个人发展之义的确认，因此，不符合个人发展的就属于不义。春秋时代，诸子百家均是在这个意义上使用"不义"。孔子讲"不义而富且贵，于我如浮云。"（《论语·述而》）墨子讲"……近以修身，不义不处，非理不行，务兴天下之利，曲直周旋，利则止，此君子之道也。"（《墨子·非儒下》）荀子讲"行一不义，杀一无罪，而得天下，不为也。"（《资治通鉴·周纪》）这一理解也为西方正义思想所遵循。亚里士多德指出，"如果不讲礼法、违背正义，他就堕落为最恶劣的动物。悖德（不义）而又武装起来，势必引起世间莫大的祸害。"② 如果社会不确定公义，那么，不义将会驱逐义，使得不义成为常态，义的遵循就可能出现危机。这在亚里士多德正义学说中称为"矫正正义"，在东方传统中则是"不义"。这一点也得到了现代学者的支持，罗尔斯正义的第二项原则即是矫正正义。

亚里士多德发现，"追求人的善德离不开城邦"，"城邦善的艺术能够造就公民"。培养优良公民的基本原则是促进最优良生活。③ 孔子也发现，在人的发展中，环境非常重要，"危邦不入，乱邦不居"，需要"以友辅仁"，其中以政治环境最为突出，就是"政"。在孔子的思想中，"为政"

---

① "放于利而行，多怨。"见《论语·里仁》。
② 亚里士多德：《政治学》，吴寿彭译，商务印书馆 2016 年版，第 9 页。
③ 亚里士多德：《政治学》，吴寿彭译，商务印书馆 2016 年版，第 454 页。

在仁学思想中非常重要，是个人成长的重要平台。"政者，正也"（《论语·颜渊》），可以"事其大夫之贤者，友其士之仁者"。孟子进而将"为政"区分为"仁"与"不仁"，在"政治正义"上做进一步发展。在这方面，亚里士多德则走得远得多，亚里士多德分别评价君主、贵族、寡头、民主政体的义与不义，最后得出符合正义的最佳混合政体，开创了后世的政治标准，被誉为"政治学之父"。

孟子之后的荀子由此深入，指出"权变"在为政中必不可少，"势与术"在为政中决定了君子之仁能否实现，但"仁义"是其底线。如果进一步推演，"公义""正义"的思想就呼之欲出了。但当时已容不得"正义""公义"生存了，诸侯争霸已近末期，社会大一统趋势已越来越明朗。所以，荀子的弟子韩非子对"势与术"的进一步研究得出的并不是社会"公义"的结论，而是"义"与"正义"的完全断裂，这正反映了大一统社会政治呈现出非理性特点，并不支持"正义"模式。[①]

由此可见，分配正义是针对如何与义衔接，而矫正正义是如何防范不义，两者共同构成正义完整的内涵。"义"是对个体发展的要求，而"正义"是对社会结构的要求，当"义"的发展在社会中展开时，就会受制于社会的约束，如果遵循恶的社会规则，就会出现"危邦""乱邦"，这种矫正反而会成为个人发展的障碍。因此，社会结构需要遵循特定的规则，这正是亚里士多德讲的"善的艺术"。

四、义的复兴：转型社会与正义供给

中国传统的大一统社会成为"正义"的禁区，"指鹿为马""焚书坑儒""罢黜百家，独尊儒术""文字狱"等政治"不义"行于天下，如人

---

① 韩非子指出，"上古竞于道德，中世逐于智谋，当今争于气力。"（《韩非子·五蠹》），他认为道德、仁义的成长模式已不再适于当时，"世主美仁义之名而不察其实，是以大者国亡身死，小者地削主卑。何以明之？夫施与贫困者，此世之所谓仁义；哀怜百姓不忍诛罚者，此世之所谓惠爱也。夫有施贫困则无功者得赏，不忍诛罚则暴乱不止……吾以是明仁义爱惠之不足用。"（《韩非子·奸劫弑臣》）

无人之境。长期以来，政治社会无正义①，做官夺人心志②，使得中国传统上的法律基本上都是在"律"的层面上使用，而鲜有在"法"的层面上使用，运用"法"的人被称为"法师"，与"神、道、鬼"归于一类，运用"律"的是行政官员，而非自成独立体系。这对现代中国法律的引入和法律体系的形成产生了巨大影响，造成法律与正义的脱节，法律工具化倾向显著，运用法律的人缺乏独立判断能力，权利与势、术的结合明显，如此种种，使得转型时期中国社会的正义供给严重不足。

当代中国已非大一统社会，自1840年以后，中国就进入高速变动的时代，不断洗涤两千年来大一统社会带来的深刻影响。中国社会过早地进入大一统社会并长期淫浸其中，使得中国传统社会缺乏系统的正义表述，当现代社会的市场经济将人的物质欲望、自私心理、人的自然属性都释放出来之后，缺乏正义约束的中国现代化立即进入物欲、私利、自我的狂欢之中，千年的道德积累一溃千里，这应该是中国现代化进程中最大的忧患。

转型社会条件下道德危机已非德性本身所能解释，需要加强社会的正义供给，包括政治正义、经济正义、法律正义。传统的正义的内涵其实是完全明确的：义与不义构成正义的内涵，正如孔子所言，仁与不仁可以明确仁的内涵③，义与不义的明确也可以明确正义的内涵与渊源，而这种传统思想与现代分配正义和矫正正义的内涵完全相符，完全可以作为现代社会的正义基础，也使得正义不再是抽象的理论，而与人的日常行为、传统积淀密切相关。④ 这样，正义才会走出象牙塔，成为生活的必需品，才会实现"公平如大水滚滚，公义如江河滔滔"。

---

① 明末清初天崩地解的时期，当时一批有识之士对专制主义进行激烈地批判。其中，黄宗羲指出："三代以下，天下之是非一出于朝廷。天子荣之，则群趋以为是；天子辱之，则群摘以为非。……而其所谓学校者，科举嚣争，富贵熏心，亦遂以朝廷之势利一变其本领……"见黄宗羲：《明夷待访录》之"学校"，中华书局2011年版，第39页。

② 朱熹、吕祖谦：《近思录》（卷十二），中州古籍出版社2008年版，第409页。

③ 《论语·里仁》。原文为："恶不仁者，其为仁矣，不使不仁者加乎其身。"

④ 沈敏荣：《仁者无敌：仁的力量》，人民出版社2015年版，第104页。

第二章 ▍经济正义：近现代社会中的"义"到"正义"

> 万事莫贵于义。
>
> ——墨子

第一节 经济社会从"义"到"正义"的制度设计

讨论现代国家离不开亚当·斯密的《国富论》。很多经济学者将《国富论》看作经济学著作，确实，它奠定了市场经济的理论基础，但它的影响力绝对远远超出了经济学的范畴，奠定了现代社会的基础。

亚当·斯密生于1723年，卒于1790年，终生未婚。他的专业是伦理学。[①] 他所教授的也不是经济学，而是伦理学。他是格拉斯哥大学的伦理学教授。他花最大精力所著的书也不是《国富论》，而是《道德情操论》。[②]《道德情操论》是讨论人在社会中如何实现美德。[③] 在人实现美德的研究中，亚当·斯密发现财富的作用非常巨大，是人组成社会，人的发展是美德实现过程中一个不可缺少的环节。这也是亚当·斯密写《国富论》的缘由。亚当·斯密的《国富论》改变了人与社会的传统认识，即认

---

① 这是一个很有意思的话题。亚当·斯密不是经济学专业，但他是历史上最伟大的经济学家。亚当·斯密其实是伦理学家，但他的伦理学著作却没有特色，研究伦理学的学者也很少有提到他的。与他的老师大卫·休谟的《人性论》比起来，他的著作就很不起眼了。这种例子在历史上比比皆是，这种历史经验对反思我国严格的学科建设不无启迪。

② 亚当·斯密：《道德情操论》，蒋自强等译，商务印书馆1997年版。

③ 在伦理学领域，亚当·斯密不是一流的学者，他的《道德情操论》的影响力远不及他的老师大卫·休谟的《人性论》，甚至他的著作在伦理学领域也鲜有人提及。

为人组成社会和国家，不需要让渡自己的权利，而是可以在社会中"磨炼和发挥自己的才能"，个人与社会可以同时进步，社会的磨炼在个人的发展中是不可缺少的。国家的发展必须是建立在个人发展的基础之上。亚当·斯密的这一认识相对于传统的国家与个人发展的理论是极具革命性的。他认为社会的发展建立在个人自由发展的基础之上，国家管理的事情是越少越好。亚当·斯密是进行严格论证的第一人。原先的认识是社会的稳定和发展必须以牺牲个人的自由和权利为前提，而亚当·斯密认为，社会的发展与个人的发展可以并行不悖。这一思想影响了个人的发展、社会的演进、政治的结构等方面。正是由于他的影响远远超出经济学领域，对整个社会产生了极其深远的影响，这也是称《国富论》是现代社会的"圣经"的原因。

就个人发展而言，当时的人们已经认识到自然的发展对人是非常重要的。首先改变的是儿童教育。谈到现代儿童教育，就离不开卢梭的著作《爱弥尔》。在《爱弥尔》一书中，卢梭认为儿童的教育需要让儿童自由地发展，它开启了儿童自然教育的先河，主导了以后的儿童教育。卢梭卒于法国大革命前几年，他与亚当·斯密处于同一时代。而亚当·斯密更进一步地指出，不但少年儿童需要教育，成年人也需要受教育，即现代社会的教育，而且成年人社会教育的重要性不亚于少年儿童，它决定了人的后天才能。① 自然发展成为当时个人发展与社会发展的主流。亚当·斯密认为，个人在社会中也可以自由地发展，不但儿童需要自由地发展，成年人也需要自由地发展，这是现代社会与传统社会的最大不同。在《国富论》一书中，他阐释了自由市场经济思想和看不见的手的理论，这也成为现代社会和现代市场经济的基础。

在现代社会中，社会的发展以个人的发展为终极目标，自然就会有下面的结论：社会的发展需要保障和发展个人的权利和自由，这也是人权在现代社会中具有格外重要意义的原因。但这只是静止意义上的，还应有更

---

① 亚当·斯密：《国民财富的性质和原因的研究》（上卷），郭大力、王亚南译，商务印书馆1994年版，第14页。

积极的意义，个人可以在社会中培养和实现"人的美德"，成为"真正意义上的人"、一个"有美德"的人、一个"纯粹"的人，一个"脱离低级趣味的人"、一个"高尚"的人，而不是一个"异化""扭曲"的人。

一、个人的自由发展与社会的发展是如何一致的（上）——后天决定人的才能与性格

在亚当·斯密的世界里，个人的发展与社会的发展是如何相互促进的呢？或者说，社会的发展为什么是以个人的发展为基础？我们来看看亚当·斯密是如何进行他的分析。

首先，亚当·斯密是从人出发来进行他的分析。[①] 他认为，人先天的素质都是差不多的，"人们天赋才能的差异，实际上并不像我们所感觉的那么大。""人们在壮年时在不同职业上表现出来的极不相同的才能，在多数场合，与其说是分工的原因，倒不如说是分工的结果。"他说："一个是哲学家"，即我们所认为的"思想之王"；"一个是街上的挑夫"，即我们所认为的苦力，是体力劳动者中的最下层，"他们之间的差异，看来是起因于习惯、风俗与教育，而不是起因于天性"。"就天赋资质说，哲学家与街上挑夫的差异，比猛犬与猎狗的差异……少得多。"[②]

由此，在亚当·斯密的逻辑体系中，分工非常重要，是基础。分工是

---

① 这种从人的本性出发来进行的分析是英美国家学者经常使用的方法，也是后来马克思所批判的庸俗的政治经济学所使用的方法。应该讲，马克思的这种思想并没有过时。对社会制度的分析不能从人的本性出发。人组成社会，人就具有了社会的规定性，如果再从本性出发就很成问题了。而亚当·斯密对这一点也是赞同的。他认为，人的后天可以改变。人的本性都是差不多的，人与人的差别很大方面是来源于后天的分工，来源于后天的教育和训练。如果再从本性来分析社会结构就很成问题了。可以说，马克思对社会的分析与亚当·斯密有一脉相承的地方。其实，马克思对经济社会和政治社会的分析是继承了亚当·斯密的研究成果，我们在下面的分析中可以看得很清楚。尤其是对人的分析，社会的发展必须要保障个人的自由和权利，以及个人的发展。如果社会的发展是建立在个人扭曲的基础之上，那么，这个社会的生产力不管有多么大的发展，都是需要受谴责的，需要被推翻的，如资本主义制度。这也是马克思所提出的社会中人的异化问题：个人为了保障和发展自己的自由而组成社会，这个社会却剥夺了个人的自由。而在现代社会制度中，个人的发展与健全是基本的社会宗旨和目标。

② 亚当·斯密：《国民财富的性质和原因的研究》（上卷），郭大力、王亚南译，商务印书馆1994年版，第15页。

"磨炼和发挥个人的才能"。他的《国富论》即以分工为论证的基础，这本书第一篇第一章就是"论分工"。这一思想贯彻《国富论》论证体系的始终。在亚当·斯密的理论中，分工是为了发挥自身的绝对优势，发挥自身工作效率高的方面。而分工同时也导致人的才能的不同。"人的才能相当部分是后天培育的。"人的才能上的优势，很大部分是源于分工，"这就鼓励大家各自委身于一种特定的业务，使他们在各自的业务上，磨炼和发挥各自的天赋资或才能"。这是绝对比较优势和自由竞争的基础。整个社会及其分工，从一开始，在亚当·斯密看来就是"磨炼和发挥各自的天赋和才能"。自由竞争的载体是人，其根本特征是提供"磨炼与发挥"的场所。假如一个人的才能得不到发挥，对个人是极其痛苦的，对社会也是一个损失。

"分工起因于交换能力。分工的程度，因此总要受交换能力大小的限制。换言之，要受市场广狭的限制。市场要是过小，那就不能鼓励人们终生专务一业。因为在这种状态下，他们不能用自己消费不了的劳动生产物的剩余部分，随意换得自己需要的别人劳动生产的剩余部分。"[1] 由于分工与交换的发展，产生了交换价值及其衡量物：货币，以及劳动创造价值、交换决定价值，于是就产生了真实价格和名义价格。[2] 这些构成了亚当·斯密分析体系的基础概念。"在同一时间和同一地方，一切商品的真实价格与名义价格都成比例……所以，在同一时间和同一地方，货币乃是一切商品的真实交换价值的正确尺度。"但是，"在相隔很远的两个地方，商品的真实价格与货币价格不成比例，往来贩运货物的商人只考虑商品的货币价格"。[3] "由于一切买卖行为的适当与否，最终都取决于商品的名义价格或货币价格，而日常生活中几乎所有交易也受其支配"。[4]这种不同时间、地方的价格的差异也是促使贸易发展的一个重要因素。

---

① 亚当·斯密：《国民财富的性质和原因的研究》（上卷），郭大力、王亚南译，商务印书馆1994年版，第16页。

② 亚当·斯密：《国民财富的性质和原因的研究》（上卷），郭大力、王亚南译，商务印书馆1994年版，第29页。

③④ 亚当·斯密：《国民财富的性质和原因的研究》（上卷），郭大力、王亚南译，商务印书馆1994年版，第33页。

随着分工、交换、贸易的发展，就会出现资本。"资本一经在个别人手中积聚起来，当然就有一些人，为了从劳动生产物的售卖或劳动对原材料增加的价值上得到一种利润，便把资本投在劳动人民身上，以原材料与生活资料供给他们，叫他们劳作。"① 再加上土地的地租，于是大多数商品价格中就有三个组成部分，一是劳动，二是利润，三是地租。"无论在什么社会，商品价格归根到底都分解为三个部分或其中之一，在进步社会，这三者或多或少地成为绝大部分商品价格的组成部分。"②

二、个人的自由发展与社会的发展是如何一致的（下）——社会财富如何改变人的性格

上面对"人的差别来源于后天"的阐释和价格、财富组成的"三要素论"的分析是亚当·斯密构建的论证体系的基础。马克思正是继承了亚当·斯密的这一基础，创立了他的政治经济学，所以，马克思与亚当·斯密在这一部分是惊人的相似，熟知马克思主义政治经济学的我们对亚当·斯密的论述应该不会陌生。以下是亚当·斯密对这三种财富形式的分析。

（一）工资

工资是劳动的报酬。在亚当·斯密的体系里，劳动创造价值，工资及其体现这一财富的劳动者是他分析的重点。③ 这一价格要素和财富的重要组成部分如何发挥作用，如何使劳动创造更大的价值和促进社会财富的增长无疑是亚当·斯密关注的重点。随着分析的展开，我们会发现，对于这一财富的承受者的分析，即劳动者的分析是他的重点，也就是贯彻他的分工决定人的性格和才能的起点。对人的关注才是《国富论》真正的意义所在。在这一意义上，单纯地将亚当·斯密的这一"创世之作"视为某一专

---

① 亚当·斯密：《国民财富的性质和原因的研究》（上卷），郭大力、王亚南译，商务印书馆1994年版，第43页。

② 亚当·斯密：《国民财富的性质和原因的研究》（上卷），郭大力、王亚南译，商务印书馆1994年版，第45页。

③ 他对劳动的重视、对勤劳的赞扬以及重视是值得当代中国人深思的。

业的论文，无疑抹杀了它的主要价值。

"使劳动工资增高的，不是庞大的现有国民财富，而是不断增加的国民财富。因此，最高的劳动工资不在最富有的国家出现，而却在最繁荣的，即最快变得富裕的国家出现。"① "进步状态实是各阶级快乐旺盛的状态。静止状态是呆滞的状态，而退步状态则是悲惨的状态。"② 那么，结果是什么呢？"充足的劳动报酬，鼓励普通劳动人民增殖，因而鼓励他们勤勉。劳动工资是勤勉的奖励。勤勉像人类其他品质一样，越受奖励越发勤奋。丰富的生活资料，使劳动者体力增进，而生活改善和晚景优裕的愉快希望，使他们益加努力。所以，高工资地方劳动者，总是比低工资地方的劳动者活泼，勤勉和敏捷。"③

亚当·斯密的这一著作并不是我们一般意义上所讲的经济学著作，而是一本关于人与社会关系：人组成社会需要做到的是不要迷失自我，保持社会进步、个人快乐、旺盛的局面，在社会中实现美德的书。这也是为什么亚当·斯密的《道德情操论》与他的《国富论》并不冲突，只是在写作《道德情操论》时，他发现，财富对一个社会太重要，对一个人的影响也太重要，所以，要研究社会中的人，就必须研究财富问题。这也是他写《国富论》的目的。所以，他的《国富论》延续了他在《道德情操论》中的观点，社会的发展是以个人的发展为前提的，社会制度的设计要符合人的发展。如果一个社会的发展是以压抑个人的发展为基础，则这个社会的发展是不可延续的。亚当·斯密在书中反复列举当时中国的例子。当时中国是清帝国，外表看起来非常强大。这也是我们现在很多人在谈的"康乾盛世"之后不久。我们知道，英国人是比较保守的，但当时，它之所以敢

---

① 亚当·斯密：《国民财富的性质和原因的研究》（上卷），郭大力、王亚南译，商务印书馆1994年版，第63页。

② 亚当·斯密：《国民财富的性质和原因的研究》（上卷），郭大力、王亚南译，商务印书馆1994年版，第75页。

③ 从这些热情洋溢的论述中，我们很难想象这仅仅是某一学科领域的著作，他的著作正像马克思的著作一样，是出于一种对人和社会的根本性思考，是探求社会真理的著述。他的著作与历史上许多伟大思想家的著作一样，是开启人类思想大门的钥匙。

远涉重洋来攻击当时不可一世的清帝国，^① 并且一而再、再而三地攻击，从广州虎门，到福建，到浙江，到山东，直至天津卫，这是有理论基础做支持的。当时，英国的主流思想对中国的认识已经很清楚，亚当·斯密的思想非常有代表性^②，约翰·密尔的思想也是典型代表^③。

正是由于清帝国发展停滞，使它原有的优势丧失殆尽。不管中国原先的发展多么辉煌，但由于没有对勤劳的酬劳，没有对勤劳的奖励，使得人民不能活泼、勤勉、敏捷；而没有了强大的人民，一个国家不管它的历史多么辉煌，它都不能延续，而堕落于停滞甚至衰退。这也印证了亚当·斯密的后天决定人的性格和品质，而不是先天的因素，这个社会决定其人民的品质；同时，人民也决定一个社会的强大与否。由此可见，社会制度，尤其是法律制度对一个社会和国家的发展具有决定性的作用。这也正符合近代中国的认识："法律能使一个国家强大。"

（二）利润

我们再来看一看利润这一财富形式。利润就是运用资本所获得的利益。"与劳动工资的增减相同，利润也取决于社会财富的增减。""在同一行业中，如有许多富商投下了资本，他们相互竞争，自然倾向于减低这一行业的利润；同一社会各行业的资本，如果全都同样增加了，那么同样的竞争必对所有行业产生同样的结果。"^④ 但这一矛盾是可以解决的，那就是新领土的获得或新行业的开展。"即使在财富正在迅速增加的国家，也会

---

① 英国发动的第一次鸦片战争和英法发动的第二次鸦片战争打开了当时中国的大门，中国踏上了近代化的进程，开启了中国近代的血泪史，也开始了中华民族可歌可泣的奋斗史。

② "中国一向是世界上最富的国家，就是说，土地最肥沃，耕作最精细，人民最多，而且最勤勉。"应该讲，这个国家是世界上最为发达的国家。它具有各个方面的条件。"然而，许久以来，它似乎就停滞于静止状态了。今日旅行家关于中国的耕作，勤劳及人口稠密的报告，与500年前视察该国的马可·波罗的记述比较，几乎没有什么区别。也许在马可·波罗时代以前好久，中国的财富就已完全达到了该国法律制度所允许的发展程度。各旅行家的报告虽有许多相互矛盾的地方，但关于中国劳动工资廉价和劳动者难以赡养家属的记述，则众口一词。"见亚当·斯密：《国民财富的性质和原因的研究》（上卷），郭大力、王亚南译，商务印书馆1994年版，第65页。

③ 约翰·密尔：《论自由》，商务印书馆1996年版。

④ 亚当·斯密：《国民财富的性质和原因的研究》（上卷），郭大力、王亚南译，商务印书馆1994年版，第81页。

提高资本利润，因而也会增加货币利息。[①]"由于这国家的资本，不够应付这种新获得或新发展给各个人带来的全部业务，所以只把它投在能提供最大利润的那些行业。以前投在其他行业上的资本必有一部分撤回来，转入更为有利的新行业。所以，在那些旧行业，竞争便没有那么剧烈。而市场上各种货物的供给也减少了。货物减少，价格势必或多或少地上升。这就为经营者提供了更大的利润，而他们也能以比以前高的利息借入资金。"[②]"所以，在一国社会停滞的情况下，一国所获得的财富，如已达到它的土壤、气候和相对于他国而言的位置所允许获得的限度，因而没有再进步的可能，但尚未退步，那么，在这种状态下，它的劳动工资及资本利润也许都非常的低。"[③]"一国人口的繁殖，如已完全达到其领土所可维持或其资本所可雇佣的限度，那么，在这种状态下，职业上的竞争必然非常激烈，使劳动工资低落到仅足维持现有劳动者人数，而且由于人口已经非常稠密，已不可能再有增加。""一国的资本，如与国内各种必须经营的行业所需要的资本相比，已达到饱和的程度，那么，各种行业所使用的资本，就达到各行业的性质和范围所允许使用的程度，这样，各地方的竞争就大到无可再大，而普通利润便小到无可再小。"[④]

　　问题解决的办法是加快国家的发展，改变国家的法制。这是亚当·斯密所开的良方，对我们现实也有指导意义。亚当·斯密提出的方法是："易以其他法制，扩大贸易。"[⑤]他仍以中国为例，"中国似乎长期处于静止状态，其财富也许在许久以前已完全达到该国法律制度所允许的限度，但若易以其他法制，那么该国土壤、气候和位置所可允许的限度，可能比上述限度大得多。""一个忽视或鄙视国外贸易，只允许外国船舶驶入一二港

---

　　① 亚当·斯密：《国民财富的性质和原因的研究》（上卷），郭大力、王亚南译，商务印书馆1994年版，第85页。

　　② 亚当·斯密：《国民财富的性质和原因的研究》（上卷），郭大力、王亚南译，商务印书馆1994年版，第85~86页。

　　③④⑤ 亚当·斯密：《国民财富的性质和原因的研究》（上卷），郭大力、王亚南译，商务印书馆1994年版，第87页。

口的国家，不能经营在不同法制下所可经营的那么多交易。"①此外，亚当·斯密还指出，"在富者或大资本家很大程度上享有安全，而贫者或小资本家不但不能安全，而且随时都可能被下级官吏借口执行法律而强加掠夺的国家。国家所经营的各种行业都不能按照各种行业的性质和范围所能容纳的程度，投下足够的资本"②。

由此，亚当·斯密所得出的结论是："不同的劳动和资本用途的利害，总的说来，在同一地方，必然完全相等，或不断趋于相等。在同一地方内，假若某一用途，明显地比其他用途更有利或更不利，就会有许多人离开比较不利的用途，而挤进比较有利的用途。""在各事物都听任其自然发展的社会，即在一切都听其自由，各个人都能自由选择自己认为适当的职业，并能随时自由改业的社会情况确是如此。各人的利害关系必然会促使他寻求有利的用途避开不利的。"③这就为亚当·斯密的自由市场经济和自由竞争奠定了坚实的理论基础。

（三）地租

地租是使用土地的代价。④亚当·斯密给的论断是："一切社会状况的改良，都有一种倾向，直接或间接使土地的真实地租上升，使地主的真实财富增长，使地主对他人的劳动或劳动生产物有更大的购买力。"⑤土地作为社会财富的重要组成部分，对整个社会有不容忽视的影响，对社会制度的建立有基础性的影响。古语讲，"无恒产无恒心"，而土地作为最重要的不动产，是个人和社会财富的重要组成部分。民法中的不动产制度，尤其是其中的土地制度历来是整个民事法律的基石，也是社会稳定的基础。法国大革命的爆发和《法国民法典》的制定很大的原因就是土地制度的不合理。合理的土地制度往往是社会稳定的基础。20 世纪末和 21 世纪初中国

---

①②③　亚当·斯密：《国民财富的性质和原因的研究》（上卷），郭大力、王亚南译，商务印书馆1994 年版，第 87 页。

④　亚当·斯密：《国民财富的性质和原因的研究》（上卷），郭大力、王亚南译，商务印书馆1994 年版，第 136 页。

⑤　亚当·斯密：《国民财富的性质和原因的研究》（上卷），郭大力、王亚南译，商务印书馆1994 年版，第 239 页。

热烈讨论的民法典，其中的一个重要问题就是物权法，而其中争论最为激烈的就是不动产制度。由于我国社会主义制度的性质，土地是国有的。但作为市场经济国家，在巨大的社会财富中必须包括地租。

三、社会财富决定阶级的性格和社会的制度——建立在现代社会理念之上的现代国家

亚当·斯密在分析了社会财富的组成以及社会财富对个人的影响之后，进一步指出社会财富决定了阶级，同时也决定了阶级的性格。这和马克思后来归纳的"经济基础决定上层建筑"的著名论断是一致的。[①]

土地地租、劳动工资和资本利润构成了社会财富，体现了亚当·斯密劳动创造价值的思想。"一国土地和劳动的全部年产物，或者说，年产物的全部价格自然分解为土地地租，劳动工资和资本利润三部分。"[②] "这三部分构成三个阶级的收入，即以地租为生，以工资为生和以利润为生这三种人的收入。这三个阶级构成了文明社会的三大主要和基本阶级。一切其他阶级的收入归根结底都是来自这三大阶级的收入。"[③] 不同的财富决定了不同的阶级，同时也决定了不同阶级的特征。现代社会的建立必须以这三大阶级为基础。这三大阶级的特征和社会如何在这三大阶级之上的组合也就形成了现代社会的特征。正是通过对现代社会组成阶级的分析，亚当·斯密得出了建立在现代社会理念之上的现代社会。

（一）地主阶级[④]

与前面提到的地租这一财富形态相对应，"地主阶级的利益，是和社

[①] 马克思在自己的研究中十分推崇亚当·斯密，认为自己的研究主要思想来源之一就是亚当·斯密。这在他们关于财富和社会分工的分析中可以看到惊人的相似。

[②] 亚当·斯密：《国民财富的性质和原因的研究》（上卷），郭大力、王亚南译，商务印书馆1994年版，第240页。

[③] 亚当·斯密：《国民财富的性质和原因的研究》（上卷），郭大力、王亚南译，商务印书馆1994年版，第241页。

[④] 亚当·斯密对地主阶级的分析与我们所认识的中国的地主阶级有很大的差异。中国具有她自身的特殊性，1949年之前中国是半殖民地半封建的国家，与正常的社会形态有很大的差别。在正常的社会自主发展的状态下，亚当·斯密的理论是成立的。

会一般利益密切相关、不可分离的。凡是促进社会一般利益的，亦必促进地主利益，凡是妨害社会一般利益的，亦必妨害地主利益。地主在关于商业及政治问题的公众集会上，为本阶级的利益打算，决不会贻误国家，至少，在他们对本阶级利益具有相当知识的场合是如此。"① 地主阶级与社会利益相互一致的分析直接来源于地主是依赖于地租这一形式而存在的，地租这一财富形态的特点也决定了地主阶级本身的性格。这也印证了亚当·斯密论证的基础——"他们的差异，看来是起因于习惯、风俗与教育，而不是起因于天性。"②

地主阶级与社会利益密切相关，那么，现代社会依靠这一阶级是不是就可以建立起来了呢？亚当·斯密的答案是"否定的"："但实际上，他们往往缺乏这种知识。他们在上述三阶级中，算是一个特殊阶级。他们不用劳力，不用劳心，更用不着任何计划与打算就自然可以取得收入，这一阶级所处的安乐稳定地位使他们自然流于懒惰。懒惰不但使他们无知，并使他们不能用脑筋来预测和了解一切国家规章的后果。"③ 虽然，地主阶级与整体社会共同的利益休戚相关，但是后天的环境没有给予他们形成领导社会的性格，他们"不用劳力，不用劳心"，"不用计划和打算"，他们"懒惰"，"懒惰使他们无知"，更使他们没有办法来领导现代社会和国家。在这里，我们可以看到，亚当·斯密对现代社会中的人提出了很高的要求。④ 这种对人

---

① ③　亚当·斯密：《国民财富的性质和原因的研究》（上卷），郭大力、王亚南译，商务印书馆1994年版，第241页。

②　亚当·斯密：《国民财富的性质和原因的研究》（上卷），郭大力、王亚南译，商务印书馆1994年版，第15页。

④　对人的要求和解释在亚当·斯密的《道德情操论》一书中得到了很好的阐释，我们从中可以看到，现代社会中的人是什么样的，什么是具有美德的人。"朴实、坦白和直爽；有决断而不刚愎自用，气宇轩昂而不失礼；不仅不狂妄和粗俗下流，而且宽宏大量、光明磊落和考虑周到。"（亚当·斯密：《道德情操论》，蒋自强等译，商务印书馆1997年版，第14页。）这种对人的美德的强调来源于希腊雅典的哲学，到了近代社会，经莎士比亚归纳，成为西方社会对人的一种理想的要求。社会要承认和实现人的美德成为社会科学的基本任务。

的高要求我们在马克思的共产主义思想以及对人的要求上也可以看出来。①

（二）工人阶级

"第二阶级即靠工资过活的阶级的利益，也同样与社会利益密切相关。"②这一点在对工资这一价值和财富形式的分析中已指出。"如前所述，劳动工资最高的时候，就是对劳动的需求不断增加，所雇劳动量逐年显著增加的时候。当社会的财富处于不增不减的状态时，劳动者的工资马上就会低落，只够他们赡养家庭、维持种类。当社会衰退时，其工资会降低到这一限度以下。""劳动者在繁荣社会中不能享得地主阶级那样大的利益，在衰退社会中却要蒙受任何阶级所经验不到的痛苦。"③从字里行间，我们可以看到亚当·斯密充满对工人阶级的同情和怜悯——"在衰退社会中却要蒙受任何阶级所经验不到的痛苦"，所以，一个社会要保持进步和发展是多么的重要，它不但可以使国家富强，而且可以使生活在社会最底层的劳动人民过上幸福、快乐的日子。社会的欣欣向荣正是亚当·斯密写《国富论》的目的。④

"但是，劳动者的利益虽然与社会一般利益密切相关，但他们没有了解一般社会利益的能力，更没有能力理解本身的利益与社会利益的关系。他们的状况不能让他们有接受各方必要消息的时间，即使有此时间，他们

---

① 我们现在有很多人认为人没有这么高的道德水平，由此对共产主义提出怀疑。其实，对人的美德的赞扬一直是西方思想和东方思想都具有的核心价值，只是方法和方式不同罢了。东西方都认为，人通过一定的方法和途径，是有可能达到非常高的道德水准的。东方叫"君子""圣人"，西方叫"圣徒""具有美德的人"，如美国建国元勋富兰克林正是受这种思想的影响在自己的自传中对美德做了强调，以及美国的第一届总统华盛顿也有类似的论述。可见这一思想对现代社会的影响至深。

②③ 亚当·斯密：《国民财富的性质和原因的研究》（上卷），郭大力、王亚南译，商务印书馆1994年版，第241页。

④ 亚当·斯密写《国富论》是希望将此著作作为国策献给当时的英王，它指出英国能走向富强的道路。中国的国门在1840年被西方列强打开之后，许多有识之士就认为唯有思想才可以救国。其中最著名的就是严复，他翻译的著作均是针对当时的时弊，企图用翻译西方的思想来拯救当时积弱的中国。他翻译的书中有几个重点，一是竞争，他翻译的是赫胥黎介绍达尔文进化论的《天演论》，另一本就是亚当·斯密的《国富论》；二是自由，他翻译的是约翰·密尔的《论自由》。其中，严复译《国富论》是想效仿当年亚当·斯密的做法，将这本著作献给当时的光绪皇帝。但事实的结果是，严复所译的《国富论》社会影响极小，整个社会制度并没有像他所设想的那样，而是陷入军阀混战的境地。严复本人到最后也不为社会所重视，跟他留学时期的日本同学伊藤博文是两个不同的命运。严复晚年的境地颇惨，竟吸上了鸦片。但是我们也应该看到，近代有良知的中国人的努力通过代代积累，蔚为壮观，千年古国焕发出年轻的气息，正如当年梁启超所呼唤的"少年之中国"。

的教育和习惯也不能使他们对任何消息做出适当的判断。因此，在公众集议时，只在特殊场合，即在雇主为着自己的特殊目的，而不是为着劳动者的利益，出来鼓励并支持劳动者发言的场合。劳动者才发表意见。此外，劳动者能发言，很不多见，其议论受到尊敬的，更为少闻。"①关于工人阶级的性质，马克思在《共产党宣言》中阐述得非常详细。在亚当·斯密对工人阶级状况的分析中我们可以看到，亚当·斯密十分尖锐地指出了劳动者存在的问题：对自身状况的不了解。这也为后来共产主义理论的发展奠定了基础：无产阶级需要自己的领导者和先锋队。

（三）资本家

"劳动者的雇主即靠利润为生的人，构成第三阶级。""推动社会大部分有用劳动活动的，正是为追求利润而使用的资本。"②"资本使用者的规划和设计，都是以利润为目标。利润率不像地租和工资那样，随着社会繁荣而上升，随社会衰落而下降。反之，它在富国自然低，在穷国自然高，而迅速趋于没落的国家最高。""因此，这一阶级的利益与一般社会利益的关系，就和其他两阶级不同。""在这一阶级中，商人和制造业通常是使用资本最大的两阶层。因为他们最富裕，所以最为社会所尊敬。他们终日从事规划与设计，自比大部分乡绅具有更敏锐的理解力。可是，因为他们通常为自己特殊事业的利益打算，而不为社会一般利益打算，所以，他们的判断，即使在最为公平（不总是如此）的场合，也是取决于关于前者的考虑，而很少取决于关于后者的考虑。"③

"不论在哪一种商业或制造业上，商人的利益在若干方面往往和公众利益不同，有时甚或相反。扩张市场，缩小竞争，无疑是一般商人的利益。可是前者虽然往往对公众有利，后者却总是和公众利益相反。"④"因此，这一阶级所建议的任何新商业法规，都应当十分小心地加以考察。非小心翼翼地抱着怀疑态度作了长期的仔细检查以后，决不应随便采用。因为他们这般人的利益，从

①②③④　亚当·斯密：《国民财富的性质和原因的研究》（上卷），郭大力、王亚南译，商务印书馆1994年版，第242页。

来不是和公众利益完全一致。一般地说，他们的利益，在于欺骗公众，甚至在于压迫公众。事实上，公众亦常为他们所欺骗所压迫。"③ 尤其是在资本家占主导地位的社会中，亚当·斯密一针见血的分析确实发人深省。亚当·斯密睿智的分析对我们当下的社会也不无启迪。其实，亚当·斯密的思想是非常积极的，这在他的《道德情操论》中得到了更充分地体现。④ 亚当·斯密因此得出了一个非常革命性的论点：资产阶级也不能委以领导现代社会和现代国家的重任。资本家道德上的先天不足决定了他们与社会的利益会格格不入，他们精心算计着自己的利益，而不考虑社会的利益。在资产阶级也被否定之后，我们会发现，这三个阶级都有自身的缺陷，都不能独立支撑起现代社会和现代国家的大厦。

正是由于现代社会任何一个阶级都有不足的地方，单独的任何阶级都不可靠，而整个社会制度却需要建立在一个坚定的基础之上。亚当·斯密在否定了阶级作为社会制度的基础之后，重新提出了将人作为社会制度的基础。"每个人改善自身境况的一致的、经常的、不断的努力是社会财富、国民财富以及私人财富赖以产生的重大因素。这不断的努力常常强大得足

---

③　亚当·斯密：《国民财富的性质和原因的研究》（上卷），郭大力、王亚南译，商务印书馆1994 年版，第 243 页。

④　他在《道德情操论》一书中对他的这一积极的思想做了充分地发挥。他指出，"钦佩或近于崇拜富人和大人物，轻视或至少是怠慢穷人和小人物的这种倾向，虽然为建立和维持等级差别和社会秩序所必需，但同时也是我们道德情操败坏的一个重要而又普遍的原因。财富和地位经常得到应该只是智慧和美德才能引起的那种尊敬和钦佩；而那种只宜对罪恶和愚蠢表示的轻视，却经常贬不适当地落到贫困和软弱头上。这历来是道德学家们所抱怨。""……智慧和美德并不是唯一受到尊敬的对象；罪恶和愚蠢也不是唯一受到轻视的对象。……富裕和有地位的人引起世人的高度重视，而具有智慧和美德的人却并非如此。……受到、获得和享受人们的尊敬和钦佩，是野心和好胜心的主要目的。我们面前有两条同样能达到这个我们如此渴望的目的的道路；一条是学习知识和培养美德；另一条是取得财富和地位。我们的好胜心会表现为两种不同的品质：一种是目空一切的野心和毫无掩饰的贪婪；一种是谦逊有礼和公正正直。我们从中看到了两种不同的榜样和形象，据此可以形成自己的品质和行为，一种在外表上华而不实和光彩夺目；另一种在外表上颇为合适和异常美丽。前者促使每一只飘忽不定的眼睛去注意它，后者除了非常认真、仔细的观察者之外，几乎不会引起任何人的注意。他们主要是有知识和美德的人，是社会精英，虽然人数恐怕很少，但却是真正、坚定地钦佩智慧和美德的人。"引自亚当·斯密：《道德情操论》，蒋自强等译，商务印书馆 1997 年版，第 14 页。

以战胜政府的浪费，足以挽救行政的大错误，使事情日趋改良。"① 由此，亚当·斯密得出的结论是：减少国家的作用，发挥市场和自由竞争的力量——这就是亚当·斯密的自由市场经济。国家尽可能地减少作用，仅仅局限于安全、契约的履行以及有限的几个方面。这就是亚当·斯密的思想和他的论证过程。在这一过程中，现代社会的秩序建立起来了，现代国家的理念也确立起来了。国家就是按照这样一个理念组合起来。

四、人的发展是现代社会繁荣的必由之路——现代社会繁荣的奥秘

我们可以看到，亚当·斯密的体系从人出发，从人的发展出发来分析社会制度，并对其进行评判，要求社会制度的设计必须要使人更好地发展，使人能在社会中实现美德。② 成为一个有智慧和美德的人。这是社会发展的需要，也是社会和国家发展与进步的基础。

社会培育人，这一思想贯穿于亚当·斯密分析的始终。在对资本的分析中，亚当·斯密的思想就完全地阐释出来了，"（人们）因为没受到勤劳的充分奖励，所以游惰了。俗话说：劳而无功，不如戏而无益。在下等居民大都仰给出于资本的运用的工商业城市，这些居民大都是勤劳的，认真的，兴旺的。""在主要依靠君主经常或临时驻节来维持的城市，人民的生计主要仰给于收入的花费，这些人民大都是游惰的、堕落的、贫穷的。""所以，无论在什么时候什么地方，资本与收入的比例，似乎都支配勤劳与游惰的比例。资本家占优势的地方，多勤劳；收入占优势的地方，多游惰。资本的增减，自然会增减真实劳动量，增减生产性劳动者的人数，因而，增减一国土地和劳动的年产物的交换价值，增减一国人民的真实财富

---

① 亚当·斯密：《国民财富的性质和原因的研究》（上卷），郭大力、王亚南译，商务印书馆1994年版，第315页。

② 莎士比亚认为，理想人物应具备以下12种美德：公正、正直、节俭、镇定、慷慨、坚毅、仁慈、谦恭、诚敬、宽容、勇敢、刚强。

和收入。"① 社会制度决定国民的性格——好的制度决定国民勤劳、勇敢、智慧、富裕，而不好的制度则决定其人民游惰、堕落、贫穷。

正是基于以上出发点和上述各节的论述，亚当·斯密设计的现代社会的制度模式是："各个人都不断地努力为他自己所能支配的资本找到最有利的用途。固然，他所考虑的不是社会的利益，而是他自身的利益，但他对自身利益的研究自然会或者会引导他选定最有利于社会的用途。"② 在现代社会制度的安排中，个人的自由、权利得到了空前的重视，个人对自身福利的关注成为通向社会繁荣、发展的必由之路。"在这场合，像在其他许多场合一样，他受一只看不见的手的指导，去尽力达到一个并非他本意想要达到的目的。也并不因为事非出于本意，就对社会有害。他追求自己的利益，往往使他能比在真正出于本意的情况下更有效地促进社会的利益。我从来没有听说过，那些假装为公众幸福而经营贸易的人做了多少好事。"③ 到此，亚当·斯密的自由竞争理论和自由市场经济思想也就呼之欲出、水到渠成了。个人的自由、自治成为现代社会的主要特征。

现代社会中的自由、自治表现在以下各个方面。个人有自我治理的权利和自由，这是相对于宗教约束和世俗约束而言，即个人有信仰自由和言论自由，这是现代社会的基本原则。《中华人民共和国宪法》、《美国宪法》修正案第一条都有这方面详细规定。个人与个人之间有意志的自由和享有自治，这就是契约自由。个人与个人之间达成的意思表示一致，他们之间的意思表示一致就相当于法律的效力：可以约束自身，也可以对抗第三人（如《中华人民共和国合同法》第8条）。在契约自治的基础上，形成了市民社会。市民社会有三个层次，一是最低层次，即市民社会独立于

---

① 亚当·斯密：《国民财富的性质和原因的研究》（上卷），郭大力、王亚南译，商务印书馆1994年版，第310页。

② 亚当·斯密：《国民财富的性质和原因的研究》（下卷），郭大力、王亚南译，商务印书馆1994年版，第25页。

③ 亚当·斯密：《国民财富的性质和原因的研究》（下卷），郭大力、王亚南译，商务印书馆1994年版，第27页。

国家，不受国家的控制和支配，能达到自治的程度。二是最高层次，即市民社会决定国家。市民社会对国家具有决定性的影响，决定国家的性质、理念、治国原则和方法。如近代国家的"社会契约"思想、"人民主权"理念、"权利让渡"观念都来源于私法或是与私法有密切的关系。三是中间状态，即市民社会既不决定国家，同时又独立于国家，也就是它有影响，但这种影响不是决定性的。市民社会的自治是现代社会的显著特征，不但个人、个人与个人之间可以自治，就是一群人，或是说三个以上的人也可以是自治的，那就是现代民主的概念。一群人可以决定自己的命运，这也是现代社会的基本特征。现代国际法上的"自决"就来源于此。社会成员可以自己决定自己的命运，这是对"自然人"概念的最好阐释：人们可以自由地决断，自己决定自己的命运：命运可以掌握在成为社会成员的人手中。人生下来就具有一定的权利能力，通过社会的磨炼，逐渐地发挥个人的才能和智慧，从而达到社会培育、教育人的目的。

由此可见，现代社会的自由具有非常深刻的思想基础和背景。这种自由不是一种想干什么就干什么的自由，不是一种容许人堕落的自由，或是什么事情都不干的自由，而是一种积极的自由，一种引导人们积极向上、培育社会美德的自由。这种自由的基础在于良好的教育和基础设施的配套。自由必须要有一个好的社会制度，必须要有物质资源的保障，自由必须基于良好的教育，尤其是成年人的教育。这种自由体现了现代社会人的自信：可以掌握自身、把握社会、建立一个符合人的发展的国家。[①] 由此，现代社会中的自由并不是一种消极的、放任不管的自由[②]，而是体现了人类的成熟和对自身能力的信心，是现代文明的标志：人类可以骄傲地宣称，我们终于成年了，终于可以掌握自己的命运了，人类文明进入了成

---

① 人的权利成为现代国家宪政制度的基础。我国的《宪法》第二章专门规定了"公民的政治权利"。美国《宪法》也有专门的"权利法案"。"宪法之父"杰斐逊等人认为，权利的宣示性规定是宪法所必不可少的。

② 详细论述见沈敏荣：《市民社会与法律精神：人的品格与制度变迁》，法律出版社 2008 年版，第 103 页以下。

熟期。

第二节　以义为中心的自治逻辑：以有限责任公司法为例

随着中国《民法总则》的制定和通过，对中国民商事法律关系的审视将重新出现高潮，中国民商事法律深受转型社会的影响，体现着转型社会的特点，尤其是在我国，国有经济和国有企业对中国民商事关系，尤其是经济法律关系的影响十分深刻，无论是《民法通则》还是《公司法》，都打上了转型社会的深深烙印。随着中国社会主义市场经济的确立和市场化改革的深化，中国民商事关系的独立性和自主性进一步加强，随着市场经济的不断深入，对民商事法律关系的完整性和体系化的考察必将随着《民法总则》的制定和《民法典》的推进进一步深入，在未来的数年间，中国的物权关系、契约关系、侵权关系和商事法律关系都将在市场化视角下得到进一步梳理，中国民商事法律的体系化和合理化也将迈出扎实的一步。在商事法律关系中，尤其是公司法人治理中，有限责任公司治理的完善是市场经济主体法制完善一个非常重要的环节。随着 2013 年对公司法定资本制度改革的推动，《公司法》更注重经济效益的改革也渐显端倪。

有限责任公司作为一个封闭的、不与资本市场联通的公司结构，具有高度意思自治化的法人治理模式是其必然特点，然而，在我国，有限责任公司则与股份公司作为同一类型的三权分立企业法人治理模式来看待，完全忽视了有限责任公司自有的特征和内在的规律。这与中国国有企业改革有很深的关系。中国国有企业改革的一般模式是从企业进行有限责任公司化，然后再进行股份化。大量的国有企业以有限责任公司的形式存在，以及其股份化的需要，都使得有限责任公司需要采取法定固化的模式，如采取公司股东会、董事会、监事会分立这样一种"三权分立"的国家政府治理模式，既非采取一般商业公司"股东会与董事会"的二权分立模式，也非采取一般通用的有限责任公司的开放章程自治模式，这深深地打上了国有企业改革和转型经济的烙印。随着国有企业股份化改造的完成，使得《公司法》需要承担的转型社会改造的任务业已完成，需要面对的是市场中大量新生的私人有限责任公司，这就需要正视有限责任公司自身的自治性与封闭性的特点，放松《公司法》对有限责任公司的束缚，发挥有限责任公司治理创新性方面的优势，使得有限责任公司能够突破《公司法》的束缚，发挥自身在公司治理上的灵活性和创新性，使得商业合作能够更为有效，这是有限责任公司法需要考虑的首要目标。

一、公司法的普通化：公司治理的逻辑与重心

公司治理是现代经济合作中的核心概念，是经济社会中最为重要的法律关系之一。公司的核心是独立法人与有限责任，[1] 是英国公司法在 1844 与 1855 年确立下来将这两项基本原则私法化，作为社会成员的一项基本私权利确立下来，从而确立了现代商业社会的基础，使得近代市民社会的理论能够得到进一步的发展与完善。

在公司法私法化，成为普通公司法之前，由于独立法人与有限责任隐含着巨大的商业风险，即它有限的商业风险承担基础，使得独立法人与有限责任在 17 世纪以来一直是置于国家法律特许之下。[2] 因此，在公司法私法化之前，可以讲是属于特许公司法。[3] 但是，政府特许公司无法解决如何判断经济信息的真实性问题。在当时的英国，正是由于这一原因，在制度层面上无法解决特许所产生的不真实、不平等和腐败问题。[4] 因为，经济法律的有效性是建立在相关经济信息的有效性基础之上，这也是 1720 年英国《泡沫法案》无法有效规制特许所带来的负面效果的原因。因此，

---

① Paul Davies：Introduction to Company Law（2 nd Edition），Oxford University Press，2010，p33.

② L. E. Talbot：Critical Company Law，Routledge – Cavendish，2008，p15.

③ 在今天的公司法中，特殊部门、行业仍存在需要特许的经济领域和公司，但那毕竟不是主流了。

④ James Taylor：Creating Capitalism：Joint-stock Enterprise in British Politics and Culture 1800-1870，The Boydell Press，2006，p118.

在特许问题上，由于缺乏有效真实的信息，采取行政法的立法思路无法有效地解决问题。

亚当·斯密的《国富论》提出了全新的自由市场经济的新思路，其核心就是在自由分工与交易的背景之下，可以有效地解决民族国家社会信息的真实性问题。这种真实信息不能通过政治社会来提供，因为民族国家不同于城邦国家，不能通过政治社会的直接民主，只能通过市场来提供，通过市场价格来提供社会的真实信息，从而在这一真实的信息之上构建整个近现代社会制度。①

在亚当·斯密思想的影响下，市场信息的真实性不但需要自由市场竞争，也需要竞争主体的意思自治，需要公司组织能够体现市场自由整合资源的作用，因此，公司法从特许走向普通化也就在所难免了。② 市场是陌生人之间在追逐私利的交易过程中形成的一种经济互动，人与人之间日趋激烈的竞争会形成价格，价格反映了市场真实的需求信息，承载了社会成员的比较优势，正是这种价格机制，使得资源得到优化配置。③ 因此，公司的这种合作是市场经济的一种合作，市场经济的真正活力在于保持市场价格的真实性，这种真实性是通过自由竞争来实现的。这种真实性的另一个基础是个体的意思自治，这在亚当·斯密的原子式自由市场经济条件下是通过政府退出市场来实现的，即守夜人式的国家。④ 而在人与人合作的商业社会中，公司法的普通化正是这种意思自治的体现。因为，如果市场经济中最重要的主体是采取政府特许的方式，那么，亚当·斯密的自由市场经济的两根支柱：价格和竞争主体将无法成立。因此，亚当·斯密《国富论》的出版，以及自由市场经济的观念逐渐成为社会共识。1804 年

---

① 森图姆：《看不见的手》，冯炳昆译，商务印书馆 2016 年版，第 15 页。

② 罗纳德·科斯等：《财产权利与制度变迁》，刘守英等译，上海人民出版社 2014 年版，第 57 页。

③ 弗兰克·伊斯特布鲁克、丹尼尔·费希尔：《公司法的经济结构》，罗培新、张建伟译，北京大学出版社 2005 年版，第 8 页。

④ 沈敏荣："跨越义与正义的鸿沟：中国现代社会法律的伦理基础"，载《武夷学刊》，2016 年第 6 期。

《法国民法典》的制定标志着近代市民社会的建立，公司法的普通化正是这一思路的延伸。

普通化之后的公司法使得行政权力不再成为控制公司的力量，公司的治理不再是政府或是强行性法律的调整对象，而重新交回到市场手中。因此，现代公司法是市场化力量的体现，也是契约自治的延伸。市场可以完成的应该交由市场，平等主体可以解决的问题就交由公司治理自组织来完成。公司法需要调整的是市场完成不了，或者是市场完成需要较高成本，而需要通过任意性法律来降低缔约成本的，这与契约法需要完成的使命是一致的。① 因此，公司治理这只看得见的手并不是政府之手，而是市场之手的延伸。②

公司是经济合作的一种方式，国家将经济结社权与有限责任的特权授予企业，使得企业能够将商业风险分散化，使得股东、债权人、经理人员能够合理地分担一部分风险，从而使得商业能够迅速扩展，通过这种风险分担方式，使得大规模的商业活动能够顺利地开展起来。因此，一方面，公司法是一种赋权法，能够通过意思自治完成的工作都将交由当事方来解决；另一方面，公司法也是一种内部组织法，使得各部分的权力能够平衡，使得当事方能够在平等的地位之上行使意思自治，这是公司真正具有活力的地方，也是亚当·斯密的分工积累绝对比较优势思想的延伸。③

公司法的普通化是在平等主体的前提下进行的，因此，保持合作方的地位平等正是这一赋权性法律所需要完成的基本使命。公司法的结构成为体现公司各方利益主体平等地位和意思自治必须要规定的条款，如股东大会的议事程序和表决程序就是公司法规定的一个重要方面，目的是保证公司各方利益主体在公司这一合作平台上能够充分展现自身的意志，能够让自身的意志不被扭曲。在公司法中，开会程序和表决程序是公司法需要规定的重点。这种意思自治的前提是相关利益方的地位平等，如果地位不平

① Stephen Waddams, Principle and Policy in Contract Law, Cambridge University Press, 2011, p28.

② 钱德勒：《看得见的手：美国企业的管理革命》，重武译，商务印书馆1987年版，第106页。

③ 沈敏荣：《市民社会与法律精神——人的品格与制度演进》，法律出版社2008年版，第145页。

等，就会导致这一意思融合机制无法保障当事人的利益。这时候，就需要有相应的弱者保护条款和强势方强制性的信息披露。在股份公司的情况下，公司对外发行股份，公司就会出现大股东和小股东①；在有限责任公司，就是公司股东地位不平等、公司信息流通不充分，公司业务执行人违反忠诚义务等，需要法律提供规制。

二、公司治理的契约化：以意思自治为主的治理模式

有限责任公司的封闭性和自治性使得法律对它的干预如果不符合市场效率，就会归于无效。这在英国公司法普通化之后不久就显现出来。在著名的英国所罗门诉所罗门公司案中，所罗门独资拥有一家制靴企业，在企业有充分支付能力的情况下将该企业公司化，为了符合1862年英国公司法对公司股东人数不得少于7人的规定，他本人认购2万股，其妻子和5个成年子女均各认购1股，该公司全部由所罗门一家人持股，未再发行新股，系典型的封闭性公司。同时，在公司化过程中，原有公司的资本10 000英镑作为受担保贷款，所罗门先生持有债权，以公司的资产作为担保。后来该公司资不抵债，所罗门向该自有公司起诉求偿，并主张其债权的优先权。公司的债权人主张所罗门先生是恶意逃避债务，而最后法院裁决所罗门的公司股东人数并不存在问题，所罗门的公司化并没有违反公司法，也没有蓄意逃避债务的故意。② 这使得公司法对封闭公司股东人数的干预归于无效。

公司治理安排的基础是所有权与经营权的分离③，因此，公司的股东

---

① 如果是公开发行股份，还会存在一般的公众股股东，这些小股东的利益与大股东的利益诉求本身就不同，小股东只是为了公司的股息，对公司的经营状况并不关心。因此，小股东参加公司股东大会对其而言成本过高，即使参加了，对公司的经营信息也会不太关心，或是没有完全了解与掌握的能力，公司的意思整合机制无法保障这些股东的利益，因此，就需要有特别的保障机制。这就是公司法中非常重要的小股东保护机制，如派生诉讼或是直接利益损害诉讼等。

② Salomon v. Salomon & Co Ltd［1897］AC 22［HL］。

③ 阿道夫·A. 伯利、加德纳·C. 米恩斯：《现代公司与私有财产》，商务印书馆2007年版，第79页。

大会和董事会的权限划分不同，在各国有股东大会中心主义和董事会中心主义。但无论采取哪种方式，都是关注公司利益相关方地位的平衡，都是在两权分立的情形下产生的，其基本的思路是在所有权与经营权分离的情况下如何实现二者间的信任关系，即公司经营人员能够像经营自己的财产一样经营公司的财产，这就使得非封闭性的公众公司具有较强的规范密度，必须具有相当的公司审查和设立人责任，以及必须有固定的公司机关及职能（如德国法上的股东大会、董事会、监事会，英美法上的股东大会、董事会和独立董事）。在德国法上，还需要有股东大会并引入一名公证人员的情况下才能做出股东决议，股东追加出资义务或其他义务也被排除在外等。这些对采用公众公司这种形式的大型公司而言是合理而负担较小的，但对于小型的封闭性公司而言，这种规定就没有必要，而且会造成多余的企业负担。正是基于这种考虑，1892年德国首创有限责任公司法。从有限责任公司法的产生来看，其封闭性和自治性就是其立法基础。[①]

有限责任公司的公司资本均源自股东自筹，自然当事人的意思自治为其主要特点，成员间地位平等、信息共享是有限责任公司治理的基本特点[②]，如股权的划分只限于股东之间，也就是股东之间有持股比例的确定，但是对其价值则在所不问。这种封闭性设计的原因就是有限责任公司的设计并不与资本市场尤其是股票市场相联通，即有限责任公司不走向资本市场。而且有限责任公司仅限于有限的人数，因此，有限责任公司不会出现一些类似于股份公司可能会出现的问题，比如，小股东的保护问题，甚至所有权、经营权的分离都不明显，因为有限责任公司的治理结构类似于熟人间的合作，与股份公司所具有的陌生人间的合作的思路肯定不同。因此，给予有限责任公司高度的自治性属于必然，其规则密度要大大低于股份有限公司。

---

① 格茨·怀克、克里斯蒂娜·温德比西勒：《德国公司法》，殷盛译，法律出版社2010年版，第284页。

② 格茨·怀克、克里斯蒂娜·温德比西勒：《德国公司法》，殷盛译，法律出版社2010年版，第281页。

在有限责任公司法中，公司的章程占据了非常重要的地位。大多数情况下，公司法都会肯定公司章程的优先效力，或是将公司事项完全交由公司章程来确定，如公司的治理结构、公司的资本与投票权、公司的董事权力、公司股东的议事规则等。比如，在德国的《有限责任公司法》中，对于有限责任公司的治理结构不做职能划分，完全由股东会全权负责，只规定公司可以交由业务执行人来管理，并未对公司的治理结构做专门规定。因此，股东会可以完全替代业务执行人，业务执行人完全听命于股东会。在有限责任公司中，公司法并未对公司的权力进行区分，只要不涉及禁止性、强制性的规定，公司股东就可以在最大范围内设计和构建公司，具有很大的设计构建自由。公司法被看作一种标准合同文本，它提供了会被大多数企业成员所选择的条款，同时在明示条款上也会做出一些让步，只要利益相关方之间谈判成本相当低，公司法就应当允许包含人们自愿谈判、协商的条款。"公司法是通过授权而非直接制定的，它的备用条款赋予管理者以极大的自由裁量权，并且为公司的实际签约提供便利。"[①] 至于合同的修订，则是由彼此间相互影响但又都以自身利益为本位的公司成员来行使的，而不是由政府管制部门来行使。

在公司的选择性条款中，有两种典型的条款，一种是选出条款（opt-out clause），一种是选入条款（opt-in clause）。选出条款一般是公司必须规定的事项，一般公司的标准实践，如股东的投资与表决比例、股东会的议事和表决程序、董事的注意义务等，这些是公司治理必须要规定的事项，相当于合同当中的一般条款，如果公司对这些事项不进行规定，则默示适用公司法中的条款，但公司章程可以排除这些条款的适用。这些条款相当于合同法中的任意性条款，目的是促进合同自治、降低缔约成本。这些条款也称为默示条款（default clause）。默示条款的大量应用可以节省公司参与者签订合同时所花费的成本。其中的众多条款，诸如投票规则以及

---

① 弗兰克·伊斯特布鲁克、丹尼尔·费希尔：《公司法的经济结构》，罗培新、张建伟译，北京大学出版社 2005 年版，第 15 页。

法定人数的规定，是几乎所有人都愿意采用的规则。公司法以及既有司法裁决可以免费为每一家公司提供这些条款，从而使每个公司都能够将精力集中用于公司特定的事项。而且即使他们一一考虑了他们认为有可能出现的各种情事，也仍然可能有所遗漏，因为各种复杂的情况会在未来日渐显现。公司法，尤其是由法院实施的信义原则，可以填补法律的这些空白和疏漏，而填补这些空白和疏漏的法律条款属于如果人们能事先预见并且可以不费成本地进行交易而达成的。从这个意义上说，公司法补充但从未取代真实的谈判，它只是在未被排除的情况下才发挥作用。[①]

另一种是选入条款，一般是公司的最优治理模式，但是对不同规模的企业可能会有不同的要求，这些公司法中的规定可供各类公司选择，如公司的董事人选的累积投票制度是为了保护小股东的利益，使其在董事会能够有利益代表，但是作为一般的默示条款则显不足。

上述两类条款虽然都是选择性条款，但是由于前者（选出条款）是公司需要明示做出排除适用，因此，它的适用性要强于后者（选入条款），后者的适用需要公司章程明确规定；前者则是其不适用需要公司章程明确规定，由于章程条款的通过需要股东的同意，而章程的修改一般需要三分之二的股东通过，因此，前者适用的可能性要远远大于后者。

选择性条款的大量适用与公司法的契约化认识有很大的关系。根据公司法的契约化认识，公司法很大意义上是一套契约规则，是示范契约文本，是任意性规范。公司的治理结构应当是契约性的，因为市场对其所做出的契约安排相当于投资者与公司的谈判。公司的契约论指出，公司作为当事各方自愿缔结的合约结构，只要不损害第三方的利益，那么，意识自治就是必然的选择。而有限责任公司正是这种契约论适用的突出表现。有限责任公司将大量的公司法事项放入选择性条款之中，使得公司的强制性条款的密度要远远低于股份有限责任公司，这和有限责任公司的特点密切相关。

① 弗兰克·伊斯特布鲁克、丹尼尔·费希尔：《公司法的经济结构》，罗培新、张建伟译，北京大学出版社 2005 年版，第 34 页。

三、企业管理的市场化：有限公司治理的创新性

当将有限责任公司的行政管制束缚消除之后，有限责任公司的创新性就显现出来了。比如，它可以实现公司投票的自主性、任意性安排，实现公司内部人对公司的绝对控制。现在股份有限公司在治理上的变动很大程度上是吸收了有限责任公司的创新性，比如，公司内部人控制的契约安排、股份公司的多种股权结构等，都是在有限责任公司股权与投票权相分离的思路下展开的。在我国有限责任公司和股份有限公司均遵循同一法律原则和治理框架体系时，很多公司治理的创新尚不能实现，但是在发达市场经济国家，这种创新性一开始就得到了有限责任公司法和封闭公司法律规则的承认。

究其实质，市场经济提供的是一种创造性活动。[1] 在亚当·斯密的自由市场理论中，市场提供的分工与交易导致的是竞争，而竞争促进个体的比较优势，最终，市场产生个体的绝对比较优势，而企业正是这种创造性活动的产物。[2] 按照科斯的企业理论，企业是由于市场契约交易成本过高，需要通过企业科层结构来降低市场契约的交易成本。假如市场没有交易成本，企业的存在也就没有必要了。"个体在绝对自由而没有合谋人的情形下行动，应该是通过劳动的分工及资本的使用等来组织经济生活，这在今天已发展到广为人知的程度，能够唤起人们想象力的基本事实是生产团体和行政机构的内部组织。"[3] 公司是为了克服市场契约交易成本过高而产生，利用市场价格机制是有成本的。通过价格机制组织生产最明显的成本就是所有发现相关价格的工作，包括市场上发生的每一笔交易及签约的费

---

[1] 罗纳德·科斯：《企业、市场与法律》，盛洪、陈郁译校，上海人民出版社 2014 年版，第 7 页。

[2] 沈敏荣：《市民社会与法律精神——人的品格与制度变迁》，法律出版社 2008 年版，第 215 页。

[3] 罗纳德·科斯：《企业、市场与法律》，盛洪、陈郁译校，上海人民出版社 2014 年版，第 38 页。

用都必须考虑在内。当企业出现时，契约虽然不会被取消，却大大减少了。一系列契约被一个契约替代了。通过契约，生产要素为获得一定的报酬，同意在一定限度内服从企业家的指挥。

契约的本质仅仅在于它限定了企业家的权力范围，只有在有限度的范围内，他才能指挥其他生产要素。[①] 通过形成一个组织，并允许某个权威来支配资源，就能节约某些市场运行成本。企业家不得不在较低成本状态下行使他的职能，他可以以低于他所替代的市场交易的价格得到生产要素，因为如果他做不到这一点，就需要再回到公开市场。[②] "正常的经济体制自行运行。它的日常运行不在集中控制之下，它不需要中央的监察。就人类活动和人类需要的整个领域而言，供给根据需求而调整，生产根据消费而调整，这个过程是自动的、有弹性的和反应灵敏的。"[③] 经济体制是由价格机制来协调的，经济体制自行运行并不意味着没有私人计划。人们都在不同方案之间进行着预测和选择。如果要使经济体制有秩序的话，这就是不可或缺的。[④] 在企业内部，市场交易被取消，伴随着复杂的市场结构被企业家所替代，企业家指挥生产。在各种协调生产的替代方法中择优，最后形成适宜自身的最优方案。[⑤]

同时，企业的组织也是有成本的。企业的引入是由于市场运行成本的存在，但当企业运行时，企业内部组织也存在管理成本。因此，企业的生存、发展和扩大存在这样一个平衡点，即在企业内部组织交易的边际成本小于或等于在公开市场上完成这笔交易所需的边际成本，或者等于由另一

---

① 罗纳德·科斯：《企业、市场与法律》，盛洪、陈郁译校，上海人民出版社 2014 年版，第 32 页。

② 罗纳德·科斯：《企业、市场与法律》，盛洪、陈郁译校，上海人民出版社 2014 年版，第 33 页。

③ 转引自罗纳德·科斯：《企业、市场与法律》，盛洪、陈郁译校，上海人民出版社 2014 年版，第 29 页。

④ 罗纳德·科斯：《企业、市场与法律》，盛洪、陈郁译校，上海人民出版社 2014 年版，第 29 页。

⑤ 罗纳德·科斯：《企业、市场与法律》，盛洪、陈郁译校，上海人民出版社 2014 年版，第 30 页。

个企业家来组织这笔交易的成本，这时候企业的存在、发展与扩大才具有价值。① 因此，企业比较优势的实现是在企业降低组织内部管理成本的基础上实现的，这种降低企业内部管理成本的过程就是一个创新的过程，需要关注股东之间的合作成本、监督成本、企业经理人员的代理成本，以及公司运营成本等。因此，对企业而言，在其他条件相同时，组织成本越少，管理错误的可能性越小，企业的比较优势就越大，企业的竞争优势也越大。同时，通过扩大企业规模，导致生产要素的供给价格下降，进一步加强企业的比较优势。在经济体制中，凡是资源导向不直接依赖于价格机制的所有领域，都能被合并到一个企业中去。②

对于不同规模的企业而言，除了生产要素的供给价格千差万别外，随着组织的交易空间分布、交易的差异性和相关价格变化的可能性增加，组织成本和失误带来的亏损也会增加。由此，能够使生产要素结合得更紧和分布空间更小的创新将导致企业规模的扩大，例如，能够降低空间组织成本的电话和电报的技术变革将导致企业规模的扩大，一切有助于提高管理技术的变革都将导致企业规模的扩大。③ 这种管理技术的变革是建立在企业组织自主与自由的基础之上的。在人们交易的讨价还价过程中，公司法准则和司法判决能够填补某些空白，或成为制定后备条款的向导。这些实际的谈判同样给其他企业提供了示范。④ 公司法所要解决并提供的是这样一种规定，即这种规定如果得到统一适用的话，就会从整体上使公司所做努力的价值得到最大化实现，法律只不过是对各种合同进行完善而已。公司法在这里所起的作用就是提供一个普遍适用的基本性条款，这些条款只

---

① 罗纳德·科斯：《企业、市场与法律》，盛洪、陈郁译校，上海人民出版社 2014 年版，第 35 页。

② 罗纳德·科斯：《企业、市场与法律》，盛洪、陈郁译校，上海人民出版社 2014 年版，第 36 页。

③ 罗纳德·科斯：《企业、市场与法律》，盛洪、陈郁译校，上海人民出版社 2014 年版，第 36~37 页。

④ 弗兰克·伊斯特布鲁克、丹尼尔·费希尔：《公司法的经济结构》，罗培新、张建伟译，北京大学出版社 2005 年版，第 34 页。

能由合同来加以变更。这个基本性条款或由合同明示采纳，或由成功的企业有效运作做出示范。①

四、有限责任公司法的改革：从行政管理法向私法契约化的转化

正是基于有限责任公司在市场中的属性与功能，我国市场化改革日益深化、以市场价格来集中反应社会成员需求的真实性要求越来越高、市场交易的独立性和市场主体自由意志的要求也越来越强烈②，作为市场经济最为重要的主体：公司法律规定的市场化要求也越来越显示出其重要性。因此，有限责任公司法的改革必然体现出下述三个方面的要求，即实现有限责任公司的普通化、公司治理的契约化、企业管理的市场化。

（一）实现有限责任公司的普通化

正如合同法从经济合同法向统一合同法转化一样，我国的有限责任公司法也面临着适应市场化的改革。就现有的《公司法》而言，尽管我国的《公司法》采取普通公司法的形式，对各类公司进行合并立法，但是由于国有企业改革尚在进行中，《公司法》具有较强的行政管理法的色彩，这从 2005 年我国《公司法》（2014 年修订）的结构就能看出来。新修订的《公司法》中法律责任的规定共 18 条（第 198 条到 215 条），除了最后两条是关于公司优先承担民事责任和相关人员刑事责任的规定外，其余 16 条均是赋予公司登记机关、政府财政部门、有关主管部门行政处罚的权力。可见，这是一部具有浓厚政府监管色彩的法律（regulation act），而未

---

① 弗兰克·伊斯特布鲁克、丹尼尔·费希尔：《公司法的经济结构》，罗培新、张建伟译，北京大学出版社 2005 年版，第 36 页。

② 自 2015 年之后，我国提出了"供给侧结构性改革"，注重以中长期的高质量制度供给统领全局的创新模式，在优化供给侧环境机制中，强调以高效的制度供给和开放的市场空间激发微观主体创新、创业、创造的潜能，构建、塑造和强化我国经济长期稳定发展的新动力。供给侧改革绝非简单地从需求管理转向供给管理，本质上是从政府主导和管理经济彻底转向市场主导和调节的经济。要实施供给侧改革，各级政府就必须进一步简政放权，不该设置的政府机构必须坚决撤销，该还给市场和企业的权力必须坚决还给市场和企业，该取消的各种管制必须立刻取消。还要建立一个真正的内在制度或机制，防止政府重新收回权力或蓄意制造新的权力。供给革命的主角不是政府和官员，而是企业和企业家。

充分体现私法契约化的特点，尤其是在任意性、选择性规则的提供上严重不足，未能真正实现帮助公司减少运行中的交易成本的目的。同时，对行政主管机关的任意执法、过度执法、选择性执法又缺乏必要、充分的制约，使得行政监管权成为经济管理中的恣意权力，严重扭曲了市场有效信息的形成，违背了设立市场经济的根本宗旨。

其实，用行政的方法来约束市场行为的无效性在近代公司法制定之初就显现出来。[①] 由于市场经济行为具有灵活性，规避行政控制的方式多种多样，因此，行政单一性的弊病在公司法中显露无遗。[②] 比如，英国公司法制定之初著名的所罗门诉所罗门公司案，其规避法律的意图十分明显，但是法律无法判定其违法。再比如，我国2013年取消法定资本金的改革也是顺应市场经济的规律。因为在企业行为中，尤其是封闭性公司中，转移公司资金的方式五花八门，与一般的商业交易难以截然区分，仅通过法定资本金的门槛管理保持公司的信用在实践中难以实现。因此，市场的行为回归市场主体的契约化约束是一条必然的道路。而这种改革必然是从实现有限责任公司的普通化、加强有限责任公司治理的契约化和实现企业管理的市场化三个方面推进。

---

① 政府权力是一种垄断权力，其在市场中的存在必然需要设置严格的约束。这种约束正是现代经济行政法的基本要求：第一，政府行权必须要有必要、有限、明确的要求，即政府行权必须要有明确的法律依据，任何模糊、灰色或未规定的地方均不属于政府，而属于人民。第二，政府规制权力必须受现代民主程序的制约。因为，政府权力毕竟是一种垄断权，一个国家不可能有两个政府，否则就属于战争状态了。而这种垄断权具有天然的扩张性，其影响力扩及法定权力之外是必然的，因此，政府在行权时必须有民众的参与，通过民主程序来制约政府权力，如听证会、民主监督等。第三，这种民主监督仍是在代议制之下，其约束的有效性仍不足，因此，要将政府的权力放置在阳光下，"阳光是最好的防腐剂"。信息公开成为政府行使权力的必要的要求。政务公开、信息公开成为现代行政法的基本要求。第四，司法审查，即政府的行权需要司法机关的审查，使其能够严格遵循法律、法规的约束。这四项约束最基础的是政府行权必须要在"必要性"的基础上，即市场不能发挥作用，或是没有更好的替代方法的条件下，唯有通过政府的管制干预才能达到最好的效果时才能采用。因为在代议制条件下，政府无法保障其信息的真实性。

② 给政府管制设置过多的权力，必然会产生寻租现象。在无法获得政府过度执法、任意执法、选择执法等有效信息的条件下，各类经济主体就会向相关的政府主管机关的相关人员行贿，以寻求宽松的执法环境，从而获得相对的竞争比较优势。而政府部门也会在众多的权力中选择最适宜自身利益的种类和执法方式。减少管制（deregulation）是解决这一问题最有效的方法。

（二）加强有限责任公司治理的契约化

其实，2005年，我国《公司法》改革一个突出的特点就是加强有限责任公司的自治性和自主性，例如，实现了公司投票权的自主安排，可以实现将投票权与股权的分离；实现了自主安排股东会议事程序和董事会的决策程序；可以依章程自主安排股份的继承权和优先购买权等。这些都为实现有限责任公司的自治性和自主性打下了扎实的基础。毫无疑问，这种自治性与自主性并不完全符合有限责任公司自身所拥有的封闭性的特点，需要继续推进。同时，这种自治性和自主性需要公司法选择性条款的支撑，而这方面正是我国现有《公司法》严重欠缺的，我国《公司法》中没有足够的选入性条款和选出性条款，使得有限责任公司在公司设立、设立人责任、公司治理结构、股东会议事和表决程序、董事会或代表董事的职责、公司经理人的信义义务等方面都欠缺相应的补充条款。

作为封闭性的有限责任公司的控制，行政方法不但无效，而且会增加企业的运营成本，包括规避法律的成本、满足政府寻租的成本。而契约化控制则避免了这些问题，将问题还原为市场自身的控制，通过平等主体间的契约约束来控制当事人的行为，而且在市场主体的平等性没有办法维持时，法律通过保护弱势一方，加强强势一方的信息披露，使双方仍能够保持均衡性。公司登记、信息披露等《公司法》中的强制性规定也都是在这一思路下展开的。

公司治理的私法化和契约化是市场经济的基本要求。从亚当·斯密起，现代社会所建立的共识就是政治社会无法提供社会的真实信息，而经济社会通过价格机制却可以，因此，社会的基本结构应该是建立在真实的信息之上，围绕着经济竞争进行社会制度的构建才具有合理性。公司法的普通化、公司治理的契约化都是在一个思路下展开。公司治理的契约化就需要给公司利益相关方的意思自治提供足够的选择性条款，使得当事人能够在理性人假设的基础上进行充分的沟通、协商与谈判，从而形成明显的意思一致。没有这些规则的保障，当事人之间的意思自治就无法充分实现。因此，在这一点上，公司法的普通化意味着选择性条款而非强制性条款将成为公司法的主要构成部分。表现在公司法中，必然会出现以规范公司成立、公司章程、公司运行过程为主的规则体系。以 1892 年德国《有限责任公司法》为例，该法共分为五章，分别为公司的设立、公司与股东的法律关系、代表与管理、章程的修改、公司的解散与设立无效，其思路与《合同法》依合同的成立、生效、履行、违约、责任各个环节逐一展开一致，从而实现其辅助性条款的功能是一样的，而非我国目前采取的给行政机关赋权监督管理公司的方法。

（三）实现企业管理的市场化

只有在公司能够私法化，同时《公司法》提供的大量选择性条款使得公司利益相关方的意思自治能够实现的基础上，公司的活力才会充分地显现出来。公司所具有的合作优势通过企业管理的市场化得以实现。也只有在公司法普通化和公司治理契约化的基础上，公司管理的竞争性才会实现。而我国《公司法》对有限责任公司的管理实行强行性的结构控制，即必须要有股东会、董事会、监事会，而且股东会与董事会有严格的权限划分。当然，固化规定方便政府的监管和控制，却增加了有限责任公司的运行成本。试想，在有 3~7 人熟人股东的有限责任公司中，股东会与董事会的职权划分、监事会的设立有何意义？这种类似于合伙企业的有限责任公司中，对其治理形式上的强行、固化的规定会抑制企业在公司治理上的创新。

正如亚里士多德在《政治学》一书中所分析的城邦国家治理，问题的关键并不是在于政治制度的形式，而是在城邦社会中信息能否充分流通？公共利益能否得到充分体现？只要实现这两个基本点，君主制、贵族制、共和制都可以成为最优政体。① 其实，熟人社会的治理都是遵循亚里士多德的这一结论。有限责任公司也属于这一类治理，因此，从公司治理结构上来规范有限责任公司就属于错误地理解了这一市场主体的属性及其法律

_____

① 亚里士多德：《政治学》，吴寿彭译，商务印书馆 2016 年版，第 136 页。

关系，在此之上的立法会严重抑制设立有限责任公司的目的。

有限责任公司不通过资本市场，在相当程度上，是这种市场合作方式得不到社会公众的认同，或是公司股东希望保持自身的封闭性。这种封闭性使得社会难以获得其内部的有效信息，因此，《公司法》关注其结构设置就与这种封闭性相冲突，诱使有限责任公司提供虚假信息，使之违背市场经济的诚信基础。《公司法》的切入点只能是尊重有限责任公司封闭性这一基本特点，从加强股东间的地位平等、信息有效沟通方面来提升有限责任公司治理的有效性。因此，有限责任公司在治理上具有很大的自由空间，这也与其封闭性相一致。正如在物权法中，正是物权的绝对性、周延性使得所有权人对内具有支配物权的自由，对外只要不违反公序良俗，不侵犯他人权益即可。

我国现有《公司法》在上述三个方面不同程度上存在严重欠缺。随着国有企业改革的深化和公司股份化的完成，在有限责任公司层面实现上述三个方面公司和公司法转变的条件日益成熟。有限责任公司作为经济合作的一个主要渠道，它在数量和受欢迎程度上要远远超过股份有限责任公司。有限责任公司法实现《公司法》的普通化和私法化、公司治理的契约化、公司管理的市场化都是非常现实和可以实现的，同时，有限责任公司作为新经济中重要的经济主体形态，也使得有限责任公司法的改革势在必行。

第三节　自治与正义：经济社会中自治规则中的"义"

越来越多的自治规则成为经济法中的一个突出特点，如契约法和公司法中的默示性条款可以通过契约和公司章程进行选择，公司的社会责任也是采取自治规则的方式，公司的劳动保障、劳动标准也越来越多地采取自治规则的方式，还有就是环境问题。即使是经济领域需要运用政府力量的地方，也避免运用纯粹的行政权力，而使用更具有独立性的准司法权力，使得这些领域的经济法律更具有自治性，如美国的联邦贸易委员会（FTC）、证券交易委员会（SEC）等。

经济法中越来越多地采取自治规则，这对我国以行政管理为主要经济管理手段的国家而言，越来越形成了挑战，也对我国经济法律的现代化提出挑战。比如，反垄断法委员会的行政化，证监会、银保监会的行政化，使得原本可以通过司法方式解决的问题都放置在行政权力之下，这对我国现代经济体制形成了巨大的挑战。因此，经济法中自治规则的形成和确立，对我国经济法制的完善具有重大意义。

一、行政权力介入经济事务的危机

经济权力与经济事务的结合在公司法上显现出巨大的问题。在公司法现代化以前，公司的设立是需要经过政府特许的。因为股份有限公司所具有的独立法人和有限责任的属性，使得股份公司的投资风险与股东的信用分离，这就使得投机成为股份有限公司的必然产物。当时认为对风险最有效的控制就是政府特许，特许公司由此而来，最有名的是英国的东印度公司。这种特许源于中世纪的特许状，中世纪的大学也是特许的产物。在东印度公司的特许状中，东印度公司不但取得了经济贸易权，还取得了类似于国家的政治权力，如垄断贸易权、组织军队的权力[①]、收税的权力、发动战争的权力、缔结条约的权力、设立法庭审判本国或殖民地居民的权力等。当时的海上贸易之路被葡萄牙等国垄断，英国商人想组建一个公司来从事东方贸易，分享利润。同时，英国政府也希望打破这些国家的垄断，增加本国的财政收入。于是，在1600年，一群商人在英国政府的支持下，在伦敦成立了名为"伦敦商人对东印度贸易联合体与管理者"的贸易公司。

特许产生了大量的问题，如不平等、特权、腐败等。腐化贪污已经蔓

---

① 东印度公司控制了一支20万人的军队，比当时大部分欧洲国家的军队人数还多。

延到东印度公司的每一个角落，使公司收入大幅减少。军费成为公司最大的支出，平时耗费公司总开支的 1/2 至 2/3，有战争发生时，预算不足以弥补军费开支，公司因此背上了沉重的负债。

东印度公司与英国政府走得太近，让其自身也处于危险的境地——那些英国大臣满脑子想的是如何对东印度公司收税，而那些政客却想着如何改写东印度公司的章程。

东印度公司在英国之外也是与政客打交道的好手，他们的商业人员擅长行贿。例如，东印度公司的商业人员为苏丹的各个酋长都进贡了一名英国处女，要不是詹姆斯一世国王对此事进行干预，这种事情会一直进行下去。如果贿赂手段在国外不起作用，东印度公司就用武力方式来解决问题——东印度公司利用印度的税收养活了一支军队，其目的就是教训不听话的外国统治者。其实，东印度公司也发现对付令人讨厌的统治者的有效武器就是金钱，在英国如此，在国外也是如此。在这期间，每当英国政府缺少税收来源，东印度公司就成为防止英国政府破产的最后保障。

1720 年的《泡沫法案》也未改变上述问题。《泡沫法案》是采取加强行政管理的思路。英国于 1719 年通过了《泡沫法案》（*English Bubble Act*），禁止"在未经议会或国王授权的情况下，成立像公司实体那样的联合体，并使其份额可转移和让渡"。在市场上慢慢出现了许多没有授权、为公开发行股票而自愿成立的联合体（association）。为了取缔这种"非法"商业活动，19 世纪的英国法庭认为："可转让的份额是非法的，因为它会误导公众，以为份额转让了，原始持有人所承担的义务就可以免除了。"《泡沫法案》的颁布和施行并没有起到遏制商人对公司形态的追求。19 世纪 60 年代，在统一的公司法案颁布之前，人们借助"财产授予契约"（deed of settlement）组成一种自愿的联合体，即投资信托（investment trust）。投资信托是一种专业化管理的联合体，通过分散和多样化的投资降低投资者的风险。据报道，"最早的这类联合体具有自愿性质，并具有受托义务的特征（fiduciary character），因此，根据当时的习惯被称为信托"。在议会颁布《公司法案》（*Company Act*）之后，这些信托也被要求登记为"公司"（companies），但仍然保持信托形式。

行政权力在经济事务中具有寻租效应。行政权力在经济事务中存在，而经济行为通过价格机制来运转，行政权力不可避免地会被定价，存在市场交易行为，这样，权钱交易就产生了，腐败由此而起。行政权力与经济事务交织在一起，也使得行政权力的现代化难以实现。行政权力运转的合法性和合理性需要建立在有效、正确的信息之上，而这种信息在城邦国家是来源于直接民主，这就使得城邦政治能够成为"善的艺术"，但是在近代民族国家出现之后，直接民主受制于巨大的疆域，民众意志的整合出现了危机，由此才有近代的代议制度。①

1776 年，亚当·斯密的《国富论》中给这个难题找到了解决方案，那就是将行政权力彻底与经济权力分离，一劳永逸地解决不平等、特权、腐败问题。对东印度公司的监管导致英国政府对东印度公司的直接管理，直接管理又导致英国政府对东印度公司采取国有化改制的结果——1784 年，英国政府在东印度公司成立了监事会，对东印度公司董事会的决策进行指导；1813 年，英国政府收回了东印度公司对印度的垄断经营权；1833 年，英国政府收回了东印度公司对中国贸易的垄断权利，同年禁止东印度公司在印度进行贸易活动；1858 年，印度爆发的兵变印证了英国批评人士对东印度公司的指责，英国政府接管了印度的统治权；1862 年，东印度公司设在伦敦总部的房子（"东印度住宅"）被拆除；1873 年，东印度公司进行了最后一次分红；1874 年，东印度公司被正式结束。东印度公司这家英国政府设立的公司最终也被英国政府结束掉。

最终，政府被迫采取行动使法案与事实相协调，但正如 1720 年的倡导者想不出比《泡沫法案》更具建设性的方案一样，他们也拿不出比撤销

---

① 东印度公司在印度不断地掌控政府事务，这让数量众多的英国批评人士极其不满：一个已经享有垄断经营权的公司怎么还有权在印度收税？一个商业组织怎么可以统治人口九千万、面积七千万英亩（二十四万三千平方公里）的印度？一个商业组织怎么可以在印度发行自己的货币？一个商业组织怎么可以拥有一支人数最多时达到二十万的军队？以及东印度公司在 1880 年做的其他种种事情。

更好的决定。1825 年，撤销《泡沫法案》的议案由商务部大臣 Huskisson 提出，随后，政府各部采取积极行动发展公司法。官方也最终找到了自己在公司制度发展中的真正位置，开始履行应该履行的职能。当时是由商务部规制公司设立和指导公司法发展的，主要的规制是保障自由而不是控制行为，它的整体政策是赋予私人企业最大限度的自由。一般而言，商务部行使的是一个警惕的旁观者而不是持续的监督者的职能。

二、消极正义带来的问题：经济法中的正义问题

市场经济提供的是消极正义，因为，在亚当·斯密那里，没有任何一个阶级可以作为社会公共利益的代表。因此，"守夜人"政府成为现代社会正义的基础。

自亚里士多德以来，分配正义与矫正正义是社会正义的两个基本组成部分，但亚当·斯密则将之市场化，成为市场自发组成的部分。社会正义的提供是市场自发组织的一部分，而不需要人为地提供社会正义。但这种自发组织面临着经济危机的挑战。第一个问题是自由放任的市场经济是通过竞争者绝对比较优势的加强实现的，但是这种比较优势的实现最终导致了垄断，使得自由市场面临着自身难以解决的逻辑困境。垄断是自由市场经济难以解决的问题。19 世纪中叶以来，垄断的经济权力在政治上的诉求使得资本主义碰到了前所未有的危机。19 世纪开始的共产主义运动正是在这一时期酝酿产生的。共产主义运动的根本出发点在于取消亚当·斯密以来的通过分工与交易发展人的能力的路径，回归亚里士多德古典时期的直接民主，从而避免垄断之下社会信息的全面扭曲，通过直接民主的分配正义与矫正正义来实现社会正义和人的解放。因此，在马克思的设计中，共产主义运动是在全球范围内实现的，因为一国的垄断可以通过全球化来消解，但全球的垄断唯有通过转变社会基本发展方式来克服。第二次世界大战之后，国际市场自由化（以 GATT、WTO、欧盟等为典型）作为垄断问题的解决方案正是延续了这一思路。这一思路的延续说明，在目前的生产

力和科技水平条件下，无论是经济还是社会的集中度，都不足以将社会成员的所有信息都集中到单一组织和机构手中，政治社会的结构还不足以实现古典时期社会成员的全面成长，经济竞争所实现的价格机制仍是实现个人发展与社会福利提升的主要方法，社会成员的发展还需要依赖于市场价格机制的间接方式来实现，而不能通过政治社会直接民主的方式来实现。

第二个问题就是市场的自发机制导致社会的贫富分化、无产阶级与资产阶级的对立，这也是共产主义运动之所以如火如荼的社会原因。市场自发机制所实现的分配并不能导向正义，社会分工与交易所实现的只是少数人的比较优势，而且亚当·斯密所设想的分工与交易是在没有交易成本的情况下运行的。现实中，社会分工与交易是有选择成本的，这就使得社会分工与交易具有"黏着性"，使得自由市场交易面临着危机。一方面，民族国家与多民族国家的现实使得社会的经济结构与社会结构必须依赖于价格机制这一间接的人的发展的实现方式，而消极正义是以牺牲社会的分配正义为代价；另一方面，这种间接的方式所导致的贫富分化使得社会正义缺失，矛盾丛生，而解决问题的社会分配正义又缺乏社会正义标准的支配，因为自由市场是以消极正义为基础的。这就是自第二次世界大战之后社会普遍面临的"正当性"危机。"上帝死了"，社会需要标准，但标准何在？这正是社会的普遍性危机，也是经济法律面临的普遍性危机。

第三个问题就是经济的外部性问题。亚当·斯密的自由市场设计对人的理性给予了充分的肯定，认为人的理性能够处理社会的所有信息，能够将自身和社会的所有信息都纳入理性的判断之中。由此形成的商品价格是这些信息的充分体现，因此，在这些信息之上的社会结构就可以直接处理这些社会问题。随着社会问题不断出现，人们越来越多地发现，有很多问题是价格所没有包含在内的，其根本的原因在于人的有限理性。比如环境问题，环境的破坏一开始并没有显现出来，因此，在商品的价格中并没有包含对环境的破坏因素。但是当这种破坏逐渐积累到最终爆发时，其高昂的社会代价又是当时的商品价格所没有办法承担的。这就是经济的外部性。这种有限理性使得经济的外部性需要专门的社会公共产品来解决，而不能靠私人的契约安排来解决。其他的还有人权问题、食品安全问题等。这几个问题使得自由竞争结构并不是解决问题的万灵妙药。社会需要有正当性的标准，如何构建这种正当性是问题的关键。如果采取政府干预的话，最难解决的就是社会正当性缺失的问题。

　　一方面，亚当·斯密的自由市场理论使得消极正义成为社会正义的表现形式，使得政府失灵成为市场经济的前提；另一方面，自由市场经济本身并不能解决所有问题，一些突出的社会问题出现了，需要政府提供社会公共产品，提供分配正义与矫正正义。这正是现代经济社会管制需要解决的核心问题。这种正义的提供靠传统的三权分立并不能解决，而需要寻求新的解决思路。这在美国的反托拉斯法中得到了充分的反应。美国由于其独特的历史、地理和经济条件，使得垄断在美国经济中得到了充分反应。因此，如何规制垄断就成为美国社会在 19 世纪末的经济法制中要解决的重要问题。

　　垄断是对竞争法和其他人选择机会的剥夺，依照一般的民事侵权法律，垄断也是对他人选择权利的侵害。因此，依据一般的法律予以制裁是一般的法律思路。但是经济活动具有灵活性，能够创造性地规避法律，使得依据一般的固定的法律构成要件无法完成对垄断行为的控制，如在美国，依股票的信托而实现对公司的集团性控制，公司各种通过合法形式的合谋协议都使得美国的反托拉斯问题具有难以判断的特点。将这种复杂性的判断交由司法机构，它也难以完成这些复杂性的判断。首先，法院无法完成这种复杂性的经济判断；其次，法院也缺乏这种能够进行经济判断的法官；最后，长期的判断会占用大量的司法资源，使得司法机关难以重负。因此，自 1890 年美国制定《谢尔曼法》后，虽然确立了雄心勃勃的反托拉斯计划，但是如何实施仍是一个非常严重的问题。

经济法律的应用已远远超出一般民商事法律依靠违法构成要件就可区分行为的合法性与违法性的本身违法的时代，而更多地是考虑到行为的后果，即需要综合各种因素来确定行为的合法性与非法性，合理原则所具有的重要性在经济事务中具有非常鲜明的特点。

三、经济法中的正义：自治规则带来的解决方案

合理原则在经济领域中的运用给现代社会结构提出了难题，合理原则判断的标准需要以正义原则作为基础，但是现代社会提供的却是消极正义，行政部门自上而下的治理结构无法提供正义，因此，合理原则的应用需要在社会结构上做新的调整。

在反托拉斯问题上，1914 年的《克莱顿法》和《联邦贸易委员会法》对这一问题做出的回答成为现代社会回答这一问题的典型路径，即合理原则下的独立委员会。

第一，这些行使合理原则对商业行为进行违法性判断的机构具有高度的独立性。1915 年，美国建立了联邦贸易委员会（FTC）防范虚假和欺诈的商业活动，其与美国司法部共同实施反垄断法。采取同一思路设立的还有 1887 年成立的州际贸易委员会（ICC）。1913 年建立的美国联邦储备委员会管理和规范银行业，控制国家的货币供应。1934 年建立联邦通讯委员会（FCC），对国家电话、广播和电视产业加以规制。1935 年成立国家劳资关系委员会（NLRB），对劳资关系加以管理。1977 年建立的联邦能源规制委员会（FERC）负责管理州际贸易中电力和天然气的运输及批发销售，以及州际贸易中通过管道进行的原油运输等。

这些机构的独立性直接源于国会授权，一般采取委员会制而非独任制，委员会一般由 5 至 7 名成员组成，每一党派的成员在机构中至多能占微弱多数。机构成员的任期年限通常在 4 年以上，长于美国代议制选举周期，多为 5 至 7 年，这对确保规制机构的独立性具有重要的意义。同时，虽然委员会成员的任命由行政机关发起，但非依特定理由总统不得免去规

制机构成员的职务，这使其独立于行政机关的控制。在著名的 1935 年 Humphrey's Executor v. United States 案中①，最高法院限制了总统对独立规制机构的控制，使规制机构较少受到政治干预，从而强化了规制机构的独立性，使之不同于一般的行政机构。该裁决指出："它（联邦贸易委员会）的职责既非政治性的，亦非行政性的，而最主要的是准司法和准立法性质。与州际贸易委员会类似，其成员是由依法任命、经验丰富、训练有素的专家们组成，并要求这些成员来进行判断。……这是由专家组成的机构，专家们通过服务年限来获得经验———除了人员选任之外，这个机构应独立于行政当局之外，并自由地行使判断权，而无须任何其他官员或政府其他任何部门的同意，亦不受他们的阻碍。"②

第二，这些机构具有运用合理原则所需要的准司法性。司法是指国家司法机关根据法定职权和法定程序具体运用法律处理案件的专门活动。司法权是指司法机关运用法律处理案件的、不同于行政权和立法权的国家权力。准司法权英文为"quasi-judicial"，其中，quasi 是"类似、准"的意思，这意味着准司法权是类似于司法权的一种权力，或者说实体及程序上具有与司法权类似的性质。

准司法权具有司法权的特性，具有一般司法权不同于行政权之特点：解决的是他人之间的纠纷，涉及三方主体和双层关系，而非针对行政相对人的涉及两方主体和一层关系的行政事务；追求诉讼公正，兼顾效率和效

---

① 时任总统富兰克林·罗斯福认为，美国联邦贸易委员会主席汉弗莱（Humphrey）不积极支持新政政策，先后两次请求其辞职，但遭到拒绝。罗斯福之后免除了汉弗莱的职务，但并未写明免职原因，汉弗莱遂将罗斯福的免职决定诉至最高法院，最高法院在判决中对联邦贸易委员会的性质进行了剖析。最高法院认为，总统有随时解除一般行政官员职务的裁量权，但只有在符合法定条件、法定程序的前提下，国会才能解除独立规制机构成员的职务。法院判称，联邦贸易委员会是一个准立法、准司法机构，总统不能仅仅因为政治原因解除联邦贸易委员会成员的职务。法院否决了罗斯福总统的免职决定，该案可谓是美国历史上关于独立规制机构的最重要判决。只有出于"特定原因"（for cause），总统才能解除独立规制机构成员的职务。在 Humphrey's Executor 案中，罗斯福总统要求汉弗莱辞职的原因是汉弗莱的主张与总统不一致，最高法院认为这个理由不能被包含于"特定原因"标准之内。总统免职权的履行需符合法律对免职原因设定的明确要求；即使法律没有对免职原因做出明确要求，总统也应说明免去独立规制机构成员职位的原因，这个原因应是合理而非恣意的。

② Humphrey's Executor v. United States, 295 U. S. 602 (1935).

益，而非追求效率与行政秩序，兼顾公正；独立于其他国家机关、法官以及任何人、任何机关、任何组织的干涉，而非以上下级命令与服从为主旋律；以公开为原则，不公开为例外，而非表现为某种程度的封闭性；职业化要求高，表现为独特的、专业化的法律思维论证方式。准司法权也不同于一般司法权，拥有准司法权的机构通常是各种委员会而非各级法院；行使准司法权的人员通常是委员会的专家成员而非法官；准司法权行使之裁决有的具有司法的裁决效力，有的不具有司法的裁决效力，而司法权之裁决当然具有司法的裁决效力。

第三，在合理原则的范围内，独立机构具有有限的立法权、行政权、司法权，使其具有一定的"独裁"特点。在现代社会治理结构中，这种机构的授权必然源于民意机关，并向其负责，而且其立法权和司法权必然在是其运用合理原则完成其职责功能的范围之内。

美国、日本和法国等国家享有准司法权的反垄断执法机关经过类似法院审理程序后所做出的行政裁决具有相当于法院一审判决的效力。在这些国家，反垄断执法机关具有第一审法院的法律地位。不服行政裁决的当事人只能以上诉的方式向高级别的法院要求司法审查。这是其外在效力的最直接表现。美国《联邦贸易委员会法》第 5（C）条规定，当事人可以向居住地、营业地或行为实施地的美国上诉法院提起诉讼，以废除委员会的行政裁决。美国在设立联邦贸易委员会时，认为"鉴于专业和人力之考量，故以联邦贸易委员会取代第一审法院"。[①] 美国《联邦贸易委员会法》第 5（C）条规定，在联邦上诉法院审查时，委员会发现的事实经证据证实的，即为确定。这在美国被称为"实质证据法则"（Standard Evidence Rule），是美国判例法基于行政委员会之专门性及技术性而形成的。因为专门委员会具有专门知识和经验，对争论事实的证明具有判断力。法院不能用自己的判断代替委员会的判断，法院只审查委员会的判断是否合理和公平。委员会对事实的裁定，只要符合任何一个合理的标准，即认为具有

---

① 谢杞森：《公平交易法的行政程序与争诉》，载《公平交易季刊》，1999 年第 2 期。

实质性的证据支持，即使法院不同意委员会的判断，也必须尊重委员会的权限。一般来说，法院须接受委员会对事实的认定，只要从整体上看，案卷中有充分的证据能够支持这些认定。在许多案件中，很难使联邦法院逆转联邦贸易委员会的事实调查，毕竟国会设置联邦贸易委员会的目的就是事实调查者。实践中，联邦贸易委员会的调查结论总是被法院认可的。

第四，这些合理原则的运用需要受到司法机关的最终审查，使得这些机构运用合理原则不具有司法的最终性。经济领域中，合理原则的应用及其复杂性使得司法机关难以实现对经济领域的审查，因此，需要有专门的独立判断机构分流一部分司法判断的功能，但这种判断毕竟不是纯粹的司法机关的功能，如果存在争议，需要受到司法机关的审查。因为，独立机构处理之后的争议占据很少的一部分，这就使得司法机关可以审查独立机构运用合理原则的合法性。可以说，独立机构的作用在很大意义上是通过分流司法机关的裁判功能，使得司法机关对经济领域的争议审查成为可能。

第四节　正道商业：企业社会责任的逻辑

企业社会责任（Corporate Social Resposibility，CSR）自 20 世纪 60 年代晚期和 70 年代早期被商业界广泛使用以来，备受争议。商业界认为，企业承担社会责任是解决市场经济负面效应，如腐败、环境污染、人权问题的良方，学界普遍认为，CSR 本身的提法就是概念模糊、认识不清的产物。商业界与学界如此大的认识反差确实是一个非常有意思的现象。[①] 这使得《纽约时报周刊》在 1970 年还专就这一问题刊登了米尔顿·弗里德曼的文章，以正视听。但是 CSR 的影响力持续升温，从企业的自主行为逐渐被立法所吸收，如 2006 年《英国公司法》第 172 条对董事义务的规定

---

① Richard E. Smith, Defining Corporate Social Responsibility: A Systems Approach for Socially Responsible Capitalism, University of Pennsylvania Scholar Common, 2011, p9.

就采用 CSR 利益相关方责任，2005 年中国《公司法》改革也采用 CSR，2014 年印度的《公司法》规定了强制性条款，要求特定的公司需要将每年利润的 2%用于 CSR 开支。这种逐渐地立法化使之具有强制性，使得理论上的正视需要加强。

如何看待企业的社会责任，如何使之成为法律？成为法律之后其可操作性如何，都将成为企业社会责任不可忽视的问题。

一、市场经济的逻辑与企业的商业责任

根据亚当·斯密的理论，在民族国家信息隔阂的情况下，古希腊政治社会促进社会成员发展赖以存在的公民间通畅的信息沟通不复存在，在亚里士多德时代，对于城邦国家的公民人数，当时的思想家们尽管思想各异，但是在公民的人数上具有惊人的共识，共和国公民的人数不能太多，1 万人左右是其最优状态。亚当·斯密理论的伟大意义在于，在民族国家之下，他发现了一条未受影响、能够在全社会充分流通的信息，那就是商品价格。因此，通过商品价格将人的信息传递出去，将人的信息依附于商品信息之上，就成为亚当·斯密《国富论》的中心思想：人人均有比较优势，这种比较优势通过分工与交易不断强化，而其中的载体就是商品及其价格，人人在分工与交易中积累优势，从而形成绝对比较优势，这种绝对比较优势使得社会成员能够不断地成长与发展。因此，在这种商品分工和价格竞争不受人为干扰的市场中，人人自私自利地培养绝对比较优势，这种力量合起来，就促进了社会整体福利的提升。因此，人人只需要关心自己，无须关心他人，只需要关注自身的成长，无须关注社会公益，社会的整体福利就会提升。

在这一思想指导下，社会应该划定个人的发展空间，不受他人、其他组织或者国家的干扰，只有自己才能了解自己的比较优势。因此，物权的绝对性出现了，这种绝对性正是对个人比较优势的保护和测量。正是在这种绝对性的基础上，社会成员通过分工与交易以及市场自由竞争保障下信

息充分流通而形成的价格，将自己的比较优势依附其上，不断地训练自己的优势，从而形成绝对比较优势。或是大卫·李嘉图说的"相对比较优势"，将自己的优势信息通过价格释放于社会之中，这样，社会组织就是通过契约法为主导的社会交易关系占据主导，国家的功能仅仅是保障契约的强制履行，而非干预或是指导。这就是亚当·斯密设计的自由市场经济思想。

在这一思路下，自私自利不再是受谴责的恶行，而为社会所鼓励，因为它可以转化为谨慎这一美德，而这正是理性人所必需的，整个市场秩序也是依理性人来设计的。现代契约法发展于19世纪后期，基本上是维多利亚时期的概念。1861年，梅因（Henry Sumner Maine）在《古代法》中将法律的发展视为从身份到契约（from status to contract），现代合同法在数个世纪中被美化为法律的进步。根据这些描述，人的自由意志和意思自治在合同中得到了充分的展示，而法律通过强制个人的合意而承认个人选择的自由（the freedom of choice）。这种思想在维多利亚时代（the Victorian Age）的伟大法律思想家的著作中得到了充分体现，是当时工业化（industrialization）、殖民化（colonialization）和商业发展（commercial development）的产物。

这种思想支配了所有类型的合同，包括长期合同和短期合同，有名合同和无名合同，书面合同和口头合同。除了这些，现代合同法还保留了一些原理，使得其不同于早期原始的形式，如履约不能理论（the doctrines of impossibility）、相互误解（mutual mistake）、强迫（coercion）和胁迫（duress）。但是这些理论仅适用于边缘性情形，作为例外情况适用，仅仅是作为规则的例外，而非规则的一部分。为了使得其能够适用这些例外，被告必须承担严格的举证义务（a heavy burden of proof），并仅有微小的例外。其关注的焦点在于交易的特定情形，而非当事方长期的关系。现代合同法下的主要原则是双方应能够控制其所承担的风险，同时，违约责任也控制在其合同项下的义务之内。这一原则旨在鼓励大型的、具有产业规模的市场参与者，它与大量的小规模市场参与者间发生关系，是作为一种控制风险的机制存在。

当合同与"身份"相分离，它失去了人类生活的一些主要方面，失去了其对脆弱性的意识（consciousness of vulnerability），它采纳了这样一种假设：如果协议是自愿的，它是力量（strength）而非弱点（weakness）的展示。它失去了与忠诚（loyalty）的联系纽带，而采纳了这样的假设：协议中的救济总是恰当的。而且它改变了风险和不确定性（risk and uncertainty）的观念，而采纳了这样的假设：协议中规定的风险的分配总是正确的和优先的，即使是在事实的发展完全不同于协议规定的情形。

事实是，风险、不确定性、忠诚和脆弱性与工业商业（industrial commerce）的发展不协调，因此，维多利亚时代确立的合同法是第二次工业革命的产物，它的基础和侧重点是鼓励和促进商业。这种合同法的新观念使得法律和伦理的更高一层思想产生隔离。正如霍姆斯（Holmes）在《法律道路》一书中写道：恶人（a bad man）在其故意违约时并没有任何法律错误（no legal wrong），只要他能够支付合同规定的赔偿即可。① 霍姆斯指出，其中的法理是，正像一个科学的分支，其任务是预测法庭的结果。这些思想发展出"有效违约"（efficient breach）的思想，进而这一连串的思想与芝加哥学派的经济分析联系起来。而今，将法学最终视为经济学的一个分支的思想提醒我们一个不可忽视的现实：在后工业经济社会隐约出现的经济体系的失败，我们现在越来越认识到它的不可持续性，在一些方面甚至是不人道的（inhuman）。② 正是由于人的能力需要通过商品价格这一中介来传递，因此，理性受到了优先重视，人的财富积累成为个人能力的象征，资本象征着成功，金钱象征能力。

按照科斯的理论，企业基于契约交易成本过高而通过组织将交易关系

---

① O. W. Holmes：The Path of the Law，Harvard Law Review（1897）．p461~462.

② Rafael Chodos：The Nature of Fiduciary Law and its Relationship to Other Legal Doctrine and Categories，Boston University Law Review，Vol. 91，p837.

内部化，从而降低交易成本。因此，企业是契约的延伸。同样，契约的思想也决定了企业的功能：企业的功能就是利润的最大化，为股东创造价值。弗里德曼尖锐地指出，如果将企业的社会责任解释为超越关注"利润"，包含诸多"社会目标"，认为商业需要有"社会良知"（social conscience），需要正视其在雇佣、减少歧视、防止污染和其他社会目标上的责任，这颠覆了亚当·斯密以来确立的自由市场基础。① "social responsibilities of business"提法本身就缺乏逻辑性。企业的社会责任在于遵守社会的基本规则，包括在遵守法律和商业伦理的基础上创造最大的价值。企业高管自己可以有道德诉求和伦理关怀，但是作为企业股东的代理人，需要为企业股东的利益最大化服务，而非其他诸如慈善等非商业的社会目标，否则他作为一个企业的管理人就是不合格的。这一点在 Dodge v. Ford Motor Company 案②中也揭示了出来。如果企业经理人旨在达成社会目标，那么他就成了公共官员，而非股东选举出来的职业经理人了。这其实是将政治机制与市场机制相混淆的产物，而自亚当·斯密以来，正是市场机制而非政治机制是市场配置资源的最佳方法。

二、企业的社会责任与强制性社会义务

企业作为商业组织，是契约的扩张，是由于契约的交易成本过高而通过企业的内部化来完成交易的使命，因此，在近代法律设计上，契约是训练理性和提升人的比较优势，企业无须承担社会责任，只需为了利益的最大化和资源的最佳配置，自由市场经济从一开始就是这样设计的。但是，这种契约主导的市场结构不仅主导交易，而且融合了财产和人的因素，将股东的财产转化为公司法人财产权，雇佣工人进行生产。因而在近代的私法设计中，其基础是自然人、理性人与人格人三重属性

---

① Milton Friedman, The Social Responsibility of Business is to Increase its Profits, The New York Times Magazine, September 13, 1970.

② Dodge v. Ford Motor Company 204 Mich. 459, 170 N. W. 668, 1919.

的共同基础。

自然人即人的自然属性和人的自然状态，是近代文艺复兴奠定的私法的基础，无论是近代的《法国民法典》还是《德国民法典》，都是以人的自然属性为基础。近代社会从政治社会向市民社会和市场经济的转向也是源于人的自然属性不再适合在政治社会中发展①，而经济社会的社会分工与交易能够提供真实的人的禀赋的信息，因此，社会分工与交易成为近代社会促进和推动个人发展的平台。

正如我们在上面所分析的那样，这是基于个人主义角度的分析，是原子式的自由市场经济的反应，忽略了人与人之间的合作以及人与人之间复杂的信赖关系。这就使得以个体利益最大化为主导的理性可能会侵蚀作为法律基础的人的自然属性和人的尊严。

第一，首当其冲的就是雇员的劳动时间、劳动工资和劳动条件，以及适格劳动人员的问题。在马克思的《资本论》中，资本压榨工人的剩余价值，从而取得资本价值的最大化。现代意义上的劳动法是在 18 世纪产业革命以后，它是以限制资本家对劳动者的剥削程度为内容的法规。18 世纪产业革命以后，随着工人阶级斗争的日趋高涨，加上受 18 世纪启蒙运动和法国革命的影响，各国纷纷制定法律来限制资本家对工人的剥削程度。这一过程中也包含了一些企业的自主行为，如福特汽车公司率先实行 8 小时工作制度和一小时 8 美元的劳动报酬，但这些都不是强制性的，唯有国家法律的强制性规定才具有强制力。1802 年，英国的《学徒健康与道德法》是资产阶级"工厂立法"的开端，而"工厂立法"与以前的劳工立法有了质的变化，它是为了保护工人利益，因此是现代意义的劳动法产生的标志。1847 年，英国颁布的《十时间法》规定，13 岁至 18 岁的童工以及女工的日工作时间不得超过 10 小时。此后，工厂立法逐渐适用于英国的一切大工业。德国于 1839 年颁布了《普鲁士工厂矿山规则》；法国于 1841 年和 1879 年分别颁布法律，对限制童工工作时间以及限制女工工作

①　沈敏荣：《市民社会与法律精神——人的品格与制度创新》，法律出版社 2008 年版，第 98 页。

时间和女工的工资等问题做了规定；1848 年，美国加利福尼亚州颁布了一项禁止 9 种工厂使用 12 岁以下儿童的法律；瑞士于 1848 年颁布了第一个限制成年人工作时间的法律。

第二，国家关于劳动的强行性规定具有单一性，不具有灵活性，无法对形形色色、各具特点的企业用工状况进行统一调整。因此，国家为加强企业内的劳动契约关系，用劳工结社权的方式加强劳方的谈判能力，使其能够发挥人数占优的特点，与资本占优的资方形成平等的谈判地位，这就是工会法的发展。1790 年到 1849 年，技术工人组织了技艺性质的地方工会组织（工会在其建立初期就不仅局限在单个企业中，而往往是多个企业的工人组成的地方工会组织）。不过，这种工会组织初期的特征表现为较强的暂时性，而且没有实际的权力。但这种工会组织确实是美国劳工运动的奠基石。1850 年到 1885 年，工会组织不断壮大，各地方技艺工会的全国性组织逐步建立起来。从 1886 年开始，美国工会组织结构的金字塔状逐步形成。1886 年，美国劳联诞生。美国劳联的诞生是工会组织发展的顶峰，自此，金字塔状的工会组织结构在实践中不断完善。德国企业工会的出现比美国要晚一些，直到 19 世纪二三十年代，德国才开始成立第一批工会组织。1848 年，德国出现了工会的联合组织。此后直至第二次世界大战前，德国的工会组织得到了长足的发展。

第三，工业革命产生的大规模生产加大了工业品的复杂性和危险性。由于生产力水平的提升，产品的内在危险性和致害性大大增加，而且销售环节增多，消费者受损害的可能性增大。由于消费者是分散的个体，消费者与生产者之间的契约平衡就会被打破，因此需要法律提供帮助。1962年，美国《关于消费者保护的国情咨文》指出，采取立法和行政措施，使得消费者能够实现四项权利，即安全权、知情权、选择权和意见被尊重权，1969 年又提出了求偿权。正是在这一基础上，保护消费者利益和确定生产者义务的产品责任法逐步确立起来了。

第四，经济外部性的控制，尤其是环境问题的产生。大规模的工业化生产和科技的进步使得新技术和新产品层出不穷，而这些新技术与新产品对环境的影响并未被社会交易关系充分考虑，有的危害性甚至是当时的科学技术未完全明确的。1962年，美国生物学家蕾切尔·卡逊出版了一本书，名为《寂静的春天》，书中阐释了农药杀虫剂DDT对环境的污染和破坏作用，由于该书的警示，美国政府开始对剧毒杀虫剂进行调查，并于1970年成立了环境保护局，各州也相继通过禁止生产和使用剧毒杀虫剂的法律。《寂静的春天》一书被认为是20世纪环境生态学的标志性起点。1972年6月5日至16日，由联合国发起，在瑞典斯德哥尔摩召开了第一届联合国人类环境会议，提出了著名的《人类环境宣言》，这是环境保护事业正式引起世界各国政府重视的开端。环境法使得经济的外部性内部化，解决交易双方通过契约无法解决的对消费者或是对社会的危害问题。

以上这些典型的企业社会义务说明，企业作为现代经济社会主要的产品与服务的提供者，其影响力已远非契约关系所能约束，企业内部的长期合作关系使得对员工自然属性的补救、对经理人员的信义义务的约束都突破了静态的契约，而需要从关系契约和信义关系入手来加强其社会义务。企业的巨大影响力使得其与交易对方的地位发生改变，完全改变了契约所需要的平等交易地位，使得设计契约关系赖以存在的基础丧失了，契约的公正性无法实现，通过法律义务的强制成为必然。另外，经济的外部性使得经济的负面影响可能完全被契约关系所忽视，通过征收环境税和加强环境保护标准，扭转企业对环境所带来的负面影响成为必然。这些都使得企业的社会义务成为约束现代企业行为的一个非常重要的方面。但是，企业的社会义务是在企业的商业属性之下展开，通过修正契约不能发挥作用或是契约未能完全覆盖的方面，通过法律的强行性规定将之纳入企业的契约行为之中。因此，企业的社会义务是在企业的契约行为和商业属性下展开，并未改变企业的商业性质，而是转为社会性质，纯粹的社会属性则是政府的职权范围。

三、信息革命：跨越价格的信息流动

企业的商业责任成为企业的基本属性，这是由市场经济作为配置资源最基本手段所决定的。但是自 20 世纪 70 年代之后，社会信息的传递方式发生了改变，随之而来的信息革命带来了社会信息传递方式的根本性改变，社会结构也随之发生改变就成为必然。

原来社会中的信息只有商品的价格是自由流动的，是社会共享的，其他的信息都需要通过社会控制中心来获得。如劳工保护、自然环境、产品质量、企业信用等，这些都需要国家通过信息采集，通过国家制定标准、制定准入门槛、定期检查和私人诉讼的方式来实现，因此，在市场运转不灵的地方，政府管制就成为必然。经济管制（economic regulation）源于市场经济中的市场失灵，为了抑制市场的不完全性缺陷，即在存在公共物品、外部性、自然垄断、不完全竞争、不确定性、信息不对称等市场失灵的行业中，为了纠正市场失灵的缺陷，保护社会公众利益，由政府对这些行业中的微观经济主体行为进行直接干预，从而达到保护社会公众利益的目的。①

因此，近现代社会就形成了"市场——国家"的双重社会结构，国家解决社会成员平等、贫富分化问题，提供公正与正义，而商业社会关注社会的资源配置，着重于商业利益。严格意义上讲，商业并无道德可言，如果将商业道德化，就意味着近代"市场——国家"二元结构的破产。②

国家的管制（regulation）与市场经济的信息传递具有根本性差异，管制使政府成为信息传递的中心，而市场经济则是以市场主体相互间的传递为基本方式。一方面，在市场经济条件下，政府经济管制在市场经济中始终作为附属部分，而且它传递的信息的真实性也难以保证。另一方面，在

---

① Claude Menard and Michel Ghertman, (ed), Regulation, Deregulation, Reregulation—Institutional Perspectives, Edward Elgar, 2009, p 94.

② Barbara Fryzel ed. , The True Value of CSR. : Corporate Identity and Stakeholder Perceptions, Palgrave Macmillan, 2015, p142.

市场的信息传递方式存在失真和不完全的情况下，必然出现借助政府力量搜集信息的能力，如果能够保障这种信息的真实性，不失为一种良好的替代方法。但是在很多情况下，这种信息的真实性并不能得到保障。因此，对政府管制理论的纠结在市场经济中始终存在。

随着 20 世纪六七十年代互联网"去中心化"信息传递方式在经济生活中的迅速普及，使得经济组织方式呈现出新经济的特点，重新审视政府管制成为一个显著的特点，这就是放松管制的出现。著名经济学家施蒂格勒于 1962 年发表《管制者能管制什么》的文章，提出管制经济学的根本性问题：管制者能够管制什么？他将管制视作由管制者所产生的一种"商品"，并提出管制是利益集团对管制"商品"的需求与管制者对管制"商品"供给之间的结合，目的是实现利益的再分配。①

正是对管制的重新审视，使得放松管制（deregulation）成为 20 世纪 70 年代以来经济发展的突出特点。放松管制指的是消除（removing）或是减少（reducing）国家管制，突出表现在经济领域，在发达市场经济国家普遍采用，其直接原因是对政府管制无效的重新认识，以及政府管制存在被所规制的产业利用的风险，进而损害消费者和社会效益。放松管制的逻辑是更少和更简单的管制不仅不会削弱经济、产业的竞争力，反而会导致更高的产能、更高的效率和更低的价格。这种放松管制与 20 世纪 70 年代之后新经济的发展是分不开的，新经济最大的特点是改变了社会信息传播的结构，使得原来依赖于"中心"的信息传播不断地被"点对点"（Peer to Peer）的信息传播所代替。这种社会信息传播方式的根本变革决定了社会经济组织形式的彻底改革，也对社会治理产生了深刻的影响。

信息的传播依赖于传播网络，自工业革命以来，通信技术得到了迅猛发展，但是，电话、电报、计算机等技术都未改变对信息传播中心的依赖，而在互联网产生之后，这种依赖中心的信息传播方式得到了彻底地改

---

① 府官员通过提供管制"商品"可以获得选票，以实现留任的目的或是取得其他形式的回报，而被管制者则可通过游说或贿赂来左右政府的管制政策，以谋取自己的利益。

变。互联网本是美苏冷战的产物，第一代互联网 ARPA Network① 的信息传播方式快捷、方便、有效，迅速得到推广。这一数据传输技术的推广需要遵循共同的标准，这就是 1973 年的 TCP \ IP 协议②。TCP \ IP 协议确立了互联网的四大技术原则：①最少、自治原则。这是保障传输数据真实，避免失真，唯有通过最少环节、保持自治才能完成。②尽力而为的服务模式。TCP 的主要功能就是如果传输的数据不能到达最终目的地，系统将很快重新传输，直到送到为止。③网络点对点的互联性。互联网的突出特点是"去中心化"，实现点对点的信息传递。区块链（blockchain）技术实现的信息的公开化、不可逆性和永久性保障了这种点对点信息，传递的真实性加速了现代社会去中心化的进程。④分散控制。这就决定了互联网的特点是"开放、分享、透明、无中心"③，这必然会改变过去工业革命、能源革命以及计算机革命都未曾改变的以"控制"为特点的中心主义的社会信息传递格局，而这种信息传递模式的变更必然会使原先建立在中心控制基础上的社会治理结构发生根本性地变革，放松管制正是在这一背景下产生和推进的。

　　TCP \ IP 协议模式由于其在信息传递上的快捷、迅速、保真，迅速得到推广，1992 年，在 TCP \ IP 协议基础上的万维网出现，信息的全球性分享成为可能。④ 2007 年，移动智能终端出现⑤，实现了信息传播"点对点"

---

　　① 1969 年，美国为了防止苏联的核打击，保持自身核反击和核报复的能力，将原有的指挥中心一分为四，从而构成第一代互联网。

　　② TCP 是 Transmission Control Protocol 的缩写，即传输控制协议，只要数据传输一有问题就发出信号，要求重新传输，直到所有数据安全正确地传输到目的地，它的要求是以最短的路径来传输，尽力而为的服务是其模式。IP 是 Internet Protocol 的缩写，即因特网互联协议，IP 数据包从发送主机的"源地址"到接收主机"目的地地址"，但不保障数据包是否按顺序发送或是否被破坏。因此，不完善是其特点。

　　③ 凯文·凯利：《新经济、新规则》，刘仲涛等译，电子工业出版社 2014 年版，第 19 页。

　　④ 万维网使得全世界的人们以史无前例的巨大规模相互交流，以人类历史上从来没有过的低投入实现数据共享。信息传播是经由万维网和互联网来实现，而无须被搬运具体的书卷或手工的或实物的复制而限制。数字储存方式的优点是，相比于查阅图书馆或者实在的书籍更容易有效率地查询网络上的信息资源。

　　⑤ 以苹果手机（iPhone）为标志。

突破（Peer to Peer），互联网进入了第二个发展高潮——移动互联网时代。源源不断的数据从终端汇聚到云端，产生数据"云"，个体的海量信息产生现代"信息爆炸"。这些海量信息需要归纳、分析，大数据、云计算应运而生，人工智能取得了突破性发展。①

这就是互联网技术的发展脉络：从网络出现到标准建立，到全球互联，到数据爆炸，再到人工智能对这些数据的处理，使得自亚当·斯密以来市场经济赖以存在的社会中唯一真实的只是"价格信息"这一基础不断受到挑战，在价格信息之外的其他交易方式不断被开发出来，而且呈现出不断扩大的趋势，进而导致新经济的出现。

四、CSR 的自主性：作为竞争策略的社会责任

信息革命将社会成员的信息释放出来，社会信息的真实流动不再局限于商品价格，而是包括各种个人的消费偏好、环境和社会信息，这些信息汇集起来就会产生价值，产生的商机不再局限于商品的价格，还包括各种社会信息。这些信息使得商品的个人化、定制化成为可能，对市场的预测更具有预见性和可靠性，市场的商机向纵深化延伸。这时，各种社会信息都可以成为商业的成长点，企业越具有社会责任，它所获得的商业机会也就越大，企业的社会责任成为企业竞争的策略（CSR as a competitive strategy）。② 因此，CSR 被定义为企业的自主安排。

在市场经济设计中，绝对比较优势、相对比较优势和策略性经营（strategic management）构成了社会结构的基础。公司可以通过将其有竞争优势的资源和产能进行分类而获得相对比较优势。尤其是在 20 世

---

① 随着物联网、云计算、大数据、人工智能等技术的发展，互联网正由 PC 互联网、移动互联网进入新的发展阶段，即智能互联网（Smart Internet）时代。智能互联网会更广泛地连接万物，更自主地捕捉信息，更智慧地分析信息，更精准地进行判断，更主动地提供服务。每一台终端又从云端汲取智慧，更能理解人们的需求，能用自然语言与人们交流。

② Caroline Flammer, Does Product Market Competition Foster Corporate Social Responsibility? Evidence from Trade Liberalization, Strategic Management Journal, Strat. Mgmt. J., 36: 1469 – 1485 (2015).

纪 70 年代世界贸易组织倡导的贸易自由化普及之后，与本国利益相关人的关系成为国内企业对外竞争的比较优势，这些信息使之能够更迅速、清晰、全面地了解国内消费者的信息，与国内雇员更好地沟通、与国内上下游供应链保持和谐的关系是其比较优势的显现。而企业社会责任理论提出的企业能够通过"做善事而获得利益"（do well by doing good）正是反映了这种实践的需求。在越来越强调人力资本的竞争中，通过提高员工的成就动机来实现利益，能够使社会公益进入新兴的市场部门（如绿色消费者、绿色产业），关注环境能够更有效地利用原材料和能源。

因此，CSR 不再是单纯的社会利益，而是代表了企业通过提高社会福利而获取的商业实践的判断能力，企业通过回应消费者和其他利益相关方（如雇员、上下游合作方、管制方）的诉求，提升企业承担社会责任的长期预期，因此，越来越多的企业将 CSR 作为企业整体策略的核心组成部分。许多企业将 CSR 的具体信息在其年度报告和公司网站上公布。在新经济条件下，企业社会责任（CSR）的属性发生了变化。

第一，CSR 有利于企业自我身份的确认。企业尽管在法律上是拟制人格，但是企业是由个人组成的，包括投资者、经营者、雇员、债权人共同构成企业自身，上下游合作伙伴、消费者构成企业外在的商业环境。个人具有伦理的诉求，企业符合伦理的商业行为能够加强企业成员的凝聚力，"做正确的事情"（doing good）是能够将人凝聚起来的最持久、最强大的力量。CSR 能够加强企业的身份确认，加强企业的凝聚力，同时也加强了企业的市场认同感。

除了企业的内在价值和内在文化外，一些主要的利益相关方也影响着企业的行为，包括政府、投资者和消费者，其中越来越重要的就是社区的影响。随着点对点信息传播的扩展，越来越多的企业认识到社区对企业商业运营的影响越来越大。因此，一项能够符合社区愿望的有力的 CSR 计划不仅能够使其获得生存，而且能够使其发展壮大。同时，CSR 还能够加强企业员工的忠诚度。人力资源研究指出，CSR 能够加强企业吸引、保留和激励员工的能力，鼓励和促使员工参与 CSR，能够提高员工的道德感和企业归属感。

第二，CSR 本身也蕴含着巨大的商业利益，会对企业与利益相关人间的关系产生积极影响，能够提高企业预期（prospective）的现金流。投资者如果能够预期 CSR 给利益相关人带来的好处，如①企业能够让更多消费者购买其商品或服务，②现有的消费者会购买更多，③未来消费者会为企业的商品或服务支付更多的溢价（premium），投资者也倾向于因 CSR 而回报企业，如果他们相信雇员和渠道伙伴更愿意和更有动力来合作，以帮助企业达到其战略目标。而且监管者也会对企业有更有益的态度。一些创造性的 CSR 计划使得企业投资于提高社区生存状态，并将之纳入生产链之中，这不仅有利于社区，也提高了企业自身的收入水平，同时也给这些企业带来了额外的、充足的供应链。

第三，CSR 有利于完善企业生态，CSR 与企业商业目的共生性不断加大，企业用 CSR 来辅助其商业目标的实现，并作为企业行动指南来加强与消费者的关系。CSR 用商业伦理来检测商业环境中的伦理原则和伦理问题，从而与利益相关方维护稳定、长期的关系。ISO 26000 是公认的国际CSR 标准，它将 CSR 分成 6 个维度，组织治理（Organizational Governance）、社区参与和发展（Community Involvement and Development）、人权（Human Rights）、劳工实践（Labor Practices）、环境（Environment）、公正经营实践（Fair Operating Practices）。CSR 能够提高企业的声誉，不但具有传统意义上的善意（goodwill），塑造一个积极的形象和品牌，同时也有利于企业树立负责任的企业公民（responsible corporate citizens）形象。

虽然 CSR 的利益是巨大的，但 CSR 也面临着严峻的代理问题。公司经理人承担 CSR 会分流部分组织资源去从事与企业行为无关的社会事务，从而降低股东利益。

五、CSR 的法律化（一）：CSR 标准与方法的出现

信息革命和媒体的发展使得公众拥有更大的知情权，更容易监督企业行为。消费者和投资者越来越支持负责任的商业实践，并要求公开企业在社会和环境问题上如何处理危机和机会的相关信息。跨国公司的丑闻增强了提高公司治理的可靠性（accountability）和透明性（transparency）的诉求。正是全球化和跨国公司跨国交易的发展，使得在人权、环境保护、健康安全、反腐败等领域的 CSR 实践越来越得到重视。

国际社会对 CSR 越来越重视，给企业提供与 CSR 相关的全面指导，通过全球承认的指南、框架、原则和措施，这些指南的大部分与可持续发展（sustainability）或是商业责任（business responsibility）有关，这些都与 CSR 保持一致。无论公司所在国和商品来源，不同国家的消费者都希望商品在社会和环境问题上符合最低的标准，并对现有的 CSR 立法和规则的不恰当性越来越关注。国际组织，如联合国（UN）、经合组织（OECE）和国际劳工组织（ILO）制定条约（compacts）、声明（declarations）、指南（guidelines）、原则（principles）和其他文件（instruments），均规定了可接受的企业行为准则（norms）。

1. 联合国全球协议（The UN-Global Compact，UNGC）是全球最大的企业公民计划，其目标是促使全球商业普遍采取可持续的和负责的政策。联合国全球协议的 10 项原则均来源于联合国公约，如《世界人权宣言》（*Universal Declaration of Human Rights*）、《国际劳工组织关于工作中基本原则和权利宣言》（*Declaration on Fundamental Principles and Rights at Work*）、《里约环境与发展宣言》（*Rio Declaration on Environment and Development*）和《联合国反腐败公约》（*United Nations Convention against Corruption Pream*）。这些原则涵盖了四个领域：①人权（支持和尊重国际人权，并保障商业活动不侵犯人权）。②劳工权利（支持工会组织自由，有效地承认集体协商的权利，消除所有的奴隶和强迫劳动，有效地消除童工和取消雇佣和工作中的歧视）。③环境（支持应对环境挑战的预防性措施，提高承

担更大的环境责任的计划，并鼓励环境友好型技术的发展）。④治理（反对所有形式的腐败，包括贿赂和勒索）。①

2.《联合国工商企业与人权的指导原则》（*UN Guiding Principles on Business and Human Rights*）。《联合国工商企业与人权指导原则》给各国和工商企业提供帮助，以实现它们既存的尊重和保护人权和基本自由的义务，并遵从现有法律。这些原则作为全球标准，应对与商业活动有关的违反人权的风险。一旦这些法律被违反，或是指导原则不被遵从，就会建议采取适当的救济。这些指导原则的基本关注点在于从国家和工商企业两个方面来保护人权，并且这些原则提供了广泛的实施方式。②

3. ILO 关于跨国企业和社会政策的三方宣言（*The ILO's Tripartite Declaration of Principles on Multinational Enterprises and Social Policy*）。这是另外一个自愿性宣言，鼓励政府、雇员和跨国组织采纳，目的在于进一步促进劳工和社会标准的统一，特别是对进行跨国商业的组织。该宣言关注的焦点在劳工标准，如①组织工会的自由和集体协商的权利，禁止歧视，强制和强迫劳动（bonded and forced labour），②产业关系（有无工会限制、管理层与劳工的定期协商、在劳工标准被违反时的诉讼安排），③雇佣机会（保障工作安全、提高生存和工作条件、保障工资待遇在所在国家的相同标准）。③

4.《经济合作与发展组织跨国企业指南》（*OECD Guidelines for Multinational Enterprises Rocommendations*）。《经济合作与发展组织跨国企业指南》更详细地规定了跨国公司负责任商业行为的原则和标准，这些标准在2011 年得到修正，包含雇佣、人权、环境、信息披露、反贿赂、消费者利益、社会和科技、竞争和税收；也包括对社会和环境负责企业行为的明确标准，并提供程序来解决企业和受企业行为负面影响的社区或个人的

---

① www. unglobalcompact. org

② http：//www. ohchr. org/Documents/Publications/GuidingPrinciplesBusinessHR_ EN. pdf.

③ http：//www. ilo. org/empent/Publications/WCMS_ 094386/lang--en/index. htm.

争议。①

5. 社 会 与 伦 理 责 任 研 究 所（Institute of Social and Ethical Accountability）的企业责任系列标准 AA1000。这一系列标准能够使组织更有可靠（accountable）、负责（responsible）和可持续性（sustainable）。它包括①AA1000责任原则（AP），②AA1000 保证标准（AS），③AA1000 相关利益方的参与。因为这些标准是通过多利益相关方的程序协商达成的，能够保障影响的各方（企业、政府和交易双方）都能够获利。

6. 社会责任国际标准（SA8000 Standard）。这是国际上最早的审计鉴定证书标准，它采纳了一种经营体系的方法，以保证公司采纳该方法并遵守它。这一标准确保工人基本人权的保护。社会责任国际标准的 9 个基本要素包括①童工，②强迫和强制劳动，③健康与安全，④结社自由和集体协商的权利，⑤歧视，⑥惩戒措施，⑦工作时间，⑧补偿，⑨经营体系。②

7. 社会责任指南标准（ISO 26000）。这是由国际标准化组织（ISO）提供的指导性工具，让组织能够理解社会责任的意义和重要性。有必要指出的是，这并不是一套证明标准，它只是指导性工具。因此，遵守这些标准的组织是自我鉴定。ISO 26000 包含 6 个社会责任的核心领域，①人权（human rights），②劳工措施（labour practices），③环境（environment），④公 正 操 作 实 践（fair operating practices），⑤消 费 者 问 题（consumer issues），⑥社区参与和发展（community involvement and development）。ISO 26000 是能够保障社会责任和可持续发展的整体性方法。③

8. OECD 企业社会责任政策方法（OECD CSR Policy Tool），其目的在于帮助公司获得对自己现行的 CSR 实践的自我评价，评估其价值，并决定是否需要采用其他 CSR 实践。这种政策工具是根据 OECD 指南和 ISO 26000 实施指南，其结果是完善 CSR 政策，包括一项行动计划中包括任

---

① http：//oecdwatch. org/about-oecd/guidelines.

② http：//www. sa-intl. org/index. cfm? fuseaction=Page. ViewPage&PageID=937.

③ http：//www. iso. org/iso/home/standards/iso26000. htm.

务、责任和交流策略计划。①

9. 自我评估方法的全球公约（Global Compact Self Assessment Tool）。这是较容易使用的指南，是针对所有规模和部门的企业在各自领域中应遵守的社会和环境标准设计和使用的。它包括 45 个问题，其中每一个问题有 3 到 9 个提示。它包括管理部分和其他四个部分，包括人权、劳工、环境和与联合国全球公约原则相关的反腐败。它与《联合国工商企业与人权的指导原则》相一致。对小企业而言，这一工具能够作为衡量企业在联合国全球公约所有领域中表现的标准；对大企业而言，这一方法能够帮助其持续提高现有的政策和体系，保证附属机构、供应商或其他利益相关方的利益，并提供内部和外部报告机制。②

10. 社会投资回报网络（Social Return on Investment Network，SROI Network），这是根据社会一般接受的责任原则（SGAAP）制定的框架，能够帮助经营者理解组织或是个人产生的社会、经济、环境影响。为了提高这一任务的社会价值和影响，SROI 帮助企业与消费者、受益人和基金投资者理解、经营和交流特定 CSR 任务时产生的社会价值。它还帮助控制风险和确认机会，提高融资率。它提出了对服务、信息系统的潜在提升和治理商业的方法。通过传播企业使用 SROI 产生的价值，就能够确认所带来变化的领域，并与传播的变化和企业运作对比，并带来额外的价值。③

11. LBG（London Benchmarking Group）模型。全球企业都采用 LBG 模型，衡量他们社区投资的价值和影响，或是商业与社会兼有。这一模型帮助企业理解投资于社区的现金、时间和实物投资的数量，并帮助它们理解社区支持的地理分布和资助主题的种类，如教育、健康、艺术和文艺等。通过这一模型，企业能够跟踪它们的社区计划支持方式，可以扩展它们的商业目标，如构建员工道德或产生声誉利益。而且它也能够帮助评价企业

---

① http：//www.oecdguidelines.nl/get-started/creating-a-csr-policy/.

② http：//www.globalcompactselfassessment.org/aboutthistool.

③ http：//www.thesroinetwork.org/117-home/all-regions/167-why-should-i-use-sroi10.

给社区的计划。在这一模式下，成员企业分享数据和最佳实践，反过来也有助于达到最优模式。①

六、CSR 的法律化（二）：强制报告与强制性规范的出现

在 CSR 被越来越多的企业所关注，也在实践中被越来越多的企业所遵循，而且遵循 CSR 与企业的商业利润并不冲突，反而能够促进商业利益的实现时，这时 CSR 就出现普遍化倾向。企业的自主行为需要有一个普遍的规范，它也是法律强制性规范的基础。

一部分 CSR 被法律所吸收，成为法律强制性规范的一部分。发达国家多有较为完整的法律、法令对企业的社会责任行为进行规范。美国是较早颁布法律、法令等强制性手段对企业社会责任行为进行规范的国家，英国、法国、德国、荷兰等国家也在各自的立法中确立了有关劳工待遇、就业、工资、工作条件等问题的企业社会责任。例如，法国企业法强调企业利润与企业的社会和环境责任同等重要。英国政府也采取了大量的主动政策来推动企业履行社会责任，同时调整政府在经济、贸易和其他政策方面的社会责任。日本和德国也对公司法做了部分修改，以突出对相关利益者的保护。这一部分严格来讲不再是企业的社会责任，而是企业的法定强制性义务。

企业社会责任在强制性问题上仍然存在理论上的难题，需要考虑到"市场自治"和"商业自由"的现代市场体制和全球性"放松管制"的背景，采取新的思路。这在澳大利亚 2006 年的公司法修订中就提出来了。澳大利亚公司与金融服务国会联合委员会（Parliamentary Joint Committee，PJC）专门就公司责任（Corporate Responsibility）和三重底线（Triple Bottom Line）组织调查和报告委员会，考虑如何在法律体系，即通过公司法的修订来强制公司经理人更宽泛地考虑各种相关利益。2006 年 6 月 22 日，PJC 发布报告，其中最突出的并不是建议通过公司法的修订来强制公

---

① http：//www. lbg-online. net/about-lbg. aspx.

司经理人考虑公共利益，而是建议一种自愿的自我约束方法（a voluntary self regulatory approach）。在报告中，PJC 指出，公司法允许公司经理人考虑更广泛的利益相关人的利益，许多公司自愿将更广泛的社区利益结合在其核心商业策略之中，平衡公司长期的生存能力和短期集中于回报的赢利能力的重要性；CSR 项目支持保持和建立企业声誉（reputation），招募和保持高质量的员工；机构投资者对企业行为具有强有力的影响，并倾向于采用长远考虑；支持采纳联合国负责任投资原则（The UN Principles for Responsible Investment）；全面报告应该是自愿的，应发展出一套自愿的标准化报告框架，并获得全球报告项目的支持。

在 CSR 法律化过程中，并不是采取强制性的"义务—责任"的规定方式，而是采取"遵循或是解释"的"软法"方式。国际上越来越多的国家和地区要求上市公司披露 CSR 信息，其中，强制信息披露越来越明显。如欧盟就形成了较为完善的上市公司环境信息披露制度，其发布的生态环境管理审核规则（EMAS）和环境管理体系（ISO14001）是当今国际上最全面、科学的环境报告标准。欧盟企业 CSR 信息强制披露多采用强制披露为主、自愿披露为辅，或是强制披露与自愿披露相结合的模式。

CSR 报告又称企业社会责任报告、可持续发展报告或永续发展报告，是企业披露其社会责任履行的战略方针、具体行动及愿景规划等非财务绩效的重要载体；CSR 报告针对利益相关方，要求对经济、环境、社会三方面的信息做出相应回应，是企业与利益相关方沟通的重要平台。

在我国的跨国公司社会责任履行状况相对于母国责任弱化、社会责任承担缺乏本土关注的情况下，跨国公司进入中国后其社会责任行为远没有达到其母国的水平。一些跨国公司进入中国后忽略社会责任，甚至做出违背跨国公司社会责任理念和道德准则的事情。一些跨国公司行贿、非法避税，少数跨国公司在华涉嫌行业垄断，还有一些外资企业劳工标准偏低，一些跨国公司的产品安全不达标。① 20 世纪 90 年代，CSR 概念最早由中外

---

① 谢名一：《在华跨国公司企业社会责任标准体系研究》，辽宁大学博士论文，2010 年，第 2 页。

合资公司引入中国，中国企业开始意识到 CSR 工作的重要性，但大多以项目为导向，缺乏系统的 CSR 信息披露。

2015 年 12 月 31 日，香港证券交易委员会引入 CSR 强制披露制度。香港证券交易所《环境、社会及管治报告指引》（简称《指引》）要求所有在港上市公司于 2016 年财政年度开始参照修订后的《指引》发布环境、社会及管治报告（ESG 报告）。《指引》将每个层面的一般披露责任由建议披露提升至"不遵守就解释"，于发行人 2016 年 1 月 1 日或之后开始的财政年度生效。将 ESG 报告的关键绩效指标提升至"不遵守就解释"，于 2017 年 1 月 1 日或之后开始的财政年度生效。ESG 报告可以登载于公司的年报中，或以一份独立的报告形式呈现，并应尽早且不迟于发行人刊发年报的三个月后刊发。发行人是否遵守《指引》中"不遵守就解释"的条文，以及如未遵守，须在报告中给予经审慎考虑的理由。同时，发行人必须每年披露环境、社会及管治数据，且所涵盖的期间必须与其年报内容涵盖的时间相同。

我国台湾地区从 2015 年 6 月起，强制四大类上市公司编制企业社会责任（CSR）报告书，共有 126 家上市公司 2016 年首度揭露 CSR 报告。四大类上市公司分别是：①食品工业及最近年度餐饮收入占总营收 50% 以上的特定公司，②获利年年创新高，且直接面对消费者的金融业，③不小心就容易造成环境污染的化学工业，④资本额 100 亿元以上的大型公司。

中国大陆在 CSR 的披露上也逐渐走上强制化的道路。2006 年，《公司法》第 5 条明确规定公司应当"履行社会责任"，深交所于 2006 年发布了《上市公司社会责任指引》，明确要求上市公司按照指引的要求定期评估公司社会责任的履行情况，自愿披露公司社会责任报告。2008 年 12 月 31 日，上交所在《关于做好上市公司 2008 年年度报告工作的通知》中，要求三类公司，即"上证公司治理板块"样本公司、发行境外上市外资股的公司以及金融类公司必须披露社会责任报告，同时鼓励其他有条件的公司自愿披露社会责任报告和每股社会贡献值。2009 年 1 月，上交所发布 2008 年年报工作备忘录第一号，提供了社会责任报告的格式文本及董事审议社会责任报告的工作底稿，从 2009 年开始，证监会要求上交所三类共 260 余家上市公司必须随年报一起披露其社会责任报告。2015 年 9 月 21 日，中共中央、国务院印发的《生态文明体制改革总体方案》要求资本市场"建立上市公司强制性环保信息披露机制制度"。

如果采取信息强制披露制度，随之而来的问题就是披露的标准。西方各国在政府的推动下成立了旨在推行企业社会责任的组织，比较有影响的有美国社会责任商会（BSR）、英国的道德贸易促进会（ETI）、日本的良好企业公民委员会（CBCC）等。各国政府组成的企业社会责任组织也进一步推动了企业社会责任标准的形成，包括 AA1000（英国）、SA8000（美国）、CSM2000（德国）等。另外，对发展中国家尤其是在信息产业快速增长的国家，采取进一步的 CSR 法律强制也出现了，2013 年印度《公司法》的修订就是一个很好的例子。2013 年 4 月，印度《公司法》第 135 条规定，对于年营业额在 100 亿卢布以上的企业，或企业净值在 50 亿卢布以上的企业，或净利润在 5 000 万卢布以上的企业，需要将其近三年平均利润的 2% 用于 CSR 活动，并要求企业设立由董事会成员组成的 CSR 委员会，至少包括一名独立董事。同时，印度公司事务部（The Ministry of Corporate Affairs in India）制定的指南——《商业社会、环境和经济责任的国家自愿指南》，通过广泛的协商机制发展起来，其目的是提供适应于印度商业的独特方法，理解负责任的商业的意义，同时适用于大型和小型企业。该指南易理解和执行，并鼓励商业企业采纳三重底线方法。该指南包括 9 项原则：透明性、产品生命周期的可持续性、雇员的健康、利益相关方的参与、人权、环境监督、负责任的政策支持、范围广阔的发展和消费者福利。每项原则都由核心要素组成，并进一步规定具体的目标和内容。该指南还提供了具体实施方法。

七、自治与强制：企业社会责任法律化中的问题

我国正处于经济社会发展转型期，企业社会责任承担问题是关系到社

会稳定以及企业和社会和谐发展的重要问题。总体来看，虽然我国企业社会责任履行较之以前有所进步，但是仍存在诸多不尽如人意之处，"三鹿"奶粉事件、富士康"连跳门"事件、百度"魏则西事件"只是我国企业社会责任履行不佳的冰山一角。我国企业社会责任的履行在产品质量、雇员权益、环境保护、慈善公益等领域都存在较多问题。

现代企业对社会的影响越来越大，将企业纯粹界定在股东和企业利益的最大化上，会影响企业的长期利益与可持续发展，因此，对企业社会责任的要求日益突出，企业法律强制性义务也日益突出，并成为经济法中重要的一部分，例如，在产品质量与产品责任上，尤其是食品安全，如转基因食品、农药残留、甲醛含量等，尤其是现代公共卫生已经证明对人体健康有危害，或是难以证明的，就需要国家法律的规定。在雇员权利上，要改变我国企业社会责任履行的现状，要从理论层面和实践层面共同努力才能得以实现。在理论层面上，要科学界定当代中国企业社会责任的内涵，在明确其基本内涵和性质的前提下，澄清企业社会责任履行中存在的误区，并在此基础上明确当代中国企业社会责任基本构成要素的特殊性，深入阐述和论证企业承担社会责任的正当性基础理论，并挖掘该理论对我国企业社会责任建设的指导意义；在实践层面，基于我国社会主义市场经济体制的特殊性，企业类型和发展状态存在较多区别于其他国家的特性。因此，只有建构出适合有中国特色的企业社会责任内容体系，才会使企业在实践中有所指引和参照，才能以此为理想图景设计出适合我国企业社会责任承担的实现机制，才能有的放矢地推动我国企业社会责任建设。

从上面的分析可以看出，对企业社会责任问题，首先应该区分企业的社会义务和社会责任。一般而言，义务与责任是两个对应的概念，义务的违反导致责任的出现，但是在企业层面，企业的法律义务与社会责任作为特定的概念，并不具有对应性，社会责任并不是一个强制性的概念，而是具有任意性。企业的社会义务则具有强制性，是解决现代经济社会企业无法通过契约关系调整而需要法律强行补充的部分。这是我们在对待企业法律义务与社会责任时应该首先明确的。

其次，企业的社会义务是法律责任的基础，这种基础并不是一一对应的关系，而是从契约关系上展开。企业的社会义务是对契约关系的有效补充，没有这种补充，企业的商业行为就具有社会危害性；而企业的社会责任是对企业商业行为的拓展，只有企业承担了社会责任，才能够更好地实现企业的商业属性。因此，一个是负面的补救，一个是正面的补充。实践中，往往将企业的社会责任应用于企业的负面行为上，要求企业承担相应的损害。比如，跨国公司在不同国家对消费者产品损害的标准不一，而运用社会责任要求其承担，这其实是对社会义务与社会责任的误解。在国际社会确立的企业社会责任的标准中，并不对义务和责任做截然区分，而是一并推荐，各国可根据自身的国情，在立法和实践中对法律强制义务与社会责任做区分。

最后，随着企业社会责任与其商业价值重合度的日益提升，企业社会责任的法律化日益凸显，但是企业状况千差万别，难以统一规定，因此，在企业社会责任法律化过程中，必须考虑使用任意性规则，而非强制性规则，使得企业可以选择。实践中，往往采取一定范围内的强制报告，而在报告内容和标准上则存在较大的弹性，企业具有较强的自主性。企业社会责任的法律化并没有突破社会责任任意性的特点。

第三章 ▎ 法律正义：正视义的实现

从道不从君，从义不从父，人之大行也。

——荀子

第一节 现代法律正义：汇集启蒙思想之"义"

法治（rule of law）是法律在社会中建立绝对的权威，它与法律在社会中没有权威、完全是个人的专制相对应。在社会中，也就是在一群人的集合中，建立一个规则体作为权威，将其奉为行为的准则，作为终极的行为标准和社会标准。法治思想从一开始就产生了问题：为什么要将人与人之间的事务托付给一种非人的、外在于人的规则？（尽管可能是基于人们相互之间的同意）人的理智的不完备性，客观世界的不确定性，人的易变性、复杂性，人对自身缺乏了解，人易受外界事物的诱惑、鼓惑等，都会侵蚀这样一种制定确定的规则作为现时或是将来的权威。早在古希腊时期，柏拉图就在《理想国》中指出了法治的这一缺陷。① 因此，法治如欲成立，必须具有相应的思想基础，法治毫无疑问隐含着强烈的价值标准在里面，所以，法治思想从一开始就与哲学思想和宗教思想具有强烈的关联性。

法治中的问题是：将人和社会的生活托付给一种外在于人的规则。这里面就隐含着一个前提，这是如何可能的。近代社会以来，有法典化的倾

---

① 柏拉图：《理想国》，郭斌和等译，商务印书馆1995年版，第六卷以下。

向，法与典都是不变的东西，能长久存在的东西，而不是变化的东西。《法国民法典》《德国民法典》分别存续了二百年和一百年就说明了这个问题。法律是阐释人生和社会中不变的东西，而且这种不变的东西是需要在法律中规定下来的。

那么，什么是不变的东西呢？辩证唯物主义告诉我们，世界是物质的，物质是变化的，变化是永恒的。那么，社会中或是人生中有什么是不变的呢？

一、"逻各斯"下的法治：基于真理的法治——古典自然法的思想

法治思想出现在古希腊罗马时期，当时法治思想的基础是真理，尤其是古罗马时期最为明显。法治思想源于古希腊、古罗马，近代文艺复兴所指向的也正是这一时期。古希腊罗马时期建立法律权威的这一基本思想是基于斯多葛学派的思想。斯多葛学派认为，这个世界具有普遍本性，支配整个社会和世界的是有理可寻的规律，而这种规律是可以依据人的理性来探寻的，也就是"逻各斯"，或者叫作真理。个人的本性是普遍本性的一部分，因此，人的主要的善是以一种顺从自然的方式生活，即顺从一个人自己的本性和顺从普遍的本性，不做人类共同的法律惯常禁止的事情，即共同法律与普及万物的正确理性是同一的，而这正确理性就是"宙斯"，万物的主宰与主管。① 社会中人的组合必须依据这种"逻各斯"才是正义的，而这种正义的规则是不变的，才是"真正的法律"。现实的法律必须探求、符合这种"真正的法律"，才是正义的法律。这一思想指导了法律的发达和法治思想的形成，尤其是在古罗马时期，"法学家无一不是斯多葛学派"，万民法就是在这一基础上产生的。这也是古典的自然法思想，这一思想在西塞罗那里得到了集中的体现。

西塞罗是斯多葛学派的代表人物之一。他指出，"人与神在三个方面

---

① 北京大学哲学系：《西方哲学原著选读》，商务印书馆2005年版，第182页。

是共通的，一是理性，一是灵魂，一是自然。"这里的神指的就是"永恒"
"逻各斯"，或是宗教意义上的"神"。西塞罗认为，人只有根据自然法行
事，才是真正的幸福。"……这样的人该被认为是多么幸福……要知道，
只有这样的人才真正可以不是根据罗马公民权而是根据贤哲的权利……他
们这样做不是根据公民契约，而是按照共同的自然法，那自然法禁止任何
财物属于任何不知道如何利用它、使用它的人；这样的人认为，行使权
力……应是为了完成必须完成的事情，而不是为了实现希望实现的事情，
获得这些职权应该是为了履行责任，而不是为了获得奖赏和荣
誉……"① "真正的法律乃是正确的规则，它与自然相吻合，适用于所有的
人，是稳定的、恒久的，以命令的方式召唤履行责任，以禁止的方式阻止
犯罪，但它不会无必要地对好人行命令和禁止，对坏人以命令或禁止予以
威召，要求修改或取消这样的法律是亵渎，限制它的某个方面发生作用是
不允许的，完全取消它是不可能的……"②

　　正是在"稳定""恒久"的自然法和正义的基础上，法治建立了其权
威，法治才有其合理性和合法性可言，这是古典法治的思想基础。这一法
治思想自然而然地会导出自然秩序和以"秩序"为取向的法治思想。没有
这个基础，为什么在一个由人组成的社会中要建立一个外在于人的规则统
治就很难想象了。因此，法治思想的建立必然包含两个方面，一是对正义
思想的理解，二是对人的理解。人一方面是自然秩序的一部分，另一方
面，人本身的内在性质也决定了人对法治秩序的追求。西塞罗认为，"自
然赋予人类如此强烈的德性追求，如此强烈的维护公共利益的热情，其力
量能够战胜一切欲望和闲适产生的诱惑。"③ "我们总是渴望不断增强人类
所需的能力，努力运用自己的智慧和劳动使人们的生活变得更安全、更富
裕，并且我们的这种欲望是自然本身激发的……"④ 这里需要指出的是，

---

① 西塞罗：《论法律、论共和国》，王焕生译，中国政法大学出版社1997年版，第31页。
② 西塞罗：《论法律、论共和国》，王焕生译，中国政法大学出版社1997年版，第120页。
③ 西塞罗：《论法律、论共和国》，王焕生译，中国政法大学出版社1997年版，第12页。
④ 西塞罗：《论法律、论共和国》，王焕生译，中国政法大学出版社1997年版，第13页。

早在古希腊时代，对人的德性的要求就已经明确地提出来了。亚里士多德的《政治学》和《伦理学》是当时的代表，柏拉图的《理想国》以及对苏格拉底的记述都明确地提出了人的德性要求。[①] 西塞罗认为，这些德性包括"智慧、公正、勇敢、有节制。"[②] "人和神具有同一种德性，任何其他的生物都不具有它。这种德性不是什么别的，就是达到完善，进入最高境界的自然，因此人和神具有相似性。"[③] 但是，人的德性只是作为自然秩序的一部分而被强调，并不是法治思想的起点。

正是建立在正义（或是真理，或是逻各斯）的基础上，法治具有了不可比拟的地位和作用。因此，从这一点讲，法治对应的是"专制"与"独裁"，而不是"人治"。这从柏拉图的思想中可以得到印证。柏拉图认为，法治并不是最好的选择，最好的选择应该是"哲学王"的统治，即"圣贤"统治：适应每个人，建立不同的适合他发展的社会规则，而法律则是不同的人适应相同的社会规则。[④] 只是这种"哲学王"的统治在世俗世界中是极不可能实现的，才会出现法治。因此，在这个意义上，法治与人治并不是对立的两面，而是两个不同的层次。个人的专断，社会完全听命于个人欲望的控制，使社会规则完全背离真理或是正义，则是法治的对立面。

二、古典法治基础的迷失：离开真理的法治——古典自然法的衰落和近代基于人的法治思想

真正的真理是不能揭示的，这是近代以来对真理的基本态度。约翰·密尔顿在《论出版自由》中就对真理的这一性质做了很透彻的论述。英国资产阶级革命时期，约翰·密尔顿的思想很具有代表性。他是这样认为的：真理像碎片一样，要认识真理是很难的，而且我们也不能承受真理之

---

① 在东方传统思想中也是如此，最具代表性的是中国儒家的"修身"观。
② 西塞罗：《论法律、论共和国》，王焕生译，中国政法大学出版社1997年版，第154页。
③ 西塞罗：《论法律、论共和国》，王焕生译，中国政法大学出版社1997年版，第193页。
④ 柏拉图，《理想国》，郭斌和等译，商务印书馆1995年版，第六卷以下。

重，就像"不能明智地对待太阳，它就会让我们瞎眼"①。这也正是《圣经》上讲的："凡是看到上帝的人都瞎眼。"真理是"上天赐给我们光，不是要我们对着光注视，而是要我们利用光来发现我们还远不知道的东西"，而不是要压制，"他们是捣乱的人，是破坏团结的人。他们自己不注意寻找、又不让人家去寻找真理身上所缺乏的那些零星碎片"②。

这也是后来发展出来的相对真理与绝对真理的概念。真理具有的不可认识性成为近代思想的共识。其实，中国传统思想中也有类似的思想，如老子的"道可道，非常道，名可名，非常名"就是典型。离开了真理的可明确性和不完全的可知性，原有的自然法思想和古典的基于真理或是自然法的法治思想就会成为问题，法治思想的合理性和正当性就成为疑问。如果法治不能成立，成为社会生活的基础或是标准，必须寻找一个新的基础。

西方哲学思想的发展也从真理论发展到认识论，进而发展到语言哲

---

①　《圣经·旧约·出埃及记》33：20。原文为：又说："你不能看见我的面，因为人见我的面不能存活。"

②　约翰·密尔顿对这一问题的论述在西方思想发展史上堪称经典，引用者甚多。"诚然，真理……其形态十分完美而灿烂夺目，但当圣主升天而使徒们又已长眠之后，这时就兴起了一个恶毒的欺骗民族。他们就像埃及的泰丰及其同谋者对待善良的奥西斯一样，他们把圣洁的真理拿来，把她可爱的形体砍成千万个碎片四散抛开。从那以后，可悲的真理的友人，凡是敢于挺身而出的，都像易西斯寻找奥西斯的零碎尸体一样，四处奔跑，一块一块地拼凑起来，就像能全部找到似的……我们还没有全部找到，在圣主再次降临以前，也不可能全都找到。唯有圣主才能把每一个关节和每一个部分拼凑起来，再铸成永生不死的美妙而完善的形象。我们不要让这种可怜到处妨碍和阻挠继续寻找真理并继续对殉道的圣者举行葬礼的人。我们对于光明感到骄傲，但如果我们不能明智地对待太阳，它就会让我们瞎眼。比方说，常被燃烧的行星，和亮度极大、随同太阳上升下降、直到它们相对地运动到天空某一个部位而在早晚可见的两颗星，在白天又有谁能分辨呢？因此，上天赐给我们光，不是要我们对着光注视，而是要我们利用光来发现我们还远不知道的东西。我们之所以能成为一个快乐的民族，并不是由于我们脱下了教士的道袍，取消了主教的法冠，并把它们从长老会信徒的肩上除下去，绝不是这样；如果教会以及政治经济生活中的大事没有加以审查和改革，那便是因为我们长久地注视了齐文格里和加尔文两人的灯塔所发出的光芒，使我们什么也看不见了。有人经常抱怨教派，并认为任何人只要是放弃了自己的箴言就是一个极大的灾难，其实只是由于他们自己骄傲无知才会这样庸人自扰。他们既不能虚心听取人家的意见，又不能说服人家，而只是把所有在他们纲领中找不到的东西一律压制下去。试据我们已知的东西来寻求未知的东西，将我们找到的真理结合到真理身上去（因为真理的身体是本质相同而且比例相称的），这就是神学和数学中的金科玉律，这就能造成教会中最美满的和谐。这种和谐并不是冷漠的中立和内部支离破碎的思想在外表上强制的结合。"引自密尔顿：《论出版自由》，吴之椿译，商务印书馆1989年版，第38~39页。

学，不再纠缠于真理的认识。相应地，作为社会治理方式的法治也不可能再建立在真理的基础之上，而需要寻找一个新的基础，需要寻找社会中新的不变的基础。相应地，近代的自然法思想也不能再基于不变的真理或自然的基础之上，而需要有新的发展，这就是自然法思想从古典到近代的发展。

对于近代社会不变性的认识，有一点是基本的和共同的，那就是人的发展。文艺复兴之后，将人从神性中解放出来，给予人终极价值的意义。人的发展成为社会的基础和目标，人的发展成为社会不变的价值。① 但人需要如何发展在近代国家成为新的问题。近代国家的发展已大大地超出了城邦国家的范围，而成为民族国家。城邦国家中原来促进人的发展的机制，如直接民主、共和制度和公民思想都不能直接适用于近代民族国家。民族国家需要获得符合人的发展的政治与社会环境，就需要寻找新的出路。

三、寻求新的不变性（上）：基于人之自然性的基础——文艺复兴后人的解放与人的能力的提升

文艺复兴的核心是人的解放，是将人性从神性中解放出来，使人性取代神性。原来是神性构成社会思想稳定性的基础，是社会不变和秩序的核心和基础，是社会道德的标准。文艺复兴之后，人性取代了神性，人性成了衡量社会和人的法则的标准和基础，成为社会不变和稳定的源泉。

休谟的《人性论》一书是这方面的典范和杰出代表。在休谟那里，判断力是人的知性，他对灵魂和人的人性都有详细的论述。人性具有同一性的特点，这是任何科学和社会科学的基础，也是法律的基础。"一旦被掌握了人性以后，我们在其他各方面就有希望轻而易举地取得胜利了。从这个岗位，我们可以扩展到征服那些和人生有较为密切关系的一切科学，然

---

① 其实，在古典自然法思想中，人的发展是自然秩序的必然的、有机的组成部分，正如前面西塞罗讲的，"人只有根据自然行事，才有真正的幸福。"

后就可以悠闲地去更为充分地发现那些纯粹是好奇心的对象。任何重要问题解决的关键无不包括在关于人的科学之中；在我们没有熟悉这门科学之前，任何问题都不能得到确实的解决。因此，在试图说明人性原理的时候，我们实际上就是在提出一个建立在几乎是全新的基础上的完整的科学体系，而这个基础也正是一切科学唯一稳固的基础。"① "显然，一切科学对于人性总是或多或少地有些关系，任何学科不论似乎与人性离得多远，它们总会通过这样或那样的途径回到人性。即使数学、自然哲学和自然宗教，也都是在某种程度上依靠于人的科学；因为这些科学是在人类的认识范围之内，并且是根据他的能力和官能而被判断的。如果人们彻底认识了人类的范围和能力，能够说明我们所运用的观念的性质，以及我们在作推理时的心理作用的性质，那么我们就无法断言，我们在这些科学中将会作出多么大的变化和改进。"②

那么，人性包括哪些方面呢？按照休谟的说法，人性包括三个方面，一是知性，二是感觉，三是道德。从人的自然性来进行人性的探讨是休谟论证的基本特点。③

近代以来，对人性的讨论是怎样一个状况，以及法律是如何围绕着这些基础展开的，以及法治是如何建立在这些他们认为不变的基础之上的？也正是在这个基础上，他们得出了不可怀疑的、不可转移的和不可否认的人的基本权利。我们往往认为它们是唯心主义的产物，但是，如果对他们的体系做详细的了解之后，会发现，我们对于西方法治思想的批判过于粗糙，我们在没有认识清楚之前就开始了批评。

自然人、自然权利、自然状态都是围绕自然展开的。自然在近代社会中具有相当重要的意义。对近代社会具有奠基性意义的思想家，无论是主

① 休谟：《人性论》，关文运译，商务印书馆 1980 年版，引论，第 7~8 页。
② 休谟：《人性论》，关文运译，商务印书馆 1980 年版，引论，第 6 页。
③ 具体而言，包括三个方面，一是人的自然性，二是判断力，三是美德。这是人不变的基础。其实，早在古罗马时期，对人的探讨也是着重于这三个方面，这是西方长期以来的传统，西塞罗就讲过，人与神在三个方面是共通的，一是理性，二是灵魂，三是自然，其实，他们基本的含义是共同的。

张人性本善的洛克，还是主张人性本恶的霍布斯，他们的基本出发点都是人的自然状态。我们可以看出，尽管观点不同，但他们对人的自然状态的看法有一点是共同的，那就是在自然状态下，人的权利是完整的。近代以来，对自然有一种近乎崇拜的观念，如对自然规律的强调，人作为自然的一部分，当然也需要遵守自然规律。正如休谟所说的，"自然借着一种绝对而不可控制的必然性，不但决定我们要呼吸和感觉，而且也决定我们要进行判断"①。近代思想家都是从人的自然性出发寻求人的理性与道德的根源，并在此基础上建立了近现代社会。所以，人性在现代社会具有非常重要的影响力。休谟从人的自然性出发来论证人的本性，从人的知觉出发，即观念与印象出发寻求社会中的人性以及政治社会的起源。亚当·斯密论证市场经济也是从人的自然心理出发，即从人的自私心与同情心来论证市场经济。② 霍布斯、洛克等近代思想家，以及现代的罗尔斯、诺齐克等，都从人的自然状态出发来展开自己的论证。

从这些思想家对人的自然状态的分析中我们可以看出，尽管观点不同，但有一些基本的前提和思路是相同的。

第一，人的自然才能是不可规定的。人到底有多少才能，有多少能量，这是不能规定的，这也使法律规定人的能力，给人分等级成为不可能，即法律不能规定人的精神领域。这就是后来近代自由主义思想的基础。如密尔顿的《论出版自由》、约翰·密尔的《论自由》对人的描述就是这一方面的典型。近现代的科学也在相当程度上对人的自然状态提供了科学依据。

第二，人的能力是不可规定、不可诉说的，却是可以感知的。如果不可规定，又不可感知，或者只是极少数人有这方面的能力，这也不能成为人的共性。世界上流传下来的各个文明以及各个文明的宗教都是宣扬这一方面的道理。如中国古代的愚公移山、铁杵磨成针、水滴石穿等都说明这

---

① 休谟：《人性论》，关文运译，商务印书馆 1980 年版，第 7~8 页。
② 亚当·斯密：《道德情操论》，蒋自强等译，商务印书馆 1997 年版，第 312 页。

个道理。①

第三，社会培养人的才能。在这方面，亚当·斯密得到了非常好的发挥，其实，在古希腊时期，对于人在社会中才能发展自己的才能在伯里克利时期就得了很好地发挥。伯里克利（公元前495—前429）在《纪念雅典阵亡将士的演讲》中指出："我们依赖我们与生俱来的促使我们付诸行动的爱国热忱。""承认贫穷并不可耻，无力摆脱贫穷才真正可耻。""我们不认为言论会妨碍行动，而认为在未经辩论并作好充分准备之前，不应贸然行动。"这在西方是非常典型的思想传统。

第四，国家需要保障人的自然才能、自然感情和自然能力，即天赋人权。也就是人生下来成为人，就具有了这方面的权能，而不是其他。这后来演变为自然人思想，以及政治上天赋人权的思想。

四、寻求新的不变性（中）：基于人的理性的基础——理性主义时代与以私法为中心的近现代法律

第二个近现代社会所寻找的不变性的基础是人的理性，也就是人的判断力。在人的自然状态与自然的思想之上，社会需要保持人的本性的第二个方面是人的理性，即人的判断力。那么，什么是人的判断力呢？这与人的能力来源于社会这一思想有关。也就是社会必须承担培养人才的使命。这是古希腊城邦国家的使命。这一命题在文艺复兴之后得到了发扬，也就是国家和社会制度，包括经济制度的设计，必须要能加强人的判断力，使人更具有判断力。这首先体现在私法中，即民法典的思想。之后在民主思想中也体现出来。那我们来看看，私法中是如何体现培养人的判断力的，我们在民主中又是如何培养人的判断力的？

---

① 如果不从实质出发，仅仅从现象分析，愚公、磨铁杵的老太都是些愚不可及的人。但就精神实质而言，愚公宣扬的是即使被认为是万世不变的群山，只要人力持之以恒，也能撼动；磨铁杵的老太也是这样：铁杵与针这种不可能联系起来的东西，人力也能完成。水滴石穿等故事也告诉我们同样的道理：世界上最弱的雨水与最坚硬的石头，只要持之以恒，终可克服，以此来揭示人的潜能之巨大与发挥这种潜能的方法。

最典型的是契约法对人的要求。近代社会首先确定下来的是民法典，这是近代社会法治的基础。而契约在私法中是一个非常重要的概念。契约思想的实质是什么呢？契约从本质上讲是任意性条款，最根本的原则是当事人的意思自治，这是它的基本原则。按理说，强调意思自治的法律应该是比较简单的，但是它却是民法典中比较复杂的法律之一。契约法强调以下思想。

1. 人与人之间的关系都是可以明确的。《法国民法典》第四条规定："法律不能因为没有法律而拒绝审判。"也就是当事人之间肯定会有法律或依据，有具体条文的依具体条文，没有具体条文的依原则，没有原则的依精神，没有精神的依习惯。肯定可以找到依据。为什么会是这样呢？因为，在私法中有一个标准，那就是理性人标准，即一个人是判断力超群、一天二十四小时清楚的人。这其实已超出了一般的理性能力，人其实是有理性缺陷的，有判断力失误，有糊涂的时候，但一个人不能因为不清楚或是糊涂而否定自己承诺的合同的效力。法律的标准是比较高的，一个人如果因为判断力不行而破产，法律并不能因此偏袒他。

2. 人如果判断力不行，则不适应在这样一个法律中生存。即优胜劣汰机制。后来市场机制的发展也有其深刻的制度与思想基础。它提供了社会成员竞争之所，唯有挤压磨难，人的理性才能成长，人的内在潜力才会被激发。其实，市场机制与契约机制存在共通之处。

3. 契约法是任意性条款，也就是以当事人之间的意思自治为核心，而契约法在当事人之间意思表示不明确或是不完备的情况下发挥补充作用。也正是在这个意义上，包括契约法在内的私法法律被称为"生活的百科全书"。契约法完善的法律与意思自治是统一的，是帮助当事人实现意思自治。

正是在契约法中体现对当事人意思自治的承认，而且以当事人的意思自治为基础，这就对当事人的判断力提出了更高的要求。

五、寻求新的不变性（下）：基于美德的法治——近现代法治之精髓

　　法律需要保障人的本性，这也是近代法律的任务和使命。我们现在来看看现代法律是如何设计的。近代法律最早出现的是民法典，如 1804 年的《法国民法典》和 1900 年的《德国民法典》，这是法律法典化的标志性事件。

　　对人的道德的追求一直是法律制度的核心。私法对道德的重要体现之一是诚实信用。诚信原则是私法中最基本的原则，被称为"帝王条款"。而在判断力的训练中，谨慎也是属于人的美德的范围。

　　对于人的美德的要求是对于人的内在的要求，同时也强烈地表现在近现代的公法方面，尤其是近现代公法中"公民"思想的保留和发扬。公民思想来源于古希腊城邦国家的思想，是城邦强大的奥秘。在亚里士多德与西塞罗的著作中，对公民的强烈推崇是他们的政治学说与法律学说的出发点与归宿。① 而这一切均归因于契约在公法领域的适用，将契约精神运用到公法领域，从而形成"宪法"，体现了公法对人的精神的培养。

　　契约在公法中的全面应用是近代以后的事情。公法原来在古罗马中被认为是不适合研究的，古罗马法学家认为，"研究公法是危险的、无意义的。"② 所以，古罗马法学家基本上都是私法学家。但是公法在近代社会得到了极大的发展，这与契约法精神在公法领域的适用有相当大的关系。下面我们现在来看看契约在公法中是如何实现它的功能的。

　　对此，卢梭的作用是必须要提到的，正是他的《社会契约论》将契约思想引入公法领域。在这之前，国家与个人的关系尚不清晰。霍布斯在《利维坦》中就指出，国家像古希腊神话中的怪物——"利维坦"，能吞噬世界上的一切东西。国家是"人造的人"，是"人为的上帝"，也就是无所不能，无所不在。国家既然有这样性质，个人与国家的关系就不可能明确。马基雅维利也指出，国家的权能只要达到合理的目的，可以采取任

---

　　① 沈敏荣："市民社会的传统、演进与精神"，《首都法学论坛》，2006 年第 2 期。
　　② 古罗马法谚指出：公法易逝，私法长存。

何手段。国家与个人的关系肯定是搞不清楚的。那么，个人与国家的关系如何处理呢？卢梭在《社会契约论》中指出，国家与个人的关系是可以明确的，而不是不能明确的。卢梭论述的逻辑起点是原始状态和人的自然状态。

1. 在自然状态上，人的权利是完整的。人可以杀人，可以抢劫，可以偷窃等，这就是人的自然状态。但在这种自然状态下，人也受到各个方面的威胁：一是自然界的威胁，二是其他人的威胁。在这些威胁下，人的生命会受到威胁，人的寿命比较短，人的生活状态也不幸福，所以，人的完整权利并不能给人带来幸福，为了自身的安全、幸福和生活质量的提高，人们组成社会，成立国家，以保障自己的安全。

2. 个人与国家的逻辑起点是个人为了自身的安全、幸福和生活品质，而国家的权力来源于个人权利的让渡。国家受让了这些权利，就必须要保障人的这些权利。

3. 在个人与国家的契约关系中，有一些权利是不能让渡的，如人的信仰自由、言论自由、结社自由、接受公正审判的自由等，这与契约的思想是一致的。如一个人要求自己成为奴隶的契约肯定是无效的，有一些权利肯定是不能让渡的，这就是人之所以为人的那些权利，这也是"天赋人权"的确切含义，即不可怀疑的、不可转移的和不可否定的权利。这在后来宪政与宪法的思想中得到了充分的反映。上述思想在美国的《权利法案》中得到了明显的反映。麦迪逊（James Madison）对这一修正案的解释正是反映了这一思想。

个人与国家的关系在社会契约、宪政思想下得到了明确，个人的权利得到了保障，并且基于这种保障，个人成为公民，具有作为公民的基本权利。这就是近现代的公民思想。近代社会形成了以私法为基础的社会秩序，个人在社会中得到发展，在经济竞争中磨炼与发展自己的才能，培养自己的品格和美德。①

① 沈敏荣："市民社会的传统、演进与精神"，《首都法学论坛》，2006 年第 2 期。

六、法治与正义：不同的法治与不同的法治思想

关于人的思想是近代法治的核心和基础，因此，法律制度也有一个标准，如果背离了这个标准，就不是好的法治，这样的法律也不是好的法律，它只是具备了法律的形式而不具备法律的内涵，或者不具备法律的效力。这就是现代自然法思想。现代自然法的复兴正是基于这一标准和内涵，现代国际社会否定了纳粹德国与法西斯日本法律的正当性。[①] 亚当·斯密的市场经济思想更是在这种不变的基础上添加了内容，完善了近现代国家制度的基本思想，以及国家与个人关系的基本准则。

法治在形式上具有自身的独立性特点，如逻辑的同一性、体系的完备性、权威的终极性、适用的严格性和平等性等，但这一切都不能决定为什么人或是组成社会的人要将社会的治理权威托付给这样一个异于人的规则。法治之所以能够形成和成立，有其内在的思想基础，即社会中人有稳定性和不变性的要求，社会具有不变性和稳定性，而这正是法治的基础。如果法治脱离了这一基础和出发点，而仅仅以自身形式上的特点和对秩序的肯定寻求权威，肯定不是法治的真义。这种法治也不是社会需要的法治，更不是近代社会以来所肯定的法治。近现代社会以来，对法治的肯定其实是实现文艺复兴以来对人的肯定，是对人的肯定在社会制度方面的反映。从这个意义上，法律、法治与正义不可分离的，古典意义上的正义符合真理性，而近代意义上的正义则符合人的发展，也就是法律必须保障人的判断力、品德与人的舒适生活。如果法律不能起到这三个方面的作用，这个法律就与近代法治思想背道而驰，也就不符合近现代的正义。脱离了正义的法律就不是一个好的法律，这是第二次世界大战后形成的新的自然法思想，也是第二次世界大战之后形成的普遍的人的基本权利，也是《世界人权宣言》《政治权利与公民权利公约》《经济、社会和文化权利公约》

---

① 日本国内右翼对战犯问题的态度其实违背了现代社会的准则。

的出发点及其在国际社会得到普遍承认的原因。中国在现代化进程中，在法治建设过程中，对这一思想也是不断地肯定和接受。中国已成为或是正在谋求成为这些公约的成员国。

中国在法治建设过程中，借鉴的成分多于自然的成分，在法治进程中，对西方规则的移植多出于机械的方式，而没有寻求一种和谐的方式。规则与规则之间的矛盾与冲突相当频繁，基本的形式上的特点都没有具备，在思想上和法治基础上仍然存在欠缺。中国要形成法治模式，需要解决以下几个方面的问题。

第一，对人的价值和中国社会不变性价值的探寻。在中国改革开放进程中，中国社会不变性价值严重缺失。从对传统文化的批判，到对马克思主义的中国化、中国社会主义初级阶段思想的提出，其中还缺乏社会与组成社会的人的不变价值的寻求。渐进式改革的过程中最容易出现的是对固有价值的否定，形成双重价值和双重标准，这与法治思想根本上是背道而驰的。

第二，在社会与法律中培养人的品格。法律尽管只关注人的行为，而不关注人的内在世界，但近现代法律从整体制度设计上与人的品格的完善是分不开的。这也是自然人思想、自然权利应有的含义。在法律设计上是必须考虑的因素，而不仅是法律秩序。违背人的发展的法律是恶的法律，在这个基础上是不可能建立现代法治的。

第三，对私法价值的明确。法律是关于人与人之间的关系，包括物权法在内的私法必须明确这一点。从中国的物权法制度中就可以看出来，对人与物关系的强调超越了对人与人关系的强调。从中国制定物权法的民法学家的理论出发，强调的总是个人只有对私有物的关心才是社会稳定的基础。"无恒产无恒心。"只有爱护自己的财产，才能像爱护自己的眼睛一样。这种理论并没有揭示近现代私法的实质。人在社会中会受到哪些约束，这些约束是如何解决的，如果不揭示这些问题，而仅仅是从个人意义上来谈个人与私有物的关系，很难揭示近现代社会以私法为基础的法治模式。

第四，近现代的西方社会的法治是以私法为基础的，公法是受私法影响。而在中国，从国家的建国理念到制度的价值，都没有以私法为基础，而是以公共利益或是以共同价值为基础，市场经济仅仅是作为资源配置的最佳手段，私法和私权利只在符合公共秩序和经济发展的条件下得以运行和实现。这与近代以来民族国家条件下的法治思想存在出入。

第五，近代法治必须解决的是国家与个人的关系，以及秩序与个人价值的关系。这在西方社会的法治思想中，是以宪法与宪政的方式来解决的。而这种宪法与宪政是建立在社会契约的思想之上的，并以人的自然状态与自然权利为逻辑起点，以人的自然性作为基础。这也是我们经常批评西方的"人性论"的基础。确实，如果离开了这一基础，西方的法治思想就离开了根本，缺乏合理性，甚至合法性。

从法治思想的发展来看，它是基于这样一个思想，而且这种思想不论是古典的法治还是近现代的法治都是具备的。在人组成社会后，不论是城邦国家还是民族国家，应该是一个适合人的发展和才能培养与提高的社会，而不是压抑个性和磨灭个人才能的社会；在人组成社会后，确实出现了诸多阻碍个人发展的因素，而这些因素是社会必须克服的，有利于个人发展与才能提高的因素是社会必须保障甚至是创造的。唯有建立在这一基础之上的法律，才是正义的法律，才是适合人发展的法律，才是良法，同时也能保障社会与国家的强大。中国和谐社会思想的提出也体现了这一法治思想的基础，个人与社会的发展并不是冲突的，而应该是和谐的、共同的。在这一基础上，中国的法治理念与古典和近现代的法治思想在很多方面是相通的，这也是中国建立法治社会的基础。

第二节　从"义"到权利：从"力与利"走向"善与义"

20 世纪 80 年代中国开启的改革开放使得中国社会发生了脱胎换骨的变化，被禁锢的生产力得到了极大的释放，这场史无前例的改革得益于

"渐进式"的"摸着石头过河"的方式，本着试验、"不行再来"的思路一步步地促进中国经济的繁荣，"商品经济与计划经济相结合""有计划的商品经济""社会主义市场经济""社会主义初级阶段"都是在这一思路下逐步提出来的。随着生产力的发展，社会也从原来的单一分层向多元发展，社会的单一利益格局也向多元格局发展。

国内的一些学者提出"二次改革"的思想，其核心就是制度的"顶层设计"：改革不能再沿着原来"摸着石头过河"的方式，而是需要有总体制度设计，形成社会"共识"，让改革能够与社会的多元格局相适应。而这种对制度的总体设计就必须弄明白：社会中哪些是可以变的，哪些是不变的？哪些是需要改革的，哪些是需要维护的？社会稳定的基础是什么？

法律（Law）是现代社会稳定最为重要的基础之一，"Law"最本原的含义是"规律"，即社会不变的规则，这是现代法律的基础，也是为什么基础性法律（如民法、宪法）可以历经几十年、上百年不变的原因。这种"顶层设计"其实就是共识和法律基础的形成过程。而现代法律的核心思想是"权利"（Rights），即做应该做、正确的事情。与"顶层设计"直接相关的就是如何设定社会成员的"权利"，这些"权利"如何建立在社会不变性的基础之上。西方社会制度的成型正是建立在这一基础之上，如1804 年的《法国民法典》使法国顺利度过了大革命时期的动荡，被拿破仑誉为功被千秋，是法国制度稳定的基础。1787 年美国的《权利法案》以美国宪法修正案的形式成为美国社会共识形成和制度稳定的基础，成功地使美国度过19 世纪60 年代南北内战、20 世纪50 年代消除种族隔离所带来的社会动荡。

权利的形成能够让多元社会主体都有生存、发展的空间，是社会成员形成共识（common sense）的基础，而这正是社会顶层设计的基本内涵。

一、权利与 Rights：是误译？抑或误解？

"权利"是一个广泛应用的法律概念，西方没有像"权利""义务"那样的词汇。19 世纪中期，当美国学者丁韪良先生（W. A. P. Martin）和他的中国助手们把维顿（Wheaton）的《万国律例》（*Elements of International Law*）翻译成中文时，他们选择了"权利"这个古词来对译英文"rights"①，并说服朝廷接受它。之后日本也开始使用这个翻译。

"权利"一词在古代汉语里很早就有了，在传统意义上，"权利"是两个单字"权"与"利"的组合，即"权力"与"利益"，体现为一种力量和由这种力量带来的利益，其核心是力量，效果是利益。"权利"一词大体上是消极或贬义的，如"接之于声色、权利、愤怒、患险而观其能无离守也"；"或尚仁义，或务权利"，"君子知夫不全不粹之不足以为美也……是故权利不能倾也，群众不能移也。"② "稍争权利，更相。"③ "弃三万户而不受，辞权利而不居，可谓无欲矣。"④

自近代被用来翻译"rights"后，"权利"一词在中国逐渐成了一个褒义的至少是中性的词，并且被广泛使用。但在现代汉语中，"权利"一词的使用仍脱离不了传统理解的影响，被解释为"权能和利益"，或是"力量与利益"。权能是指权利能够得以实现的可能性，它并不要求权利的绝对实现，只是表明权利具有实现的现实可能；利益则是权利的另一主要表现形式，是权能现实化的结果。权能具有可能性，利益具有现实性。换句话说，权能是可以实现但未实现的利益；利益是被实现了的权能。权利有着应然权利和实然权利之分。或是指公民依法应享有的和/或者主体在法律规定的范围内，为满足其特定的利益而自主享有的权能和利益。⑤ 这相较于英文本义有相当大的差别。"right"有正当、合理、合法、合乎道德之义，比如，生存权利、生育权利、受教育的权利、宗教信仰的权利等，而并非"权力和利益"（power and profit）含义的复合，也不意味着任何牟取利

---

① 丁韪良（W. A. P. Martin）《万国公法》："虎哥以国使之权利，皆出于公议。"
② 《荀子·劝学》。
③ 《后汉书·董卓传》。
④ 《后汉书·崔浩》。
⑤ 引自"百度百科"，http：//baike.baidu.com.

益的权能（力）。因此，将权利简写为"权"，很容易造成权利和权力两词的混淆，而这两个词在英文本义上却很少有含义上的关联。

这种混淆不仅在法律领域，在一般的社会认知上也普遍存在。如百度百科所采取的定义是："权利一般是指法律赋予人实现其利益的一种力量。与义务相对应，法学的基本范畴之一，人权概念的核心词，法律规范的关键词。在家庭、社会、国家、国际关系中隐含或明示的最广泛、最实际的一个内容。从通常的角度看，权利是法律赋予权利主体作为或不作为的许可、认定及保障。"① 这种以"力"与"利"来理解"权利"，使得权利与正义、合理性、伦理、道德截然分开，人为地割裂了法律的伦理内涵，使得法律中重要的自然人、理性人、人格人的思想无法在法律思想中立足。在西方，法律是正义的学问的思想根深蒂固，而法律引入中国后，何为法律之"正义"甚少有人关注，"义"的思想一如既往的严重萎缩。20 世纪80 年代后，中国法律的发展很大程度上是奉行"拿来主义"，被西方社会法制与现代化的联结所吸引，认为简单地模仿或是移植法制就可以推导出现代化，这种幼稚的、简单化的认识完全忽视了法律内在的正义需求。所以，中国的法制发展很大程度上是秩序优于正义、形式优于实质、权力优于权利。法律并未发挥定分止争的作用，反而经常成为争夺权力、抢夺资源、滥用权力的遮羞布。"力"与"利"充斥着法律的认识、制定、执行与遵行。②

二、权利与传统：势与术的理解

以"力"（权能）与"利"（利益）代替"善"（正当）与"义"（正义）来解释"权利"（rights）并得广泛的认同，这与中国传统思想中对人的理解是分不开的。

孔子的"仁学"是中国传统思想的核心。仁学思想指出，人的发展路

---

① http://baike.baidu.com.
② 最高法院的奚晓明案、黄松有案，以及由此而牵涉到了很多问题，非常值得我们深思。

径，即人的根本力量源于人的内在潜力，人将这种力量发挥出来，需要在自身特点、兴趣、爱好的基础上（即"兴于诗"），做到"文质彬彬"，即内在的潜力与外在的能力能够完美地结合在一起（即"依于仁"），这样就可以实现"仁者不忧，勇者不惧，知者不虑"①。而要实现人的能力的提升，就需要建立在"美德"（virtues）的基础之上（即"据于德"），过有"德性"的生活。这种有"德性"的生活体现在生活的各个方面，就是"立于礼"，即从人的衣、食、住、行、言等各个方面的生活细节上体现出来。这就是孔子仁学所指出的在礼乐崩坏的大变动社会，如何建立"安身立命"、适合自身发展的应对之策与动力系统。②

但这种仁学的发展是"渐进式"的，这种有德性的生活并不能带来外在环境，尤其是财富的迅速改变，不能一蹴而就、立竿见影，虽然可以做到"士别三日，刮目相见"，但这是个人品格的改变，在实践效果上，伴随的可能是"贫困交加，食不饱腹"，"子曰：回也其庶乎。屡空。"③ 这考验的是一个人的信心、恒心与毅力，这正是曾子讲的"士不可以不弘毅，任重而道远"④。

大千世界无奇不有，尤其是大变动社会，各种压力蜂拥而至，让人应接不暇，会打乱个人的发展，让人踟蹰不前、犹豫不定，甚至丧失信心。这就需要人们在信心、恒心与毅力之外，还需要有智慧，知道在权变、变通中过有德性的生活，这就是仁学思想中非常重要的权变思想。正如孔子讲的"四毋"：毋意、毋必、毋固、毋我。⑤ "君子之于世也，无适也，无莫也，义之于比"，孟子曰："达则兼济天下，穷则独善其身"，"言不必信，行不必果，惟义所在"。这种"义"就是道义、正义，外加变通、权变之义，在荀子的思想中，这就是"术"，即"应变之法"。

---

① 《论语·先进》。
② 沈敏荣：《仁者无敌：仁的力量——大变动社会的生存之道》，人民出版社 2015 年版，第100 页。
③ 《论语·先进》。
④ 《论语·学而》。
⑤ 《论语·子罕》。

在这种应对中，君子的才能需要配以"势"，那他的作用就非常巨大了。"志意定乎内，礼节修乎朝，法则度量正乎官，忠信爱利形乎下。"① 君子只有有"势"了，才能行义于天下，"君子非得势以临之，则无由得开内焉"②，君子如果无法得到权势来统率民众，就无法开导、教育他们。"势"最直接的来源是"为政"，但是在乱世之中，"为政"的风险极大，乱世之中的为官居者都是些"污漫者"，即行为肮脏丑恶之人；都是些"贼乱者"，即为非作歹之徒；都是些"恣孳者"，即放纵情性之人；都是些"贪利者"，即贪图利益之人；都是些"触抵者"，即触犯法令之人；都是些"无礼义而唯权势之嗜者"，即不讲礼义而只知贪图权势之人。③ 与这些小人"仕士"同朝为官、同流合污，保守清廉的可能性极低。正是由于"为政"具有高风险，同时"为政"在荀子的思想中又具有非常重要的地位，由此，荀子指出需要掌握"持宠处位，终身不厌之术"，需要综合应用诸美德，灵活机动，进退自如。

荀子也指出了权变的底线，即得到这种"势"有一个原则，那就是需要以"义"为原则，因为在小人群居的乱世，运用"不义"的手段来得到"势"太具有诱惑性了。故荀子提出"义"和"势"相互配合，真正的君子是有所为，有所不为。最基本的原则是，"可杀而不可使为奸也"。④ 这一条是荀子反复强调的"为政"权变的底线，"行一不义，杀一

---

① 《荀子·儒效》。见王先谦撰：《荀子集解》，沈啸寰、王星贤点校，中华书局 1988 年版，第 120~121 页。

② 《荀子·荣辱》。见王先谦撰：《荀子集解》，沈啸寰、王星贤点校，中华书局 1988 年版，第 64 页。

③ 《荀子·非十二子》。原文为："今之所谓仕士者，污漫者也，贼乱者也，恣孳者也，贪利者也；触抵者也，无礼义而唯权埶之嗜者也。"见王先谦撰：《荀子集解》，沈啸寰、王星贤点校，中华书局，1988 年版，第 100~101 页。

④ 《荀子·仲尼》。原文为："持宠处位终身不厌之术：主尊贵之，则恭敬而僔；主信爱之，则谨慎而嗛；主专任之，则拘守而详；主安近之，则慎比而不邪；主疏远之，则全一而不倍；主损绌之，则恐惧而不怨。贵而不为夸，信而不处谦，任重而不敢专。财利至，则善而不及也，必将尽辞让之义，然后受。福事至则和而理，祸事至则静而理。富则施广，贫则用节。可贵可贱也，可富可贫也，可杀而不可使为奸也：是持宠处位终身不厌之术也。虽在贫穷徒处之埶，亦取象于是矣。夫是之谓吉人。"见王先谦撰：《荀子集解》，沈啸寰、王星贤点校，中华书局 1988 年版，第 109~110 页。

无罪，而得天下，不为也"①。权变之"术"是为了"仁"的实现，而不是背离"仁"。

法家的韩非、李斯师承荀子，荀子的"势"与"术"均被其所继承，大一统社会"内儒外法"的传统使得长期以来传统社会中"仁"与"义"的思想被打压和排挤，被模糊化和歧义化，"仁"与"义"的思想很大程度上被抛弃了。这就使得脱离了"义"的"势"与"术"成为统治之术，使得中国传统的"法律"仅仅是在"律"（统治之术）的意义上来应用，而未在"法"（不变规则）的意义上来应用。所以说权利解释成"权力"与"利益"在中国有很强的传统渊源。

三、权利的真义：正当与正义

"权利"的中文理解和"right"一词原意不合，"权利"一词从"rights"到"力"与"利"的变异不仅与我国的传统思想有关，也与权利本身的难以界定及过度使用有关。"权利"语言虽然源于西方，但权利文化现在已经成为一种全球现象。作为用来诉求和表达正义的方便而精巧的工具，权利语言提供了一种表述实践理性要求的途径。换言之，只要自己认为是合理、正当的需求，就可以称之为"权利"。作为其负面的结果，权利语言经常被滥用，关于权利及其含义的讨论也时常发生一些误解。②康德在谈及权利的定义时说，问一位法学家什么是权利就像问一位逻辑学家什么是真理那样会让他感到为难。③费因伯格认为，"给权利下一个正规的定义是不可能的，应该把权利看作是一个简单的，不可定义的，不可分析的原初概念。"这种语义上的权利不是一个可以用来构造法律关系的法学概念。

---

① 《荀子·儒效》。见王先谦撰：《荀子集解》，沈啸寰、王星贤点校，中华书局1988年版，第120页。

② 《牛津法律便览》中"权利"词条直截了当地把权利说成"一个严重地使用不当和使用过度的词汇"。

③ 康德：《法的形而上学原理——权利的科学》，沈叔平译，商务印书馆1991年版，第39页。

如何界定和解释"权利"一词，是法理学上一个很有意义的课题。因为权利是现代政治法律中的核心概念，无论什么样的学派或学者，都不可能绕过权利问题，相反，不同的学派或学者都可以通过界定和解释"权利"一词来阐述自己的主张，甚至确定其理论体系的原点。尽管权利难以界定，但其核心思想中的"善"（正当）与"义"（正义）是非常明显的。在《朗文英语词典》中，"rights"解释为，the political, social, and other advantages to which someone has a just claim, morality or legality。其核心是，这种"道德或法律上的正当诉求"必须针对全体社会成员，人的发展就会受到阻碍。因此，"权利"是对人正当发展的一种社会设计。①

"善"和"义"与社会制度的结合是西方的传统，其传统最早可追溯到希伯来文明亚伯拉罕（约公元前 2200 年）与摩西时代（约公元前 13 世纪）。《圣经·旧约》中的前五篇被称为摩西五经，其中的律法和传统成为西方法律传统的坚实基础。摩西是犹太教（Judaism）的创始者，在犹太教、基督教、伊斯兰教等宗教里都被认为是极为重要的。

《圣经》中的权利思想和基督教传统对近现代西方社会的形成产生了很大影响，具有深远意义。《旧约》的故事与大变动时代联系在一起，摩西如何能将被奴役了四百年的犹太人带出埃及，经历旷野，从而进入流着奶和蜜的迦南地，这其实是在讲述在大变动社会中人们如何生存、如何发展的"奇书"。在大变动时代，世界变动看来是非理性的，好人不得好报，坏人横行得意，世界充满了暴行，"没有义人，连一个也没有；没有明白的，没有寻求神的；都是偏离正路，一同变为无用。没有行善的，连一个也没有。他们的喉咙是敞开的坟墓，他们用舌头行诡诈，嘴唇里有虺蛇的毒气，满口是咒骂苦毒；杀人流血，他们的脚飞跑，所经过的路，便行残害暴虐的事。"② 从短期来看，这些好人没有好报的行径是非常不理性的，

---

① 这里被马克思表述为"人的解放与发展"，这正是现代社会发展的动力。见沈敏荣：《市民社会与法律精神——人的品格与制度变迁》，法律出版社 2008 年版，第 420 页。

② 《圣经·新约·罗马书》3：10～16。可参见沈敏荣：《仁者无敌：仁的力量——大变动社会的生存之道》，人民出版社 2015 年版，第 83 页。

但从长期来看，《旧约》将之归纳为"自作孽"，是人们毁灭的根本原因，自我拯救则可以走出层层迷雾，通达光明的彼岸。磨难对没有信仰的人是灭顶之灾，而对有信仰之人则是磨砺精神的场合。

对于这种"道"的认识以及对其程度与威力的认识并不是一时一刻能实现的，必须要有整体观、历史观，从历史上和整体上来认识"道"。这也正是摩西教导其族人的："（不要）忘记耶和华你的神，就是将你从埃及地为奴之家领出来的，引你经过那大而可怕的旷野。那里有火蛇、蝎子、干旱无水之地。他曾为你使水从坚硬的磐石中流出来，又在旷野将你列祖所不认识的吗哪①给你吃，是要苦练你、试验你，叫你终久享福。恐怕你心里说：'这货财是我力量、我能力得来的。'你要纪念耶和华你的神，因为得货财的力量是他给你的，为要坚定他向你列祖起誓所立的约，像今日一样。你若忘记耶和华你的神，随从别的神，侍奉敬拜，你们必定灭亡。这是我今日警戒你们的。"② 从长期经验来看，从"五百年为春、五百年为秋""五千年为春、五千年为秋"③ 来看，这种道是显而易见的，其强大的威力足以让我们生存或是灭亡。"你不要惧怕他们，要牢牢纪念耶和华你神向法老和埃及全地所行的事，就是你亲眼所看见的大试验、神迹、奇事，和大能的手，并伸出来的膀臂，都是耶和华你神领你出来所用的。"④

在大毁灭中，"出埃及记"中的摩西之所以能够成功地带领埃及人出埃及，也是基于敬畏"神"、遵循"道"，《旧约》教导的大变动的生存之道的首要原则是敬畏⑤。由此，《旧约》中最大的诫命就是"这是耶和华你们神所吩咐教训你们的诫命、律例、典章，使你们在所要过去得为业的

---

① 吗哪是《圣经》中的一种天降食物。古希伯来人在摩西带领下出埃及时，在40年的旷野生活中神赐给他们的神奇食物。

② 《旧约·申命记》，8：14~19。

③ 《庄子·逍遥游》。见沈敏荣：《仁者无敌：仁的力量——大变动社会的生存之道》，人民出版社2015年版，第39页。

④ 《旧约·申命记》，7：18~19。

⑤ 《圣经·旧约·申命记》，6：5~9；10：12~13；11：13；13：3~4；30：9。《圣经·新约·马太福音》，22：37~40。

地上遵行，好叫你和你子子孙孙一生敬畏耶和华你的神，谨守他的一切律例、诫命，就是我所吩咐你的，使你的日子得以长久。"① 这种"诫命、律例、典章"集中体现在摩西的 613 条律法（Law）上。这些律法都是必须遵循的，而非可选择的。"莫想我来要废掉律法和先知。我来不是要废掉，乃是要成全。我实在告诉你们，就是到天地都废去了，律法的一点一画也不能废去，都要成全。所以无论何人废掉这诫命中最小的一条，又教训人这样作，他在天国要称为最小的。但无论何人遵行这诫命，又教训人遵行，他在天国要称为大的。"② 这些律法不仅要牢记，而且也要成为日常生活的戒律，成为生命的有机组成部分。"这要在你手上作记号，在你额上作纪念，使耶和华的律法常在你口中，因为耶和华曾用大能的手将你从埃及领出来。"③ 正如摩西所说："我今日所警教你们的，你们都要放在心上，要吩咐你们的子孙谨守遵行这律法上的话。因为这不是虚空与你们无关的事，乃是你们的生命，在你们过约旦河要得为业的地上，必因这事日子得以长久。"④ "这律法书不可离开你的口，总要昼夜思想，好使你谨守遵行这书上所写的一切话。如此，你的道路就可以亨通，凡事顺利。"⑤

　　律法是固定的，但遵循是可选择的，遵循与否决定着生存与灭亡，遵行这些律法就能够获得永恒，不遵循则会灭亡。这正是摩西要告诉族人的，"看哪，我今日将生与福，死与祸，陈明在你面前。吩咐你爱耶和华你的神，遵行他的道，谨守他的诫命、律例、典章，使你可以存活，人数增多，耶和华你神就必在你所要进去为业的地上赐福与你。倘若你心里偏离不肯听从，却被勾引敬拜侍奉别的神，我今日明明告诉你们：你们必要灭亡，在你过约旦河进去得为业的地上，你的日子必不长久。我今日呼天唤地向你作见证，我将生死、祝福陈明在你面前，所以你要拣选生命，使

① 《旧约·申命记》，6：1~2。
② 《圣经·新约·马太福音》，5：17~19。
③ 《圣经·旧约·出埃及记》，13：9。
④ 《圣经·申命记》，32：45~47。
⑤ 《圣经·旧约·约书亚记》，1：8。

你和你的后裔都得存活；且爱耶和华你的神，听从他的话，专靠他，因为他是你的生命，你的日子长久也在乎他。"① 个人的抉择决定了个人的生死，也决定了民族的存亡，"你若听从耶和华你神的话，谨守这律法书上所写的诫命，律例，又尽心尽性归向耶和华你的神，他必使你手里所办的一切事，并你身所生的，牲畜所下的，地土所产的，都绰绰有余，因为耶和华必在喜悦你，降福于你，像从前喜悦你列祖一样。"② 而不可以不依道而行，"不可侍奉他们的神，因这必成为你的网罗。"③ "这书上所写律法的一切话是叫你敬畏耶和华你神可荣可畏的名。你若不谨守遵行，耶和华就必将奇灾，就是至大至长的灾，至重至久的病，加在你和你后裔的身上。"④

因此，权利的选择在于行为者，但是这种权利是固有的，在现代法制中，这些基本的权利表现为人固有的权利，不可剥夺、不可让与、不可减让，构成现代国家长治久安的基石。

四、回归义的权利：权衡与正当

人的基本权利是人固有的权利，按照这种权利来设计，社会必须给人提供恰当的成长环境，否则，社会将是个人发展的异化之所。法律是主观的设计，但是人的发展应遵循客观规律，如果法律的设计符合人的发展的规律，即被视为符合自然之法，在法律上体现为"自然法"思想。

那么，现代法律为什么不是以义务为主体，而是以权利为主体呢？这正体现了近代社会对人的发展的认识。

正如前面所分析的，中西方对人的发展的认识是相似的，都认为人的内在发展、内在潜力是人的力量之源，是足以对抗大变动社会的唯一、可靠的基础。但这种潜力的发挥不能一蹴而就，需要持之以恒，这种持之以

---

① 《圣经·旧约·申命记》，30：15~20。
② 《圣经·旧约·申命记》，30：9。
③ 《圣经·旧约·申命记》，7：16。
④ 《圣经·旧约·申命记》，28：59。

恒是人成功释放潜力的唯一途径。但持之以恒依靠自然之力难以完成，需要依靠理性的力量，即对真理（或"真道"，或人的"本性"）的认识，利用生存的智慧才可完成。

理性是需要训练的，这种训练除了自我训练外，还需要社会提供的训练。古希腊雅典时期就已认识到社会提供的共和国的训练是公民成长的必然基础。① 近代文艺复兴之后，马基雅维利、霍布斯对近代国家不能提供公民的训练场所忧心忡忡、痛心疾首，他们对民族国家、对社会成员异化的描述和分析震惊世人，之后，亚当·斯密所提出的市场经济和经济社会的思路正是为了解决这一问题。② 亚当·斯密提出的解决方案正是避开了民族国家政治社会对人的扭曲，而提出了在经济社会，在分工与交易中发展和训练社会成员，给社会成员充分的选择权，让其在判断和交易中发挥自然禀赋，从而形成自身的绝对比较优势。基于绝对比较优势的交易必然会促进社会总体福利的提升，人的自私自利的行为最终促进了社会整体的进步，这正是亚当·斯密整体思想的精髓，也构成了近代社会以权利为本位的法律制度体系。

一开始是从伦理的角度来界定权利的。一般说来，18 和 19 世纪的法学家们强调的是伦理因素，如格劳秀斯把权利看作"道德资格"，斯宾诺莎等人将自由看作权利的本质，或者认为权利就是自由。这种近代社会以自然选择为基础的权利观，以人的利益作为中介，以人对自我利益的关注为支点来构建整个法律体系，从而形成以"私法"为中心的近代法律体系。近代法律体系一改亚里士多德所构建的共和国以"道德"为中介的，以"公法"和"义务"为基础的法律体系，形成以"私法"和自由选择的"权利"为中心，以"利益"为媒介的法律模式。

法律实证主义把权利置于现实的利益关系来理解，并侧重于从实在法

---

① 亚里士多德：《政治学》，吴寿彭译，商务印书馆 1996 年版，第 120 页。还可参考沈敏荣：《市民社会与法律精神——人的品格与制度变迁》，法律出版社 2008 年版，第 286 页。

② 沈敏荣：《市民社会与法律精神——人的品格与制度变迁》，法律出版社 2008 年版，第 55 页。

的角度来解释权利。德国法学家耶林使人们注意到权利背后的利益。他说，权利就是受到法律保护的利益。同时，不是所有的利益都是权利，只有为法律承认和保障的利益才是权利。功利主义者认为，由社会功利规定全部的权利和义务，权利的实质是普遍的功利。这样，权利就与财产神圣不可侵犯、契约自由、意思自治联系在一起。康德用"自由"来解说权利，他的自由概念与霍布斯很不相同。严格说来，康德对"权利"的定义是不限于意志自由的，他很重视人与人的协调共存。黑格尔指出："一般说，权利的基础是精神，它们的确定地位和出发点是意志。意志是自由的，所以意志既是权利的实质又是权利的目标，而权利体系则是已成现实的。"这些解释都是将权利看作人基于道德上的理由或超验根据所应该享有之物，虽然也涉及利益，如拥有某物或做某事，但并不以利益本身为基点。

这种近代法律对权利的设计将人的理性训练放在社会制度设计的核心位置。虽然形式上是"利益"的选择，但通过这种利益的选择，将自私自利的行为转化为对自身利益的关注，转化为审慎的美德，进而通过理性的训练促进人整体品格的提升。因此，近代社会的权利所体现的自由并不是一种可以做或是不可以做的选择，而是社会给予个人充分的发展空间，将政治社会对人的成长的干扰降到最低（最小政府理论），个人借着这个空间完成自身理性的训练，进而完成自身绝对比较优势的累积，完成自身的蜕变过程。这是市场经济的道德和伦理基础。

近代的权利从形式上看是一种充分自由的选择权，是对国家权力的限定；但是对个人而言，并不是可选可不选的自由，而是社会提供的空间，个人必须要借着这一空间完成自身的发展，而且这种发展不是别人的事务，必须是自身完成的与生俱来的使命。对人的要求仍是"士不可以不弘毅，任重而道远"。因此，对个体而言，权利体现为"权衡"和"利益"，个人必须要做出的正确权衡，个人的命运由自身的一次次选择决定，为了达到个体发展之"善"——这一个体发展的"大利"，个人必须要做出权衡与判断。个人的选择必须遵循个人的发展路径，这又回到了个人发展的客观规律上了。个人的发展需要遵循"美德"，这是个人潜力发挥的必然路径，但是这些"美德"只是一种普遍的认识，每个人的自然禀赋、成长环境、个人资质、理性能力、兴趣爱好等均各不相同，个人的发展路径也各不相同，因此，各人选择的成长路径也各不相同，对于不同的"德"会有选择和偏重。在激烈的市场竞争条件下，很难将众多的"德"同时实现，这时候就面临着取舍、选择的问题。正如孔子讲的，"君子之于天下也，无适也，无莫也，义之与比。"；也正如荀子所指出的，"知通乎大道，应变而不穷"①，能够做到"与时迁徙，与世偃仰，千举万变，其道一也"。②

在中国传统思想中，诸子百家在仁、德的问题上分歧不大，在人的潜力、德性、美德上分歧也不大，但是在如何实现、如何实践上分歧就出现了。孟子认为，应该从自身心性出发，这是应有之义；而荀子认为，应该从义之"术"与"势"出发，从而有性善与性恶的分野，法家后来对"术"与"势"的思想做了充分地发展；而墨家认为，应该从兄弟之义出发，从而在孔子仁学的基础上发展出一套完全不同的人的发展路径；道家认为，应该遵从人的自然属性和人的自然路径，不应该背离人的自然之路，在身份认同上异化。但是在用"义"来弥补"德"的不足这一点上，各家又是惊人的相似，只是对"义"赋予了不同的意思。

因此，"权利"对国家而言是自由的空间；对个人而言，是个人在发展中必须要进行的选择，这种选择将决定自己的命运。因此，如何选择就成为个人关注的焦点。而"义"正是提供了个人在激烈竞争、变动情况下不得不为的选择的准则。近代的权利学说对个体而言是一种"义"的学说。

---

① 《荀子·哀公》。
② 《荀子·儒效》。

五、不得不为的权利：用义的思想重构权利

美国宪法之父杰斐逊指出，《权利法案》并不是一种选择性，而是一种人与生俱来的权利的宣告，即使是民主政府也不得剥夺之。[1] 美国最高法院大法官路易斯·D. 布兰代斯（Louis D. Brandeis）也指出，"……他们相信自由是幸福的秘密，勇气是自由的秘密。他们自由地去思考与发言是发现与传播政治真理的必要手段……他们相信对自由最大的威胁是一群愚钝的民众；他们相信参与对公共事务的讨论是一项政治义务。这应该是美国政府的一项基本原则。……"[2] 理性在选择中成长，理性在磨砺中成熟，人需要什么样的选择训练就构成现代权利学说的基础。

"德行"是人的"常安之术"，但是人世间，非常态比比皆是，而且如果不能处理好非常态的情况，会干扰常态下个人的发展。由此，"德"与"义"应并重。但长期以来，"义"的含义不明，"一人一义"成为常态[3]，这正是中华文明陷入危机的根本原因。弘扬传统文化，关键在于重新发现"义"。这也是重构现代权利学说的基石。

（一）"义"的基本内涵

这需要从"义"出现的原因上来理解。"义"是弥补"德"的不足，而美德的出现在于人的发展。因此，"义"最基本的含义是需要符合"人的发展"。"义"最本原的解释是"事物的本来含义"，是透过现象揭示事

---

① James Madison, Proposed Amendments to the Constitution, June 8, 1789.

② MR. JUSTICE BRANDEIS, Whitney v. California. "Those who won our independence believed that the final end of the State was to make men free to develop their faculties… They believed liberty to be the secret of happiness and courage to be the secret of liberty. They believed that freedom to think as you will and to speak as you think are means indispensable to the discovery and spread of political truth; that without free speech and assembly discussion would be futile; that with them, discussion affords ordinarily adequate protection against the dissemination of noxious doctrine; that the greatest menace to freedom is an inert people; that public discussion is a political duty; and that this should be a fundamental principle of the American government…"

③ 恒占伟：《在观念与思想之间：先秦义范畴的生成》，河南大学博士论文，2014，第1页。文中指出："整体上看，基于哲学和伦理学方法的研究较多，基于历史学方法的研究还较为薄弱；不少成果是对义观念或义思想某些侧面的'萃取'式研究，对二者的过渡、转换、融汇和各自的发展、演变规律的深入研究还很欠缺；另外，对义范畴的独立性研究也不够深入，基本上是将其作为一个依附性概念去认识和看待的。"

物的本质。如我们一般使用的成语，读书百遍，其义自见；意义深长；言简义丰等。① 因此，在语言使用上，"义"直接与最终价值相联系，如"仁义""道义""真义"等。"义"是指事物最本质的含义、事物的本来面目。也就是需要符合"身份正义"，不能脱离"德"与"仁"这些人发展的共同基础，不能存在"异化"。"义"的这些本来的含义是我们在日常生活中必须要践行的，因此，"义"就引申为"必须要做的事情""必须要有的行为""应该要行的事"，在英文中就是"righteousness"。我们中文将"rights"翻译成"权利"，其实，"rights"对应的应该是中文的"义"。在我们的日常生活中，这一思想得到了切实地反映，如我们所使用的成语，大量是在这个意义上使用，如见义勇为、向风慕义、仗义执言等。②

正是在这一意义上，现代社会建立起自然权利的思想，即人之所以为人，有内在的品德和内在的要求，这些要求构成了自然权利的内涵。这些权利被视为与人的属性相生相伴，不可剥夺、不可减损、不可让与。这就是现代社会公民的基本权利与自由，私法中的自然人及其基本权利思想成为现代法制的基石。

（二）"义"的功能

义的功能即过程义，即"义"可以修正各种德，"义"的权宜、变化的标准首当其冲的是需要处理好其与财、利的关系。孔子就曾说过："富与贵，是人之所欲也；不以其道得之，不处也。贫与贱，是人之所恶也；不以其道去之，不去也。"③ "义"体现为获得财富的正当性，甚至超越了生命的重要性，在"义"与生命发生冲突时，舍生而取义。"就义"通常理解为"牺牲"，如轻身重义、慷慨赴义、仗节死义、捐身殉义等。

---

① 其他还有词不达义、引喻失义、旁文剩义、拘文牵义、开宗明义、精义人神、孤文只义、毫无疑义、言不及义。

② 其他还有见义当为、见义必为、负气仗义、计行虑义、义无旋踵、义无反顾、侠肝义胆、多情多义、慷慨仗义、义无反顾、急公好义、忠肝义胆、忠驱义感、反经合义、义愤填膺、乐善好义、薄情无义、无情无义、恩断义绝、春秋无义战、多行不义必自毙等。

③ 《论语·里仁》。

不义之财不可取，这在我们的日常用语中很常见，如疏财仗义、利不亏义、贪利忘义、重财轻义等。现代社会给利益留下了巨大的空间，正是正视人的自然本性，给人的欲望以正道而得了正当利益，并以基本权利的形式予以保障，个人获取财富的通道完全畅通无阻——通过自由竞争和意思自治，法律以契约法、公平交易法（竞争法）保障之。同时，法律设置了"义"的底线，即正当性要求，"不义之财不可得"，即不当得利制度；依正道而获取财产，"诺言"是契约的基础，诚信是契约关系的帝王原则；是否不合理地阻碍竞争成为竞争法干预的标准，"正当性"成为交易规则的灵魂。这正是"富与贵，不以其道得之，不处也；贫与贱，不以其道去之，不去也"的充分体现。

（三）"义"与实质正义

选择、取舍必须要与人生的终极价值一致，即需要符合实质正义。在人的发展中，讲究道德的过程经常与外在环境产生偏差，这就需要用终极价值来纠正偏差，支持权变，即"义"直接求助于"道""仁""真理"这些终极价值，以指导我们的日常行为、困难时的抉择，以及如何圆通变化。由此，"义"常与"道""仁"共同使用，保持一致，如道同义合、仁至义尽、沐仁浴义、含仁怀义等。

在日常用语中，"义"与这些终极价值一起使用很常见。我们的日常用语中，"义"往往以"正义""大义""道义""仁义""主义"的方式出现，如明公正义、微言大义、义正词严、天经地义等。这一层次的"义"是符合实质正义，即任何虚假合理的外表下，如果掩盖邪恶的目的，在"义"的标准下都会被推翻。这种对义的理解在现代市场经济的商业伦理得到了充分体现，商业伦理更多地不是"德"的伦理，而是"义"的伦理，是对德的权变、权宜变化的认识。它需要符合三项原则，一是符合身份之义，即商业竞争并不是一种异化的竞争，而是促进人的发展的竞争，它的过程并不是对竞争者身份的否定，"正直""诚实"都是在这个意义上实现的。二是过程正义，即符合商业环境的特点，如公司法中提出的商业判断规则、竞争法中的"商业道德"都是在这一意义上，商业竞争的伦理体系与我们日常生活的道德标准是不同的。三是实质正义，即不以虚假的合理外表掩盖不合理的意图或是目的。因此，商业伦理更大的意义上符合伦理中"义"的内涵，而非"德"的内涵。

"义"的伦理构成了现代权利思想的基石，"善"与"义"是权利的核心内容，权利不是可有可无的摆设，而是人之所以为人的基础，是现代社会制度的基础。在现代权利思想中，"义"的伦理具有不可替代的作用。在人的发展的伦理体系中，"义"的重要性不逊于"德"，甚至超过了"德"。光讲"德"，不讲"义"，"德"就会流于表面，没有权衡、变动的"德"，只能做到不知环境、变化的美德，在孔子的世界中只是"小人"，不能在变动社会中立足。而变动性已是现代社会制度设计的基本特点：政治社会中的政党竞争与普遍选举，经济社会中的市场竞争，都将这种变动性设计为社会常态，因此，"义"成为社会选择的基本准则和社会成员的伦理基础，"因信称义"是西方精神世界中的核心。当为而不为，或是胡乱作为，都是现代社会人的发展模式需要杜绝和排斥的。①

中国长期的大一统社会传统使得社会中的垄断因素大于竞争因素，社会中畸形地强调"德"而忽视"义"，思想界的"迂腐之气"喧嚣尘上。② 进入到近代的大变动社会之后，对自身的盲目自信、故步自封的"迂腐之气"迅速演变为"暴戾之气"和对自身的全盘否定（包括全盘西化），对西方的盲目崇拜，社会弥漫着普遍的"功利主义"。这种精神世界必难以支撑起传统与民族的复兴。社会良知、民族脊梁、国民骨气都是建立在坚实的"义"的伦理基础之上的，现代中国的道德乱象、秩序紊乱也只有在"义"的基础上才能寻求最终的解决，其中就包括权利思想。

---

① 沈敏荣：《市民社会与法律精神——人的品格与制度变迁》，法律出版社 2008 年版，第 213 页。

② 沈敏荣：《市民社会与法律精神——人的品格与制度变迁》，法律出版社 2008 年版，第 180 页以下。

第三节　义的实现：现代法律的伦理基础

亚当·斯密在《国富论》中设计的市场经济的出发点是"人的解放与人的发展"。① 追求自利和以个人幸福为导向，即使参与者个体没有认识社会整体和并非善意，也能够带来社会整体福利的提升，这一划时代的发现大大缓解了人的天性与社会合作之间的冲突，也被视为市场经济中个人利益与整体利益和谐共存的普遍原则。② 随着亚当·斯密和现代经济学的创立，这一最初的图景达到了高潮，同时，市场的道德性也失去其光芒。③ 马克思对资本主义政治经济学的批判就是回到亚当·斯密的道德起点，重新以"人的解放与发展"来审视整体社会制度设计。这一视角对中国现今转型社会的市场化改革和市场经济法律极具指导意义。

在人的发展中，诚、信、义是不可或缺的，不管哪种社会形态，无论是个人的发展还是社会制度的构建，都需要建立在此伦理价值基础之上。④ 这种社会制度和法律的道德性与中国深厚的传统渊源直接对接，给中国的制度建设提供了深厚的传统资源基础。

一、诚：个体发展的基础

中国的传统文化对"诚"有着深刻的认识，认为"诚者，天之道也，思诚者，人之道也"⑤，认为"诚"是天下事务的根本属性，努力求诚以达到合乎诚的境界则是为人之道。《中庸》认为，"诚者，物之终始，不诚无物"，即认为一切事物的存在皆依赖于"诚"。之所以将"诚"置于这

---

① 沈敏荣：《市民社会与法律精神——人的品格与制度变迁》，法律出版社 2008 年版，第 57 页。
② 米歇尔·鲍曼：《道德的市场》，肖君等译，中国社会科学出版社 2003 年版，第 7 页。
③ 米歇尔·鲍曼：《道德的市场》，肖君等译，中国社会科学出版社 2003 年版，第 4 页。
④ 孔子周游列国后，退而修《春秋》，中国历来重历史，其本意在于若以"五百年为春，五百年为秋"，或是"五千年为春，五千年为秋"（庄子《逍遥游》中语），人类内在之义就会昭然若揭。
⑤ 《孟子·离娄上》。

么高的地位，是因为"诚"能够让我们"认识真正的自己"，而自身的潜力正是我们真正的力量之源。确实，"诚"将人的力量之源转向了人自身，是对"己"本质的认识，是基于"利己"基础的认识。这种人身上所具有的无穷潜力是东西方社会传统的共识。① 如何获得这种力量之源，采取哪些具体的方法与策略，借助何种平台，这才是各种思想、学说的着力处。春秋战国时期诸子百家的分歧正在于此，东西方思想的分野也在于此。②

孔子指出，我们平常人身上有股神奇的力量，这种力量，只要我们发挥出来，就可以成就"仁者""大人"。③ 如果将这种力量发挥出来，可以实现"知者无虑，仁者无忧，勇者无惧"④，"我未见力不足者。盖有之矣，我未之见也。"⑤ 春秋时期，这种对人的潜力的认识基本上是诸子百家的共识，只是在实现路径上各家互不相同，从而形成不同的学派。战国时期的孟子、荀子也指出了这种力量。孟子指出，"吾善养吾浩然之气。……至大至刚；以直养而无害，则塞于天地之间。"⑥ 将这种力量发挥出来，可以实现"仁者无敌"。荀子更是指出，这种"无贵而富"的神奇力量，"……居则周静致下，动则綦高以巨。圆者中规，方者中矩。大参天地，德厚尧、禹。……往来惝忽，通于大神，出入甚极，莫知其门。天

---

① 正如希伯来人在《圣经》中所指出的，人是按照神的形象造出来的，具有掌管世间万物的权柄。现代的科学、心理学也认为人的潜力是无穷。如果我们能够将人的潜力都发挥出来，至少相当于人的现有能力的 3 万倍。也正是在这个意义上，人与人生而平等，因此，任何人的能力、家庭背景、财富、智力和经历，如果乘以三万分之一，都是微不足道的，而如果将这部分能力发挥出来，任何的困难都是微不足道的。正是人身上这种神奇的潜力，是人的真正力量之源，教育的目的在于让人能够找到并倚靠这种力量，而一个民族如果能够找到这个力量，就能够强盛并能够永远延续。

② 沈敏荣：《仁者无敌：仁的力量——大变动社会的生存之道》，人民出版社 2015 年版，第 148 页。

③ 《论语·述而》。原文为：子曰："仁远乎哉？我欲仁，斯仁至矣。"

④ 《论语·子罕》。

⑤ 《论语·里仁》。原文为：子曰："我未见好仁者，恶不仁者。好仁者，无以尚之；恶不仁者，其为仁矣，不使不仁者加乎其身。有能一日用其力于仁矣乎？我未见力不足者。盖有之矣，我未之见也。"

⑥ 《孟子·公孙丑上》，还可参见沈敏荣：《仁者无敌：仁的力量——大变动社会的生存之道》，人民出版社 2015 年版，第 45 页。

下失之则灭，得之则存。"① 如果将人的这种内在潜力发挥出来，就可以做到"至尊、至富、至重、至严"。② 所以，《礼记》指出，"诚者，自成也"，孟子指出，"反身而诚，乐莫大焉"③。《大学》更是将"诚"作为个人成长不可或缺的一环，"物格而后知至，知至而后意诚，意诚而后心正，心正而后身修……"

"诚"相对应的英文是"good faith"。"诚"是实现"承诺"，而"承诺"是市场经济基本法——契约法的基础。"诚"在民间社会的基本法制中也得到了充分反映。在契约法中，当事人共同达成的意思表示对当事人而言具有法律约束力，与法律处于同等的地位。在缔结合同的过程中，承诺扮演了非常重要和突出的地位。从"合同前义务"（pre‑contractual duty），英美法中的禁止反言（promissory estoppels），大陆法不可撤回的要约（firm offer or irrevocable offer）和英国法有"对价"（consideration）支持的"要约"，到自承诺（acceptance）时起契约生效，都可以看出"承诺"在契约法中扮演了非常重要的角色。④ 契约法为了保障当事人意思的实现，大量地以辅助法、任意法的方式来帮助当事人合意的实现，实现当事人的承诺。⑤ 除了契约法外，在西方法律传统中，"诚"也被赋予了很重要的地位，"good faith"成为整个私法秩序的基础，而它在公法秩序中也扮演了非常重要的角色。

二、信：应对复杂社会的基础

"诚"是个人发展的基础，可以"明心见性"。但现实世界是无奈和

---

　　① 《荀子·赋》，还可参见沈敏荣：《仁者无敌：仁的力量——大变动社会的生存之道》，人民出版社2015年版，第690~691页。

　　② 《荀子·儒效》，还可参见沈敏荣：《仁者无敌：仁的力量——大变动社会的生存之道》，人民出版社2015年版，第691页。

　　③ 《孟子·尽心上》。

　　④ Martin Hogg, *Promises and Contract Law*, Cambridge University Press, 2011, p177.

　　⑤ Stephen Waddams, Principle and Policy in Contract Law, Cambridge University Press, 2011, p58.

充满纷争的，常让人背离"真诚"，"世人皆醉我独醒"几乎是不可能的。孔子就指出了"君子群"的重要性，志同道合的人在一起，可以抵御世间的扭曲和纷争，使得真诚的人能够互相鼓励、互相促进，这正是孔子所讲的："以文会友，以友辅仁。"

"信任"是"君子群"建立和运作的基础，"君子矜而不争，群而不党。"① 因此，"信"是个人发展的基础，也是孔子仁学的重心之一。人与人之间的合作可以抵御世间诸多的无奈、烦恼和纷争，让人坚持真诚和善良。由此，曾子总结孔子仁学的实战经验并归纳为以"信"为中心的"三省"："吾日三省吾身，为人谋而不忠乎？与朋友交而不信乎？传不习乎？"② 在孔子的人生志向中，"朋友信之"是最基本的方面③，没有人与人的"信任"，人就不可能发展。子曰："人而无信，不知其可也。大车无輗，小车无軏，其何以行之哉？"④

"信"具有多重含义。第一，"信"是对"承诺"（promises）的践行，是自身语言的兑现，"言必信，行必果"，是在日常生活中训练自身理性的最好平台。在孔子的仁学中，将外在的"文"与内在的"质"结合起来，实现"文质彬彬"，是个人实现"大人"目标的"君子之道"。⑤ "子曰：君子义以为质，礼以行之，孙以出之，信以成之。君子哉！"⑥ "信"是个人成长的基础，没有"忠信"是"无明"，是"迷惑"，是"生死"逻辑的混乱。⑦

第二，"信"是"君子群"的基础，是"日常交往互动的必要基础"，"是使个体能够适应复杂的社会环境的一种简化策略，并因此从不断增加

---

① 《论语·卫灵公》。
② 《论语·学而》。
③ 《论语·公冶长》。原文为：子路曰："愿闻子之志。"子曰："老者安之，朋友信之，少者怀之。"
④ 《论语·为政》。
⑤ 《论语·雍也》。原文为：子曰："质胜文则野，文胜质则史。文质彬彬，然后君子。"
⑥ 《论语·卫灵公》。
⑦ 《论语·颜渊》。原文为：子张问崇德辨惑。子曰：主忠信，徙义，崇德也。爱之欲其生，恶之欲其死。既欲其生，又欲其死，是惑也。

的机会中获益"①。"离开了人们之间的一般性信任，社会自身将变成一盘散沙，因为几乎很少有什么关系不是建立在对他人确定的认知上。"② 现代社会学家福山指出，"所谓信任，是在一个团体之中，成员对彼此常态、诚实、合作行为的期待，基础是社会成员共同拥有的规范，以及对个体隶属于那个社团的角色"。③

第三，"信"只有在"诚"的基础上才能展开。"信任狭义上是对个体的美德的信任"，"只有当个体能够令人信服地向其伙伴显示自己拥有的美德时，拥有美德才能对个体及其伙伴有益。如果出现相互拥有美德是成功合作的前提的情形，两种利益就统一在行为者一人身上。"④

第四，信任而生出忠诚，有了"忠诚"，才有合作的确定性，"信任是合作的代名词"⑤。在孔子那里，"忠"与"信"并用，"子曰：主忠信，毋友不如己者，过则勿惮改。"（《论语·子罕》）"子张问崇德辨惑。子曰：主忠信，徙义，崇德也。"（《论语·颜渊》）"子张问行。子曰：言忠信，行笃敬，虽蛮貊之邦，行矣。言不忠信，行不笃敬，虽州里，行乎哉？"（《论语·卫灵公》）

第五，信是基于对"道"或"仁"或"真理"的认同，进而是对自我"君子"身份的认同。正是在美德上抓住"信"这一根本，在实践上抓住"好学"这一根本，才能真正地具备变动社会的生存智慧，再配以权变之义，人才能立于世，实现在变动社会的"人能弘道"，这也正是孔子所归纳的："子曰：笃信好学，守死善道。危邦不入，乱邦不居。天下有道则见，无道则隐。邦有道，贫且贱焉，耻也；邦无道，富且贵焉，耻

---

① 转引自翟学伟、薛天山主编：《社会信任：理论及其应用》，中国人民大学出版社 2014 年版，第 9 页。

② 转引自翟学伟、薛天山主编：《社会信任：理论及其应用》，中国人民大学出版社 2014 年版，第 1 页。

③ 转引自翟学伟、薛天山主编：《社会信任：理论及其应用》，中国人民大学出版社 2014 年版，第 9 页。

④ 米歇尔·鲍曼：《道德的市场》，肖君等译，中国社会科学出版社 2003 年版，第 383 页。

⑤ 埃里克·尤斯拉纳：《信任的道德基础》，张敦敏译，中国社会科学出版社 2006 年版，第 1 页。

也。"（《论语·泰伯》）"人而无信，不知其可也。"（《论语·为政》）

因此，在孔子的仁学理论中，"信"是"四教"之一①，"诚"与"信"是最基本的两个方面。"子曰：主忠信，毋友不如己者，过则勿惮改。"（《论语·子罕》）能够做到"信"，就具有了发挥自身潜力的基础。"子张问仁于孔子。孔子曰：'能行五者于天下，为仁矣。''请问之。'曰：'恭，宽，信，敏，惠……'"（《论语·阳货》）

"信"在英文中对应的是"trust"，个人的信任、公众的信任是近代法律的基础。人与人之间的信任使多人能够像一个人一样行事，有"共同的思想、共同的语言、共同的口音"，这是基督教传统的核心思想，"共识"（common sense）也是近代社会制度的核心。② 在经济社会的"法人"设计中，多人能够像自然人一样拥有民事权利，进行经济活动，具有独立的法律人格，同时能够通过有限责任将出资人排除在法人人格之外，使其具有自身独立的意思能力和行为能力。③ 商业法在很大程度上通过辅助法、任意法的功能实现合作者间的信任。英国 1844 年的《股份公司法》和 1855 年的《有限责任法》标志着近代公司法基本原则的确立，标志着从特权向民事权利的彻底转变，从公法人向私法人的转变，公司赋予了公司自治和章程自治，像契约法一样，出资人具有充分地安排公司结构的权力。公司法不再是行政强制法，而是商事赋权性法律，保障出资人之间及其与公司之间确立互相信任的关系。

三、义：权变之策的基础

有了个人修养，有了"君子群"的团队合作，似乎个人在社会中的发展就得到了满足，但是现实世界是纷繁复杂的，任何理论假设都显得有限和不足。一般情况下，"真诚"与"信任"显得充分和必要，但是在特殊

---

① 《论语·述而》。原文为：子以四教：文，行，忠，信。

② 沈敏荣：《仁者无敌：仁的力量——大变动社会的生存之道》，人民出版社 2015 年版。

③ James Taylor. *Creating Captalism*，*Joint-Stock Enterprise in British Politics and Culture* 1800～1870，The Boydell Press，2006，p135.

情况下，在巨大的变动中，权变显得尤为重要，任何机械地理论运用都不足以应对世间的险恶和危机，需要实现的是"权变"。但"权变"面临着背离出发点、背离基本原则的风险，因此，如何才能做到"化而不离其宗"，即"状变而实无别而为异者，谓之化"。（《荀子·正名》）

　　荀子就指出了这种权变的困难。荀子指出三种不易辨别的情况，一是"通忠之顺"，即表面上好像违背，但实质上做到遵从，如做到"争然后善"，即与人争辩，这好像是违背顺从之美德，但通过争辩使人明白事理，这才是真正的忠和善；"戾而后功"，即违背君主的命令才能为君主建功立业。二是"权险之平"，即从形式到实质都与美德相左，但在真正地实现了"道"和"仁"后，这就是"从道不从君，从义不从父"（《荀子·子道》）。具体的例子有"夺然后义""杀然后仁""上下易位然后贞"。① 三是通过加速恶而实现善，表面上好像是"做恶"，其实是"行善"。具体的例子有"祸乱之从声"（即"祸乱"产生之后加以放纵，使其达到不可收拾的地步）；"过而通情"（即人有过错而给予同情）；"和而无经"（即不讲任何原则地附和）；"不恤是非，无论曲宜"（即不顾是非，无论是非曲直适宜）；"偷合苟容"（即不顾原则地迎合君主来苟且保身）；"迷乱狂生"（即使本来狂妄荒诞的暴君更加迷乱无常）。这种将"恶"推向无可复加地步的行为本身不属于美德，但这种权变却促使了"恶"的消亡和"道"的实现。在这种权变中，就需要有一定的标准，这就是"义"，即"做正确的事"。在《论语》中，"义"是作为最终价值，具有纠正其他价值的作用。因此，"义"在所有的价值中具有最基础、最根本的作用。孟子甚至指出，"言不必信，行不必果，惟义所在"。因此，"义"必指向"真理"，提供终极的价值判断。在中国传统的"四维"（即礼、义、廉、耻）中，"义"是最重要的一个维度。

　　马克斯·韦伯对近代社会的分析指出，基督新教中的路德派和卡尔文

---

　　① 沈敏荣：《仁者无敌：仁的力量——大变动社会的生存之道》，人民出版社2015年版，第804页。

的"新教思想"对近代资本主义的形成具有决定性的作用。《圣经》的核心是思想是如何成就一个"义人"（righteous man），《旧约》是遵循613条摩西律法，《新约》是"因信称义"。"真理"（truth）在近代法律中具有举足轻重的作用，近代自然法的复兴以及现代自然法学的勃兴都体现了"真理"在近代法律制度形成及适用中的基础作用。权利是"rights"，即"做正确的事"，"义务"是"（真理告诉我们）必须要做的事情"，"law"最为根本的含义是"规律"，是永恒不变的，这也是近代社会法典化的基础。这些法言法语昭示了"义"在法律中的核心地位。

19世纪中叶后，在越来越强调多人合作的经济社会中，信义关系（fiduciary relationship）成为最基本的关系。[1] 这种关系要求行为方禀着诚实（honesty）、无私（selflessness）、正直（integrity）、忠诚（fidelity）、为他人的最大诚信（the utmost good faith in the interests of their beneficiaries）行事。[2] 这是一种"管家"（housekeeper）思想的延伸，即为了他人的最佳利益而行事。这其实是亚当·斯密市场经济设计的必然结论。"分工"是《国富论》的理论开端，人人基于分工而发展自身的后天能力，在分工中成就绝对比较优势。在发挥自己的绝对比较优势的过程中，自身的潜力得到了发展，由此而有哲学家和挑夫的差别。[3] 具有不同绝对比较优势的人在市场中通过合作来实现社会总体福利的提升，一是通过市场交易，二是通过经济合作。因此，在市场经济中，经济合作就是具有不同绝对比较优势的人之间的合作。合作者之间具有信息上的不对称性，如律师与当事人、教师与学生、经理人与股东、信托人与被信托人，这种信息上的不对称意味着双方地位的不平等，而不平等主体间的关系不能完全用契约关系来调整，而需要无私（selflessness）、勤勉（diligence）、技能（skill）、忠诚（loyalty）、信任（Trust），即诉诸诚、信、义的高标准，这是市场经济

---

① Leonard I. Rotman, Fiduciary Duty, Thomson Carswell, 2005, p57. 据Sealy教授考证，在19世纪中叶以前，"信义"一词都很少使用。

② Leonard I. Rotman, Fiduciary Duty, Thomson Carswell, 2005, p18.

③ 沈敏荣：《市民社会与法律精神——人的品格与制度变迁》，法律出版社2008年版。

法制的核心价值。

诚、信、义是个人在社会中发展的根本路径，也是社会组织的基本价值。社会组织如果脱离了这三项基本价值，肯定不再适合人的发展，霍布斯《利维坦》中的异化国家，马基雅维利《君王论》中的君王统治术，马克思《共产党宣言》中的资本主义，都不再适宜人的发展，需要改变的不是人，而是制度。

四、利己与利他：诚、信、义之上的制度设计

诚、信、义构成了个人发展与社会合作的基础，正如西方学者伯纳德·巴伯所指出的，信任包括三层含义，"最一般的期望乃是对维持和实现自然秩序和合乎道德的社会秩序的期望；第二种期望乃是对同我们一同处于社会关系和社会体制之中那些有技术能力的角色行为的期望；第三种期望则是希望相互作用的另一方履行其信用义务和责任，即在一定情况下把他人的利益摆在自己利益之上的义务。"[①] 近代社会建立在亚当·斯密论述的分工、合作与市场经济的基础之上，而这一论述的基础反映在亚当·斯密的《道德情操论》，市场经济的设计并不是纯粹为了财富的增长，而是为了人的发展，只是在近代社会，财富是个人发展中不可回避的问题，如果不在财富问题上做出明确、妥当的回答，人的发展问题在近代社会都不算是真正地解决。[②] 由此，现代社会需要解决的是人的发展的基础，诚、信、义能够在市场秩序中得到充分体现，成为市场经济法制的伦理基础。正如美国宪法之父詹姆斯·麦迪逊（James Madison）所言，"认为某种政府形式无须人民的道德即能确保自由或幸福的假设无异于一种幻想。"[③]

近代法律是建立在自然人、理性人与人格人的基础之上，理性人假设

---

① 转引自自翟学伟、薛天山主编：《社会信任：理论及其应用》，中国人民大学出版社2014年版，第9页。

② 沈敏荣：《市民社会与法律精神——人的品格与制度变迁》，法律出版社2008年版，第223页。

③ 米歇尔·鲍曼：《道德的市场》，肖君等译，中国社会科学出版社2003年版，第3页。

在很大意义是以人的自私性（selfishness）为基础，正如亚当·斯密在《国富论》中所言，市场经济设计的奥秘是人的自私自利的行为，通过市场交易和市场价格，这只看不见的手实现了个人绝对的比较优势，并通过交易促进了人的事实上的合作，从而促进社会总体福利的增加。人的自私自利的行为通过有效的市场约束，能够培养谨慎、勤勉的美德，进而促进自身的能力和绝对比较优势。因此，近代法律是建立在人的自然发展基础上，需要着力的是制度建设，一个好的制度设计能够将人的私心变成谨慎的美德，而一个制度如果设计得不合理，人的美德也会被消耗殆尽。

因此，近代经济社会的制度设计对人的道德性具有最终的要求①，但是在始点上是不作要求的：法律给予充分的自由，只要不违反他人自由，不违反公序良俗，不违反公共利益的，都是个人的权利，法律保障个人权利的行使，但权利的行使则完全是个人的自由支配事项，可以行使，可以不行使，完全基于个人自身的最佳利益。作为近代社会基础的民事法律正是这样安排的，比如，物权具有绝对性，是对世权，具有对抗其他任何人、任何组织的干涉，物权确定的是个人的势力范围，在这一范围里，个人具有绝对的行动自由，不存在好坏优劣之分；民事法律保存和培养的是个人的自然属性、个人的特性和个人独特的兴趣与爱好，而这正是个人发展的基础。

在人与人的经济交往中，诚和信是最低限度的道德，即意思表示的真实、不得虚假陈述、不得欺诈，以"诚"和"信"作为最低限度的道德。但是在经济合作中，尤其是大规模的经济合作中，却是另外一种情形。市场经济奉行的是"优胜劣汰"的法则，奉行的是"马太效应"，即优者更优，劣者更劣。因此，在市场规则中，人人争优，个个争胜。"最优、最佳"成为市场竞争的法则。信义义务中的"最大诚信"（utmost good faith）与民法中的"诚信"（good faith）就具有明显的差别。② 人与人的精诚合

---

① 米歇尔·鲍曼：《道德的市场》，肖君等译，中国社会科学出版社 2003 年版，第 326 页。

② Leonard I. Rotman, Fiduciary Duty, Thomson Carswell, 2005, p23.

作和无障碍沟通成为必要。对他人的诚实、守信、完全为了他人的利益而行事就成为经济社会合作的至高法则。

信义义务的立法依据是保障社会合作中的相互依赖关系，通过保障易受伤害方的参与度，推动和增强现代社会合作。[①]自私行为、缺乏互信撕裂了社会和经济的合作，阻碍了人类相互合作关系的有效运作。在人的自私规则之下，对于那些对他人的利益具有实际和有效的影响力的关系，设定较严格的法律义务，可以保障推动个人和组织更好地的合作。这样反过来也可以推动更有效的合作关系，通过推动分工来增进信息和财富的增加。[②]因此，信义关系在其目标上比个人主义更具有功利性。信义所包含的伦理价值是人类社会合作所必需的，它的使用如此广泛，使得对它的定义显得困难，信义的概念由于人类社会环境的变化莫测，必须以牺牲其很大一部分确定性，对其进行简单的、包罗万象的定义注定是要失败的。[③]

信义关系保持了社会关系、经济合作或其他社会必要关系上的忠诚，这在保障经济社会关系的有效合作上是非常关键；而信义义务则通过给特定的信义关系中对他人利益有实际或有效影响的人设定特定的义务实现，这往往通过相对人难以实现控制。[④]

五、中国市场经济法制呼唤基本伦理价值

近代法律之所以能够脱离政治、宗教、社会，成为独立的治理模式，就在于它经过近代启蒙思想的洗礼，将自然、理性、人格、诚信、信义等伦理价值内生化，形成了以自然人、理性人、人格人、诚信原则、信义关系为基础的法律体系，法律建立在稳定、自足的伦理价值之上，使得法律能够体系化，基本的民事法律关系能够法典化，社会制度的基本关系能够宪政化，这标志着现代法治思想的成熟，也使得现代法治能够成型。

①② Leonard I. Rotman, Fiduciary Duty, Thomson Carswell, 2005, p33.

③ Leonard I. Rotman, Fiduciary Duty, Thomson Carswell, 2005, p33～34.

④ Leonard I. Rotman, Fiduciary Duty, Thomson Carswell, 2005, p18.

中国法治建设起步始于 20 世纪 80 年代，始于经济法制：经济关系的理性化、经济关系的法制化开启了中国法治现代化的进程。经济法制的现代化开启了中国法治启蒙的进程：合同法逐渐从经济合同法中明晰出来，企业法逐渐地被公司法所代替，户籍身份制度逐渐走向居住证管理。尽管这些转变并不彻底，新旧体制的双轨并存还非常明显，但是改革的过程是不可逆的。这种渐进式改革最大的问题在于法律伦理的混乱。如《物权法》是自然人的基本法，但自然人思想并未在我国立足，物权法定、一物一权、物权的对世性均未完全确立，尤其是在最基本的不动产物权上，无法体现《物权法》的真正精神。也正是由于这些矛盾，我国民法典的编纂仍没有明确的时间表；经济法中的反垄断法也存在经济垄断与行政垄断不分，大量的行政垄断行为法律无法解决的问题。这些问题归结到一点，就是法律伦理和法律核心价值的欠缺。

要解决上述问题就需要法律的重构，尤其是经济法制的重构。我国经济关系的核心问题在于人与人的合作，这是市场经济设计的出发点。人的发展在近代民族国家中无法在公法和政治社会中实现，转而在私法和经济社会中实现，在亚当·斯密的《国富论》中，人的发展在于后天的分工与交易，而这种分工与交易使得人人从事自身感兴趣的事业，培养和发展自身的绝对比较优势，而这种比较优势使个人拿自身的绝对比较优势与他人的绝对比较优势进行交换，从而使得个人自私自利的行为成就了社会整体福利的提升。这是亚当·斯密的市场经济逻辑，是一种完全自由的市场经济。但这种完全通畅的信息只有在理想的状态和理论模型中才会出现，而现实中常常存在信息流通的阻碍，这时就需要人与人的合作来抵消信息的扭曲和阻碍，而这种合作就是具有绝对比较优势的人之间的合作。如何能够让合作者通过信息的有效交流，做到无障碍沟通，成了制度设计的终极使命：建立信义关系就是为了解决非对等合作问题，使得诚、信、义的价值能够在合作中形成。

第四节 自由市场中的"义"：经济法律中的正当性研究

自古以来，"正义"就被认为是法律的代名词，是法律最为突出的特征。古罗马法学家乌尔比安说过，法律是正义的艺术。寻求正义，使得法律具有了其内在的合法性和道德说服力。

但是，自近代亚当·斯密确立了市场经济的合法化以来，自由代替正义成为市场竞争的基本规则。市场经济以自由为基础，而正义似乎外在于市场，这就使得经济法律以效益为优先，以效益作为其法律性的基础。那么，经济法律的正义性在哪儿呢？这是一个非常重要的问题。如果经济法律的正义性无法揭示，经济法律的统一性和独立性就难以成立。

一、自由代替正义：亚当·斯密的自由市场理论

亚当·斯密自由市场理论的基础在于文艺复兴所指向的古希腊罗马的共和国文明和共和国思想无法解决近代民族国家产生的社会问题。

在马基雅维利和霍布斯的著作中，民族国家中的政治成了"必要的恶"，与真实的"善"无关。而自亚里士多德的政治学确立以来，国家的发展与持续的繁荣都是建立在真实的信息之上。亚里士多德《政治学》中最优秀城邦的基础就是城邦能够关注公共利益，不关注公共利益的城邦就是变态政体，而能够关注公共利益的城邦才是正常政体。正常政体的组织形式就是能够使社会各组织成分中在政治生活中得到照顾，而非只照顾到部分组织成员的利益。城邦中公民的信息能够在城邦的意志中得到体现，同时城邦能够给每一位公民提供发展创造的空间和机会。这种基于城邦公民真实信息之上的政治体制才是最优城邦，而这种最优城邦的思路在民族国家的条件下变得不再可能。民族国家成为"人造的上帝""人为的人"，国家产生之后，其意志就不再依附于其成员，而具有了自己的独立性，因此，国家与社会成员间是一种不平等的契约，个人为了自己的生存而将一

定的权利让渡给国家之后，国家就不再受个人的约束了。国家与个人不是对等的关系，而是社会成员将个人的权利交给了国家之后，国家不再受其约束了。这是民族国家的政治特点，因此，在民族国家条件下，社会成员的信息无法汇集到国家层面，国家发展的轨迹异于个体的发展，国家的发展是一种非真实的"恶"，而不是真实的"善"。共和国赖以存在的国家与社会成员间的"真实信息"在民族国家条件下不再存在，而当这一前提条件失去时，共和国制度和公民思想要想在近代民族国家的政治领域复兴已是不可能的。这也是为什么在相当长时期内，古希腊文明只能在文学、艺术领域中讨论，而这种传统复兴的运动也被称为"文艺复兴"，而非"公民思想"的复兴，或是"共和国"思想的重现，因为后者都被归为"乌托邦"。

亚当·斯密的伟大就在于在民族国家的思想困境中找到了另外一种真实信息，那就是商品的价格。他论证的逻辑思想完全遵循亚里士多德在政治学、伦理学中所遵循的思路，这也是任何一个伟大的文明要想强大、要想具有延续性、要想具有普世的影响力所必须具备的共性。①

首先，人的发展在于后天的努力。亚里士多德认为，人是由神性与兽性组成的，这是一种基于古希腊传统的普遍认识。古希腊传统认为人是神祇的后代，人身上具有神性与人性，依据恰当的方法，人可以将神性发挥出来；如果方法不对，则人身上的神性发挥不出来，或是仅仅具有兽性。这种思想后来和希伯来思想及基督教思想相结合，成为西方社会的主流思想，也被亚当·斯密所继承。《圣经》认为人是由尘土和神的气组成，如果人将身上的神性发挥出来，就能够生活在伊甸园或是"允诺之地"（promised land），否则就可能会灭绝。从严格意义上讲，人生的意义在于不断奋斗，将人的无穷潜力或是未打开的画卷在人的生命中完全体现出来，将人身上的神性发挥出来。其次，人要将神性发挥出来，需要建立在真实性之上的美德。而这种真实性在亚里士多德那里就是公共生活中的公

---

① 沈敏荣："大变动社会与仁学智慧"，《华侨大学学报》，2016 年第 5 期。

民信息和国家治理信息的汇集。在霍布斯那里，这种信息被一小部分人垄断了，成为私人的产业。因此，政治社会中的信息不再具有真实性，在这个意义上，政治成了"恶"，但由于它是社会成员的必要保障，社会成员离不开它，因此，它就成为"必要的恶"。亚当·斯密正是在这个前提下找出了一条崭新的道路来建立具有真实性的世界。

亚当·斯密指出，人的能力在于后天的分工，而这种分工能够将人的优势发挥出来，并且在分工和交换的不断磨炼中，人的这种潜力能够源源不断地发挥出来，成就人的"绝对比较优势"。这种绝对比较优势会在市场交换中得到不断的强化，无意间成就社会整体福利的提升。因此，民族国家社会结构的正义并不是积极作为的正义，而是国家不作为的正义，即最小意义上的国家。在社会阶层的正义与社会公共利益之间存在断层，社会阶层的正义并不能上升为社会正义，社会正义并无承载主体。在市场经济条件下，社会正义无法得到体现，体现的是一种国家不作为的义务。之所以实行市场经济，是因为国家与政府不再传递"真实"信息，无法成为公共利益的代言人。因此，在市场经济条件下，很长的时间内，社会正义理论是相对萎缩的，直到 20 世纪 70 年代。

二、二元结构的正当性：经济主体的私人化与放松管制

亚当·斯密的论证逻辑必然导致"经济"与"社会"的分离，使得世俗社会的二元社会得以产生。① 因此，现代经济社会表现的最基本的正当性就是放松管制，因为国家干预缺乏足够的信息支撑，在错误的信息之上进行的干预所带来的社会弊病可想而知。放松管制成为市场经济的基本特征，因为市场管制没有正当性的支撑，其突出表现就是现代公司法的产生。

公司最初的出现主要是服务于公共利益，而不是纯粹为了私人赢利。著名法律史学家莫顿·J. 霍维茨认为："公司概念的改变代表着法律观由

---

① 西方社会基于基督教传统，素有二元社会的传统。新约中的"耶稣归耶稣，恺撒归恺撒"是一种精神和世俗的分离。基督教在欧洲确立其地位之后，对世俗社会的影响也致其成为二元世界。

18 世纪到 19 世纪发生的一种根本性转化。18 世纪原始形态的美国公司是市政府，一种负责执行公共职能的公共机构；它在 19 世纪则成了现代商业公司，为个人获利组织起来追求私人目标。"① 与公共利益相适应，公司的设立必须要经过国家特许，早期的公司完全是国家管制的产物，是依国家的特许状（charter）产生的，因此，其基本特征是特权（privilege）、不平等（inequality）和管制。

所谓特权，它是国家主权权力的延伸。国家主权是一种垄断权利，不允许有竞争权力存在，进而延伸出来的特许权也是一种垄断权力。最典型的就是 1600 年东印度公司的特许状就授予其垄断所有与东印度贸易的特权。② 这种特许状往往给公司以特权，这就产生了市场竞争的不平等，因为特许状的颁发就是使公司比其竞争者或是潜在竞争者具有优势。

这种特权与市场的平等竞争格格不入，完全破坏了市场的平等关系，导致市场的不平等。在特许条件下，获得特许权的公司具有垄断权，这种权力本身就具有巨大价值。因此，在当时，获得政府的特许状就意味着获得了财富，就能够顺利地向市场发行债权和股票，使公司在市场竞争中处于优势地位。同时，商人们也埋怨政治势力太大，野心勃勃的朝臣们密谋要分得一杯羹。当政治权力参与市场时，就会产生市场定价，这时候腐败就产生了。因此，基于市场中的特权就会产生不平等和腐败，这种并非基于准确市场信息的特许导致的肯定是社会灾难，它积累的不是人的比较优势，而是人类天性当中邪恶的一面：谎言和欺骗。英国的"南海公司泡沫案"、法国的"密西西比公司案"都是典型。当时英国政府的思路是加强管制，这就是 1719 年的"泡沫法案"。

"泡沫法案"从源头上加强国家管制，有限责任仅通过特许才可以设

① 莫顿·J 霍维茨：《美国法的变迁：1780—1860》，谢鸿飞译，中国政法大学出版社 2004 年版，第 171 页。

② LE Talbot, Critical Company Law, Routledge-Cavendish, 2008, p6. 1600 年 12 月 31 日，有 218 位成员的"对东印度之外贸批发公司暨总裁"取得了特许状，对"到东印度、亚非国家及港埠、城镇与亚、非、美洲各地之间，或越过好望角与麦哲伦海峡以外任何一地的贸易往来"享有 15 年的独占权。

立；减少国家特许，加强特许公司的地位，禁止没有特许的公司的股票交易，同时加强刑事处罚，禁止非特许的合资公司的成立。这种加强管制的思路并没有解决真实信息的这一基础性问题，因此并不能导致市场的公正性。泡沫法案并没有有效地解决市场投机和市场无序的问题，仅仅具有短期的抑制泡沫的作用，但并没有长期的建设性效果。而且更严重的是，这种国家垄断立法抑制了经济的发展，这在其美洲殖民地的发展中就可以看出来。① 而且在这种特许模式下，公司的行为必须受到严格限制，如"泡沫法案"就指出，股份公司发行的股票对贸易是危险和灾难性的，无法保障其中信息的真实性。②

最终的解决方案是完全放弃对公司公正性的评判，使公司与公共利益脱钩。这就是现代公司法的形成。正是在这种由"公"到"私"的职能变化过程中，公司逐渐摆脱了国家对它作为一个法律实体的诸多限制，却保留甚至扩大了它因服务于公共利益所享有的某些特权，使之从一种原本只有少数社会团体和企业组织才可以采用的法律形式，变成了一种人人都可以有的一种选择。一般的立法（1844 英国《股份公司法》，*The Joint Stock Company Act*）提供独立法人资格（corporate personality），法律提供权利而非特权，完全取消特许制，而采取核准制。1844 年《股份公司法》确立了现代公司法的思路：从公法人向私法人的转变。正如"现代公司法之父"洛伊所说的，"我眼下的目的并不是催促实施有限责任制。我是在为人的自由而战——在不受国家多管闲事的干涉下，人们可以自己选择跟谁合作及怎样合作；即使没有多少有限责任制公司建立，我的观点也不会

---

① 1741 年，英国的泡沫法（*The Bubble Act of* 1720）扩及北美殖民地，不允许在未经英国国会或国王授权下建立公司，加之北美经济尚欠发展，商业公司最初为数很少，1789 年以前非银行的商业公司只有 6 家，所有这些公司都须经立法机构如殖民地议会或后来的州议会单独授予特许状才能组建。根据研究美国公司起源的学者罗纳德·E. 西沃伊的观点，早期的公司"是依法享有特权的组织，必须受到议会的严密监控，因为它们的目标要和公共福利保持一致"。显然，公司是由国家专门授权建立的，在一定程度上可以看作是公共权力的延伸。这就是当时建立的公司必须与公共利益相联系的理由，也是它与个人企业以及合伙企业有所区别的根源。

② LE Talbot, Critical Company Law, Routledge-Cavendish, 2008, p6.

被撼动——我认为我们应采取的原则是不给有限责任公司的成立设置哪怕一丁点的障碍，因为那样做会为了避免一个坏方案的出现而扼杀 99 个好方案的诞生；要允许它们都有机会诞生，而当问题出现时，给司法机构足够的权力以遏制公司管理中奢侈和欺骗行为的出现，将公司从可能卷入的毁灭中拯救出来。"

亚当·斯密二元结构在 1844 年英国《股份公司法》中得到充分体现。作为私法人的公司完全脱离了国家的控制，离开了道德判断，获得巨大的发展空间。而这种发展带来了两个突出的后果，一是垄断的出现，二是社会问题的突出，这两个问题需要寻求新的解决思路，同时也需要重新回归正当性问题。

三、市场竞争行为的正当性：保障市场信息的真实性

公司的私人化标志着经济社会二元结构的形成，国家由于自身信息获取能力的限制，无法获得真实信息，因此，市场价格完全依市场竞争者的参与而定，在这一真实的信息之上构建市场经济，市场与社会分离，社会政治事务完全脱离于市场之外。这种二元结构保障了整个社会的结构建立在真实的信息之上，使得个人的信息有可能在社会层面上展现出来，实现亚里士多德在《政治学》中所表述的合理、正当社会的要求，"不同品类的人们各尽自己的功能有所贡献于社会，也从别人对社会的贡献中取得应有的报偿。"①这种"通工等偿"的原则正是城邦增进福利的基础，而这一原则即使在品类相同，如自由人和自由人间同等公民的组合内也可以见到。②这是社会平等和尚优原则的基本要求，也是自文艺复兴以来的实践证明现代政治和国家无法完成的任务。而亚当·斯密的市场通过自由竞争和二元结构在现代社会实现了，这就是现代社会的正当性的基本要求。

法律需要保障这种正当性，但是这种对企业行为的正当性判断需要与

---

①② 亚里士多德：《政治学》，吴寿彭译，商务印书馆 2016 年版，第 46 页。

正常的企业竞争行为区分开来。正常的企业竞争行为、策略行为并不能作为法律限制的对象，其中的区别就是是否限制企业的真实信息，使企业无法在真实信息的基础上积累自身的比较优势。

竞争法中的不正当性与一般道德意义上的"正当性"不一样。在德国法的立法史上曾有这样一个经历。1909 年至 2004 年间，德国《反不正当竞争法》以"公序良俗"作为一般条款的核心概念，我国研究反不正当竞争法一般条款的文献均会提及这一条款。不过，"公序良俗"概念多年来在德国反不正当竞争法领域备受批评，以致立法者在 2004 年修法时，最终以"不正当性"（Unlauterkeit）取代了之前《反不正当竞争法》第 1 条中"有违良俗"（gegen dieguten Sitten）的规定。因为良俗标准毫无必要地将不道德（Unsittlichkeit）的污点强加给竞争者，而这种做法已显过时。鉴于此，新法采取了"告别良俗"的态度。尽管新法没有直接给"不正当性"下定义，德国学界主流观点已然明确，即应当采取目的解释，对不正当性做"去道德化"的"功能性理解"，确保"竞争导向的市场经济起作用的条件"在反不正当竞争法体系中的中心地位。这一转变是对德国学界多年来针对"良俗"标准批判的回应。①

在我国，被界定为不正当的行为都与虚假信息相关，也就是与亚当·斯密的二元社会的合理性密切相关。我国《反不正当竞争法》中的第 5～15 条关于不正当竞争行为的类别可以分成下列六项：

1. 破坏其他竞争者信息的真实性，使得竞争者的信息无法在市场上得到真实反映。包括破坏其他经营者受到法律保护的经营信息，或是发布虚假的自身经营信息；还包括假冒他人的注册商标，与知名商品相混淆，擅用经营者的企业名称或姓名，自身经营信息虚假，发布损害对方的信息。

2. 提供虚假的自身信息。信息的真实性是市场经济有效性的前提，也是亚当·斯密市场机制与人的比较优势相结合的纽带，是市场机制合理性的基础，包括虚假宣传。

---

① 蒋舸："关于竞争行为正当性评判泛道德化之反思"，《现代法学》，2013 年第 6 期。

3. 扭曲市场交易关系，市场关系是纯粹的价格关系，用真实的价格关系来承载个人的发展，如果加上其他关系，尤其是贿赂，也会使得市场关系失去真实性，包括市场贿赂、有奖销售、串通投标。

4. 从手段违法进行的禁止。例如，用违法手段来获取他人的商业秘密。法律鼓励正常的竞争，但不鼓励用不正当的方式，用虚假、瞒骗的方法进行竞争，商业秘密本不受专利法的保护，但是用盗窃、利诱、胁迫或者其他不正当手段来获取商业秘密，则是不正当竞争行为，包括用违法手段获取商业秘密。

5. 以排挤竞争对手为目的的倾销，包括倾销不得以排挤竞争对手为目的。

6. 特殊主体的限制竞争行为。包括利用公共影响力限制市场购买行为，例如，公用或是独占企业、政府部门的限制购买行为；也包括垄断性行为，如搭售。

四、经济社会正当性的突破：企业社会责任与积极正义

公司除其经济职能外，是否承担及如何承担社会责任一直是公司法和经济法中的核心问题。依亚当·斯密确立的现代市场理论，通过分工积累个体比较优势，依竞争来促进社会整体福利，从而实现个体自私自利行为与社会整体福利提升并存，结果是竞争市场负责效益提升，社会事务完全交由政治国家，经济主体行为判断充分实现功利化和非道德化。依经济学的效益方法而非依道德律令行事成为现代经济社会的基本方法，由此产生社会分析方法的经济学帝国主义（Rafael Alvira，2015）。"市场——社会"的二元现代社会结构意味着企业的法律责任无法包含社会责任，否则就与整个现代社会的基本结构相冲突（Leszek Balcerowicz，2015）。

这一现代社会结构的合理性在于自霍布斯以来形成的对民族国家"恶"的属性的共识（Hobbes，1651；Thomas Donaldson，2016）：政治社会信息失真，市场经济的现代意义在于指出现代社会唯一真实的信息是经

济交易中的商品价格，只有在真实信息之上构建社会结构才具有可持续性，由此才有现代社会以自由为主要构成要素的权利和社会正义。因此，对公司责任的基本认识是公司除纳税以外并无其他社会责任（Friedman，1971；Peter Ultrich，2015），代表性人物有弗里德曼（1962）、哈耶克（1967）和波斯纳（1981）。CSR 的非法律性、自愿性、非强制性也由此而来。

现代社会的二元结构与 CSR 存在根本冲突，CSR 的兴起必然是在二元结构无法适用之处，一是国际社会跨国公司的行动守则，二是国内二元结构无法解决市场外部性、市场信息不对称、消费者弱势地位、劳工保护、技术危害不确定等问题。"公司社会责任"概念最早是由欧文·谢尔顿于1924 年考察美国公司之后提出的，其发展过程经历了三个阶段：第一阶段（20 世纪三四十年代），主要探讨企业经营者的职能问题。第二阶段（20世纪五六十年代），主要探讨企业的慈善捐赠问题和深化经营者社会责任职能。从谢尔顿首次提出企业社会责任概念到 20 世纪五六十年代，诸多经济学家、法学家和社会学家展开了一系列著名论战，如 Berle-Dodd 之争。第三阶段（20 世纪 70 年代之后），20 世纪七八十年代全球化之后，这些问题愈演愈烈，按 70、80、90 年代划分，主要探讨的问题焦点依次递进：①企业是否应承担道德责任和社会义务，②企业对利益相关者承担的社会责任，③"企业公民"理论及实现路径，其主旨都是在尊重现代基本社会结构的基础上探讨解决之道。因此，CSR 并不是替代现代社会结构，而是解决现代二元结构无法解决的问题，寻求替代方案，通过积极正义的构建，力图从微观或是实践上解决这一问题。霍华德·R. 博文（1953）、彼得·F. 德鲁克（1955）、戴维斯（1960）、阿奇·B. 卡罗尔（1979）、德鲁斯（1989）以及日本的金泽良雄（1985）都是企业社会责任的力推者。

但如何解决 CSR 与现代经济结构的协调却是个难题，从中可以看出美国与欧陆学者研究视角的分野。美国学者严格遵从"市场——社会"的宏观二元结构，从关系契约、社群关系的微观层面探讨 CSR 的适用，体现为实践伦理的特点。高希尔的"基于协议的道德"指出了企业社会责任的伦理性、自愿性和非强制性（David Gauthier，1986）。卡罗尔的经济、法律、伦理、慈善四责任说（Carrol，2004）、托马斯·唐纳森（Thomas Donaldson）和邓斐的综合社会契约都具有巨大影响。美国学者将 CSR 外部化于现有经济结构，将之作为补充，体现为自愿性、补充性的特点。

而欧陆学者更强调"市场——社会"关系的协调，将 CSR 视为"经济的社会规则"（Keyoteru Tsutsui，2015），更强调从制度安排上解决相关利益者和企业社会责任问题，将 CSR 视为制度内因素，从而使得 CSR 体现出"法律性"与"制度性"的特点（Matten and Moon，2008；Jackson and Apostolakou，2010；Kinderman，2012），这是以弗莱堡学派为代表的欧洲传统的体现。约翰·埃尔金顿（John Elkington，1997）的"三重底线理论"是其突出代表。欧陆学者侧重于将 CSR 内化于现有经济结构，寻求制度内的解决方案，同时在方案中强调自愿性与非强制性，体现出"软法"的特点。日本的思路同于欧陆，但在日式经营上更强调企业伦理。

美国与欧陆、日本的这种分野表现为 CSR 理论基础的差异，及其与现代社会二元结构的不同协调方式。两种解决路径各有千秋，但在实践上，二者的共识是 CSR 为促进经济领域社会正义不可缺少的方面：商品信息的唯一真实性正不断被突破。虽然在宏观层面上，商品信息具有唯一真实性，但是在越来越多的具体关系契约和社群关系上，企业信誉、经理人声誉、商品口碑都使得真实信息不断扩展，与商品价格结合起来，构成有效市场信息。如以企业社会责任的信息改变市场信息不对称（Ashima G.，2006）、政府失灵情况下提供公共产品（Bénabou，R.，Tirole，J，2010），建立在这些有效信息之上的社会组织与交流也是实现社会正义的另一基础。因此，在社会正义的要求下，尽管采取不同的思路，但在实践中 CSR 呈现出相似的应对策略，以 CSR 吸引有社会偏好的消费者、员工和投资者（Baron，D. P.，2008，Siegel，D. S.，Vitaliano，D. F.，2007，Fernández-

Kranz, D., Santaló, J., 2010, Cheng, I. H., Hong, H. G., Shue, K., 2013)，其突出表现就是全球 CSR 共识的发展、多套 CSR 指标建立，如 ISO26000、SA8000、AA1000 等。同时，大量 CSR 研究着重 CSR 对策的软法属性、社会组织的结构化、信息披露的规范化等。如①不同的公司治理结构对企业社会责任的影响取决于公司股东和其他利益相关群体（如经理）之间的共识（Hemingway, C. A., Maclagan, P. W, 2004）。②不同企业规模与企业社会责任相关（Burton, B. K., Goldsby, M., 2009）。③实证研究文献分析利润、企业规模、对员工的吸引力、公众压力和投资者等相关因素（Nelling, E., Webb, E., 2008）。

CSR 自 20 世纪 60 年代兴盛以来，各派学说层出不穷，目前在理论基础、实践标准、履行机制方面都处于发展之中，研究尚属不足的有：①制度环境与企业社会责任的履行的相关性研究。CSR 的"软法"属性导致实操性差，公司应向谁负责也没有明确的方向，需要社会组织制度化的保障。②关于企业社会责任的内涵，至今没有形成较为统一的认识，尤其是新兴经济体的 CSR 研究。③CSR 的基础尚未完全明确，借助社会契约方法是其中重要的发展方向。

第四章 ┃ "义"的追寻：中国转型社会条件下的正义

大人者，言不必信，行不必果，惟义所在。

——孟子

第一节 义与正义的脱节：现代化的
路径及转型社会的正义

现代中国提出"五位一体"① 的总体布局和"两个一百年"的奋斗目标，使得中国的现代化驶上了快车道，在中国快速现代化的进程中，社会正义的提供变得异常迫切，这是现代社会的基础。现代性，从根本上讲，就是社会的发展与人的发展能够并行不悖，无论是共产主义制度，还是现代市场经济制度，都是为了从根本上解决这个问题。渊源于西方的现代社会构建具有很强的历史性和传统性。②

现代社会有三种不同的正义提供方式：一是共和国提供的分配正义；

---

① "五位一体"是十八大报告的"新提法"之一。即经济建设、政治建设、文化建设、社会建设、生态文明建设——着眼于全面建成小康社会、实现社会主义现代化和中华民族的伟大复兴。

② 以美国为例，即使直接渊源于西方传统，在 18 世纪美国建国时，如何构建现代社会制度也经历了一番波折，最后形成美国特有的制度创新。美国在建国过程中就明确意识到，西方社会的民主、议会、宪政和选举需要强有力的社会共识的支撑，没有这种共识，必然导致专制——少数人的意见专断。在当时十三个州建立一个强有力的统一国家是不可能，松散的国家联合成了当时的本能选择——邦联。但是，邦联的软弱无力使得其在内政外交上全面陷入困境。如何寻找折中方案就成了当时建国者们急需解决的问题。美国的联邦制度正是在这一背景下产生的。见亚历山大·汉密尔顿、约翰·杰伊、詹姆斯·麦迪逊：《联邦党人文集》，程逢译，商务印书馆 1980 年版。

二是市场经济提供的消极正义；三是法律提供的矫正正义。在现代社会中，矫正正义正扮演着越来越重要的角色，成为社会正义的基础。在中国现代化进程中，面对转型社会和大一统社会传统的双重挑战，需要充分明确三种正义提供方式，利用好这三种正义，保障社会的长期稳定和繁荣。

法治的真谛是维护社会"公平"与"正义"，并使之体现为法律的体系化和社会的秩序化，这是现代社会稳定的基石，法律是跟整个国家的现代化和社会变革共同成长的。那么，在现代社会中，为什么会这么强调法治？法治为什么会成为社会正义提供的优先选择呢？法治与现代社会整个制度的关系到底如何？这些问题是我们需要深入考察的，其中还有一些尚未解决的理论和实践问题，是在转型社会影响下难以解决的。

一、共和国，抑或市场：现代化路径的冲突与一致

社会主义法治理念是在现代化框架下提出来的，是针对中国社会主义实践提出的。从目前现代化的发展和实践来看，现代化的思路有两条：即共和国思路和市场经济思路。

（一）共和国思路

共和国思路是欧洲自文艺复兴以来所确立的，其渊源可以追溯到古希腊亚里士多德对共和国思想的总结。共和国思想是这样的：共和国真正的力量并不在于物质财富，而在于共和国公民的全面发展。因此，共和国的目的是发展共和国的成员——公民，只有公民的发展和强大，才是共和国稳定和独立的基础。[①] 个人与社会共同发展的思路成为共和国思想最典型的特征，也成为现代化的标志，这与后来马克思提出的人的解放与发展一脉相承。

公民的发展需要遵循人的发展的一般规律，即需要具备一系列美德，在亚里士多德那里，就是内在诸善。此外还需要有外在诸善、身体诸善，

---

① 亚里士多德：《政治学》，吴寿彭译，商务印书馆 2016 年，第 43 页。

这些善如何在现实中实现并非易事，需要根据特定情况、特定条件进行排列组合和优先排序，这是伦理学需要解决的问题。① 这些优先次序的排列会得出现实世界中的行动方案，在理性的指导下就可以将这些方案付诸实施，做该做的事情、做正确的事情，即"righteousness"，而这些行动方案就是"rights"，也是法律权利和义务的来源和基础，这些"权利和义务"在现实世界中的实现就是平等原则和尚优原则（即 justice）。② 在具体的制度设计中，正义原则可区分为分配正义与矫正正义。所谓分配正义，就是依据人的能力和贡献分配其所得，即社会给其成员提供适合其发展的足够空间，社会制度建构在公共利益的基础之上，这才是正常政体，否则就存在偏私或是剥夺部分成员的发展空间，这就是变态政体。正是在这种正常的政体之上，通过政治这一"善的艺术"的设计，才会导向最优政体。③

由此，亚里士多德共和国的正义提供方式是一种积极正义的直接提供，是"善的艺术"，需要关注公民的各种善。既包括外在诸善，物质财富的提供使其能够过有尊严的生活④；也包括身体诸善，城邦国家需要关注年轻人的体质以及定期举办文娱活动，包括年轻人和成年人的教育。⑤ 因此，共和国提供的正义是全方位的，"凡能成善而邀福的城邦必然在道德上为最优良的城邦。人如不作善行（义行）终于不能获得善果（达成善业）；人如无善德而欠明哲，终不能行善（行义）；城邦亦然。"⑥

亚里士多德总结出来的共和国思路是在城邦真实信息的基础上，通过完善诸善，直接促进公民在政治领域的发展，从而成就共和国的繁荣与发

---

① 亚里士多德：《尼各马可伦理学》，廖申白译，商务印书馆 2005 年，第 22 页。
② 亚里士多德：《政治学》，吴寿彭译，商务印书馆 2016 年，第 151~152 页。
③ 亚里士多德：《政治学》，吴寿彭译，商务印书馆 2016 年，第 191 页。
④ "所有这些外物之为善，实际都在成就灵魂的善德，一切明哲的人正应该为了灵魂而借助于外物，不要为了外物竟然使自己的灵魂处于屈从的地位"。引自亚里士多德：《政治学》，吴寿彭译，商务印书馆 2016 年，第 346 页。
⑤ "人类无论个别而言或合为城邦的集体而言，都应具备善性而又配以那些足以佐成善行善政的必需事物（外在诸善和身体诸善），从而立身以国以营善德的生活；这才是最优良的生活。"引自亚里士多德：《政治学》，吴寿彭译，商务印书馆 2016 年，第 348 页。
⑥ 亚里士多德：《政治学》，吴寿彭译，商务印书馆 2016 年，第 347 页。

展。这一思路在文艺复兴之后一直为现代化所推崇，它的前提条件是公民之间需要有充分的信息交流，唯有充分的信息交流才能支撑起公民的道德体系，因此，在古典的共和国思想中，公民具有特权属性，并非具有普适性，它排除了包括手工业者在内的城市大部分居民。在亚里士多德的思想中，公民的人数是有限的，一般以1万~4万为最佳。这一点使得其思想在现代化进程中充满坎坷，不能完全承载近现代社会的现代化。

共和国思路的基础是共和国内公民之间的信息能够充分、真实地交流与沟通，在政治领域能够获得真实的个人与社会信息，因此，直接民主是共和国政治的基本特征，人人都有公开其意见和受到尊重的权利，这也是共和国（Republic）的基本含义。但是这一条道路在近代民族国家中丧失了其存在的基础，即信息的真实性。近代民族国家自12世纪产生以来就面临着内忧外患的危机。[①] 为了对抗东方文明的步步进逼，重复当年古希腊对抗古波斯的奇迹以及恢复古罗马共和国的荣耀一直是当时西欧人的梦想。但是，民族国家是以民族为单位，而非以城邦为单位，社会成员之间的信息沟通不再可能做到充分、真实。无法获得真实的信息成为民族国家共和国理想的梦魇。1640年，英国共和国革命的失败以及荷兰共和国革命的失败一再告诉人们，没有真实信息交流基础之上的共和国文明无法有效地运转。因此，近代民族国家的强大不再可能建立在共和国的基础上，而需要寻找另外的能够获得真实信息的途径。这就是亚当·斯密的伟大贡献之所在。

（二）市场经济的思路

亚当·斯密在1776年的《国富论》中阐述了他的市场经济思想，而在这之前的14世纪文艺复兴到市场经济法治理念的确立，整个西方社会的法治秩序处于动荡之中，最典型的是共和国的试验在1640—1689年的英国以失败告终，在荷兰、意大利等地也充满争议，文艺复兴的理想备受争议，直到亚当·斯密确立现代市场经济思想。[②]

---

① 沈敏荣：《市民社会与法律精神——人的品格与制度变迁》，法律出版社2008年版，第74页。
② 沈敏荣：《市民社会与法律精神——人的品格与制度变迁》，法律出版社2008年版，第114页。

亚当·斯密完全继承了文艺复兴所确立的人与社会共同发展的现代理念，指出人的能力完全来源于后天努力，分工决定了人的后天能力，人先天的差别微乎其微，在其著作《国富论》中，他给出了一个形象的比喻，作为思想之王的哲学家和作为苦力当中的苦力的挑夫，他们的差别比"猎犬与猛犬"的差别要小得多，而他们的差别主要来源于后天的分工。不同的分工就会决定人后天的不同能力。① 社会的关注点应该在于清除社会分工门槛，使人能够自由地按照自己的兴趣爱好来选择所从事的职业，人人从事其喜爱的职业，就能够将自己的能力源源不断地发挥出来，从而将自己的喜好转化为比较优势，而长期的分工训练会形成"绝对比较优势"，大家按照自己的绝对比较进行交换，社会的整体福利也就提升了。人人自私自利的行为不自觉地促进社会整体福利的提升。这就是著名的"看不见的手"理论。②

在这一思路之下，现代社会应该是将社会分工的门槛、隔阂完全扫除，给民众以充分的选择权，让其自由参与市场竞争，市场竞争本身会解决近代社会个人发展与社会秩序的矛盾，使得文艺复兴所确立的社会成员与社会秩序共同发展的理念能够实现。

综观亚当·斯密的市场经济理论，它是正义的间接提供，它自身不提供分配正义，而是通过承认市场参与者的意思自治，通过分工与交易，使得社会成员的比较优势能够源源不断地发挥出来，从而成为社会的绝对比较优势，在分工与交易中占得先机和优势，从而获得市场的认同。国家和法律只是提供竞争的环境：财产权的确定、交易的安全、契约的强制履行、社会的治安和国家的安全等，而市场机制这一实现个体正义的方式则完全放任自由。因此，社会提供的其实是一种消极正义。

亚当·斯密市场经济理论的意义在于解决了现代化进程中民族国家人数增加、公民权普及的情况下，公民之间信息流通不通畅，无法支撑起公

---

① 亚当·斯密：《国民财富的性质和原因的研究》，郭大力、王亚南译，商务印书馆1994年版，第15页。

② 森图姆：《看不见的手》，冯炳昆译，商务印书馆2016年版，第7页。

民的道德，使得共和国信息不断公开的机制运转失灵，无法支撑起近代国家的现代化。亚当·斯密的市场经济理论认为，在政治社会的信息失真之后，市场价格的信息可以用来支撑整个现代社会秩序，市场价格基础上的社会分工与交换能够将人的潜力发挥出来，实现社会的繁荣和可持续发展。这一思想得到了现代社会的承认，成为现代化国家的基础制度设计。

马克思指出，市场经济在社会生产达到垄断的情况下，尤其是自然垄断的情况大量出现之时，社会信息在社会化大生产的支持下能够有效地汇集起来，为单一个体所掌握，个体的信息量和真实性能够扩及整个社会，共和国所需要的信息障碍不复存在，而市场经济所需要的分工与竞争的基础已不复存在，因此，在这种情况下，市场经济的思路走到了尽头，完全的共和国思路将取代市场经济思路，"巴黎公社""计划经济"都是在这一前提下展开。而且这种垄断具有自然性，即不再是一国一地的垄断，而是具有世界性。这种逻辑思路与文艺复兴以来的现代化理念完全一致。

中国在现代化实践中认识到，这种自然垄断在中国的现实条件下并没有出现，中国尚处于社会主义初级阶段，社会生产力并没有高度发展，而是处于相对幼稚的状态，因此需要大力发展生产力，而发展生产力最有效的方法并不是共和国的思路，而是市场经济的思路。在承认商品经济的基础上，最终确立了社会主义市场经济的理念和发展思路。

二、消极正义的缺陷：现代社会的正义不足与法律正义

共和国和市场经济这两条路径尽管分别在政治与经济两个不同的领域着力，但是在发展的基本思路上是相同的，即社会真实信息的汇集（truth）——人的能力来源于后天培养（truth of human being）——美德（virtues）——权宜（righteousness）——社会正义（justice）——权利（rights）——义务与责任（duties and responsibility）。无论是共和国还是市场经济，都在制度设计中实现上述诸环境，使得社会呈现出现代性的特点。正是这一共同点，它是共和国思路与市场经济思路能够糅合

在一起的基础。但在这两条路径的运转方式完全不同，共和国的方式是在信息能够在全社会汇集的情形下，通过信息的不断公开，依据确定的程序来实现社会成员在共和国中的直接发展；而市场经济则是在确定财产权和契约强制履行的情形下，通过当事人意思自治的方式完全发挥市场自主的力量。因此，在糅合的过程中，必须正视两种现代化途径的不同实现路径，不能混淆和替代，否则会出现灾难性的后果。

如何发挥这两条现代化发展路径的优势，扬长避短，与中国的传统和实践相结合，探索出中国的现代化路径，这正是中国社会主义法治需要明确的方向和内容。

现代社会遵循亚当·斯密的市场经济理论，而这一理论的逻辑基础是近代民族国家的社会信息严重扭曲，在虚假信息之上建立的政治社会不可能为社会成员发展提供平台，因此，古希腊传统所提供的共和国文明和公民文化不可能提供构建现代社会的基础，文艺复兴提供的思想启蒙的意义要远大于制度构建。[①]

亚当·斯密市场理论的意义在于他完全吸取古希腊思想中对人性的认识：人的发展源于后天努力，人的自然优势通过后天不断地积极地努力会转化为绝对比较优势。为了容纳这种人与社会共同发展的思想，古希腊是采取共和国的制度构建与积极公民思想相结合，而亚当·斯密则发现了新的路径：他发现近代民族国家的政治社会无法容忍真实的信息，但近代民族国家尚有一类信息是真实的，那就是商品价格。在商品价格之上，亚当·斯密构建出完全不同于古希腊共和国和公民传统的社会结构，这就是他的市场经济的思想。[②]

[①] 文艺复兴从 12、13 世纪开始被人们视为乌托邦，仅局限于"文学艺术"领域对人性的赞美和真善美的追求，到了 14 世纪彼德拉克时代，文艺复兴的社会影响力才被人们所认识，而这种思想转变为具体的制度影响经历了马基雅维利、霍布斯、孟德斯鸠、洛克、卢梭、亚当·斯密、麦迪逊等思想家的努力和思想的积累，历时 500 年之久。可参见**沈敏荣**：《市民社会与法律精神——人的品格与制度变迁》，法律出版社 2008 年版，第 234 页。还可参见**沈敏荣**："跨越义与正义的鸿沟——中国现代法律伦理的构建"，载《武陵学刊》，2016 年第 6 期。

[②] **沈敏荣**：《市民社会与法律精神——人的品格与制度变迁》，法律出版社 2008 年版，第 67 页。

因此，市场的意义是提供交易成本可忽略不计的分工，让人能够自由选择，使自身的比较优势能够通过后天的努力不断地加强，从而形成绝对比较优势，社会基于绝对比较优势的交换，使得社会的整体福利得以提升。个人自私自利的行为不自觉地促进了社会整体福利的提高，这就是著名的"看不见的手"理论。在这一社会结构下，市场竞争主体不需要承担社会责任，完全的自私自利和充分的理性可以成就社会整体福利的提升。

在这一结构下，市场主体无须承担任何社会责任，这应该是市场经济条件下企业责任的最基本逻辑。① 只要是在这种社会结构下，企业社会责任就不可能获得强制性的属性，形成普遍遵守的社会规则。②

在传统的市场经济条件下，企业对社会的责任仅限于纳税，而纳税的原因在于公司的有限责任，如果不是有限责任，企业的税收与个人的税收合并，企业并没有单独的纳税义务。因此，对商业组织而言，赢利是其首要经济责任，只有赢利，才能说明绝对比较优势发挥了作用，市场机制发挥了效应，而且只有有经济利益，企业才能够生存，才能够进行商业合作，否则企业存在的意义将不复存在。

现代社会二元结构提供的是消极正义③，即以自由为核心的权利体系，对企业的行为只有合法性的判断，并没有道德性的判断，古希腊公民思想所提供的积极正义在亚当·斯密的市场机制中无法得到体现：与社会利益相一致的工人阶级和地主阶级的意志由于本身的原因无法转化为社会意志，而能够转化为社会意志的资本家，其利益却与社会利益相违背。④ 社

---

① Milton Friedman：*The Social Responsibility of Business is to Increase its Profits*，The New York Times Magazine，September 13，1970. 又见米尔顿·弗里德曼、罗斯·弗里德曼：《自由选择》，胡骑等译，商务印书馆 1998 年版，第 28 页。

② See Rafael Alvira，CSR：What Does It Mean？From Barbara Fryzel，（ed.），The True Value of CSR，Corporate Identity and Stakeholder Perceptions，Palgrave Macmillan，2015，p6.

③ 邓正来："社会正义的拟人化谬误及其危害——哈耶克正义理论的研究"，载邓正来、郝雨凡主编：《转型中国的社会正义问题》，广西师范大学出版社 2013 年版，第 75 页。

④ 亚当·斯密：《国民财富的性质和原因的研究》（上），郭大力、王亚南译，商务印书馆 1994 年版，第 241~243 页。也可参见沈敏荣：《市民社会与法律精神——人的品格与制度变迁》，法律出版社 2008 年版，第 51~53 页。

会主要阶层的"义"无法转化为社会的"正义"，古希腊社会建立起来的"真理——道德——义——正义"的社会伦理链条无法在现代社会中实现。①"经济（市场）——社会"二元结构构成了近现代社会的基本属性，市场经济正是在这个结构下运行，其基础在于如何保障商品信息的真实性，这是其存在的合理性基础。这一结构是企业仅承担经济责任的基础，当这种结构不存在时，或是社会信息不真实时，这种社会逻辑就不成立了。20世纪六七十年代之后，这种情形出现了。

第一种情况是基于对第二次世界大战教训的认识，各国认识到高关税和贸易壁垒所形成的国内垄断是导致国家猜忌和隔阂的根本原因，而垄断会使得民族国家所存在的唯一的真实信息——商品的价格也不再真实。因此，维护商品价格的真实性、保持有效竞争成为各国反托拉斯法或是竞争法的根本使命。同时，降低关税和消除贸易壁垒成为GATT和后来的WTO的主要使命，贸易自由化产生了，实现了货物、服务、货币、人员、国家间的自由流动，由此带来的突出特点就是跨国公司在国际贸易中扮演着越来越重要的角色。

到目前为止，国际社会仅仅是一种国家间的联合，并无高于成员国主权的国际机构，以联合国为代表的国际组织也仅仅是主权国家的松散合作，并无高于成员国主权的权能，因此，在国际社会并没有二元结构的存在，跨国企业在国内有国家法律的约束，而在跨国经营中，利用国家间的法律差异以及所在国的法律真空，跨国公司的法律约束就不再存在了，这些跨国的庞然大物可以利用自身的经济、法律优势，只关注自身的经济利益，而无视任何伦理要求，干出一系列违背伦理道德的事情，如污染环境、侵害消费者权益、雇佣童工、无限制延长用工时间、滥用技术优势、贿赂、缔结不正当契约条款等。因此，在没有"社会"和"市场竞争"

---

① 沈敏荣："跨越义与正义的鸿沟——构建现代中国的法律伦理"，载《武陵学刊》，2016年第6期。

约束的条件下，跨国公司在所在国可以为所欲为。①

第二种情况是市场结构并不能保证所有情况下信息的真实性，主要体现在环境、劳工、社会等问题上，主要是市场的外部性、缔约地位的不平等、信息不对称所导致的。首先是环境问题，社会化大生产带来巨大的市场外部性，首当其冲的就是环境问题，发展——污染——再发展——再污染，成了工业革命的梦魇。1972年，罗马俱乐部发表了震撼世界的著名研究报告——《增长的极限》，提出了"零增长"的对策，也被称为"零增长理论"，对"经济—社会"二元结构进行深刻反思。② 中国经济经过30年的高速增长，环境问题也变得异常突出，空气污染、水污染等环境污染问题日益严重，成了民众健康和社会发展的巨大隐患。

其次是劳工问题，劳资双方面临着缔约地位不平等，以股东为本位的公司法律结构使得员工参与度非常低，员工的尊严、健康等无法在市场中得到保障。而自20世纪70年代以来，随着信息革命和新技术的发展，新经济重视人力资本的特点逐渐显现，企业重视员工价格的内在驱动力增强。

最后是社会问题。随着科学技术的日益复杂，消费者与企业处于严重的信息不对称状况之中，而且技术的快速发展使其安全性也越来越具有不确定性，如何保障消费者的利益是市场无法保障的。随着信息技术的进

---

① 1974年联合国成立跨国公司委员会，于1977年开始拟订《跨国公司行动守则》，但是局限于国家社会权威的缺乏，《跨国公司行动守则》的法律效力一直无法获得主权国家的认同，由于各国对守则的内容、法律地位、与一般国际法的关系等问题存在严重分歧，使《跨国公司行动守则》这种统一法的思路最终以失败告终，最终联合国取消了跨国公司行动法律化的努力，因为他们认识到缺乏二元结构，对企业行为国际法上的强制性要求并不现实。从20世纪90年代开始，联合国采取更为灵活的、以CSR为基础的"国际契约"，实际上从原来的二元结构思路转为更为灵活的CSR逻辑，这种思路我们在后面再进行分析。引自John W. Meyer, Shawn M. Pope, Andrew Isaacson: Legitimating the Transnational Corporation in a Stateless World Society, from Kiyoteru Tsutsui and Alwyn Lim, (ed.), Corporate Social Responsibility in a Globalizing World, Cambridge University Press, 2015. p33.

② 罗马俱乐部的目的是促进对构成我们生活在其中的全球系统的多样但相互依赖的各个部分——经济的、政治的、自然的和社会的组成部分的认识，促使全世界制定政策的人们和普通公众都来关注这种新的认识，并通过这种方式促进具有首创精神的新政策和新行动的出现。这个俱乐部认为，人类受到各方面因素的制约，全球人口和经济的发展将面临一个极限，这个极限将很快到来。因此，这个俱乐部被认为是世界未来学研究悲观派的典型代表。

步，信息的社会网络化趋势日益加强，社会信息除了商品价格之外，商品的信誉、企业的声誉、企业家的名誉都成为影响消费者选择的重要因素。

上述情况都对"经济（市场）—社会"二元社会结构的正当性提出了挑战，尤其是当信息不对称或是这种二元结构无法建立时，完全依靠这种"二元结构"无法解决诸多社会问题，问题变得越来越尖锐。20世纪六七十年代以来，这种挑战尤其突出，如何保障社会正义成为突出的问题：市场经济本身是在政府失灵的情况下出现的，而市场本身的失灵就意味着出现了双重失灵的情况。这对现代社会提出了尖锐地挑战。

在市场万能变得越来越不现实，现代社会的二元结构无法提供问题的解决思路之后，"市场归市场，社会归社会"这种简单的社会解决方案越来越受到质疑，亚当·斯密建立起来的"消极正义"越来越得不到实践的支持，关注积极社会正义的伦理思想取得突破性的发展，突出的表现就是20世纪70年代罗尔斯的《正义论》第一次集中面对现代社会中的正义问题。[1] 而在经济领域，CSR理论与实践的发展表现得尤其明显。

在市场经济提供的消极正义导致的正义提供不足，而共和国的积极正义又因信息的真实性问题无法提供，社会就出现了正义的真空。这时，法律正义就变得异乎寻常的重要了。

在亚里士多德的共和国思路中，法治是重要的辅助手段，"如果既是贤良为政，那就不会乱法。"[2] 但是，这种法治是依附于贤良政治和公民的直接民主的。而在亚当·斯密的市场经济治理模式中，法治也非常重要，但也是辅助性的，财产权的"绝对性""天赋性"是实现"意思自治"的基础，契约本身相当于法律的效力。在现代社会条件下，尤其是在市场与政府双失灵的情况下，社会正义无法从"义"的层面上提供，或是供给严重不足的情况下，从"不义"的方面进行约束就成为现代社会正义的显著

---

① 美国哈佛大学教授约翰·罗尔斯的《正义论》一书自1971年问世后（罗尔斯针对该书出版后的批评意见，1999年重新做了修订），在西方国家引起了广泛重视，被视为第二次世界大战后西方政治哲学、法学和道德哲学中最重要的著作之一，被列为历史经典名著。

② 亚里士多德：《政治学》，吴寿彭译，商务印书馆2016年，第202页。

特点，而这种矫正正义唯有法律和法治才能提供。在这一思路下，几条基本的社会主义法治原则变得越来越清晰。

第一，公民基本权利的保护和完善。从发展的渊源来看，马克思主义的发展是继承了文艺复兴以来人的发展和人的解放的思路，因此，在社会主义法治理念根本出发点上，人民的福祉和公民的基本权利的保障是基本落脚点，社会成员的全面发展是其目标。人的全面发展需要遵循人的自然属性和人的社会属性，现代社会"自然人"的思想就是在尊重人的自然属性的基础上产生的，是法治社会和民法典的出发点。人的自然属性最基本的方面就是人的人身自由，全面保障人的人身自由是社会主义法治的基本要求，不经过正当程序不得剥夺任何人的自由。

第二，公民财产权利的保护。无论是共和国的思路，还是市场经济的思路，物质财富都是人的发展的外在基础，亚里士多德将之称为"外在诸善"，亚当·斯密将之作为人的绝对比较优势的载体，作为市场机制有效运行的基础。在社会主义市场经济条件下，公民财产权利的全面保障是社会主义法治最基本的条件之一。

第三，受到制约的社会权力。无论是共和国的思路，还是市场经济的思路，受到制约的权力都是法治的应有之义，同样，在社会主义法治中，恣意的权力应受到制约，无论是行政权力还是市场权力。亚里士多德在《政治学》一书中提到，没有制约的权力，社会权力的不平衡，公共利益得不到保障，导致的是"变态政体"，这一原理在社会主义法治条件下也是适用的。

第四，社会正义的实现。亚当·斯密的市场经济结构中并不提供积极正义，而是提供消极正义，因此，在市场经济条件下，基于比较优势之下，社会财富得以积聚，能够实现个体与社会共同发展的双赢，但是并不能解决社会的贫富分化、无产阶级相对贫穷和市场外部性问题。市场经济存在市场正义供应不足的问题，马克思主义的发展就充分地说明了这一问题。在西方，强调社会正义成为现代经济和社会改革的主要动因。我国的社会主义市场经济在很大程度上也是针对市场经济结构中的二元化和消极正义问题，通过社会主义提供的正义来弥补市场经济结构的不足。重视社会正义是社会主义市场经济的显著特点。社会正义包括政治正义、经济正义和法律正义，在市场经济条件下，正义的提供需要符合社会正义的基本要求，尤其是法律正义的要求。

三、制度改革与创新：社会主义市场经济视角下的正义

我国的现代化面临着转型社会与大一统社会传统深刻影响的双重压力，同时，在近乎一个大洲的领土面积的国家中建设现代社会无任何先例可以遵循。① 社会主义市场经济的提出很大程度上是为了克服现代社会中正义提供不足的矛盾。但是，这种正义必须在正视现代社会规律的基础上才能进行。

首先，社会主义思想很大程度上沿袭了共和国的思路，但是共和国的发展路径存在社会真实信息的来源问题。如果能够解决社会信息来源及其真实性问题，共和国的现代化路径是一个很好的社会与个人共同发展的路径，因为这是一条直接的促进之道，而非像市场经济思路一样，是一条间接的发展路径。但是这种真实的信息受制于民族国家、多民族国家的人数，使得这种方法大规模的运用受到限制。因此，在经济领域，我们通过近30年的计划经济已经认识到，统一的计划方法不足以收集到足够的真实信息，同时，官僚的决策无力反映市场的变化，在经济领域能够获得真实有效的信息，市场的方法仍是唯一的有效方法。在这个意义上，我们已经认识到真实的信息来源在于市场分工与交易。但是经济领域的影响并未扩及政治领域，我们的理论认识和实践都没有否定政治的方法是收集政治信息的有效方式。自霍布斯以来建立的对亚里士多德政治的"善的艺术"的反动在中国并未形成普遍共识。而且多民族国家存在共识的分裂也使得

---

① 美国建国经验最终的结果是放弃单一制而采取联邦制。而中国长达数千年的单一制传统又非短时间内所能克服，因此，没有传统负担的美国的经验不足以构成中国现代化的有效先例。

大一统社会的因素在很多方面存在社会需要。政治的道德要求传统仍非常强烈，德治指引下的政治秩序仍具有非常强烈的活力。

公民与国家的契约关系并未得以在公共领域与政治领域中展开，而依此而生的宪政也就不能充分展开了。这就使得现代中国在政治领域的共和国思路和在经济领域的市场经济思路存在冲突。这两个思路在社会信息的真实性来源上和人的发展路径上存在根本的分歧，这也使得二两者的融合存在理论上的冲突。实践中，这种冲突体现为对待国有企业的地位与作用的问题。从共和国的角度来看，国有企业是共和国必然的支撑，共和国在信息和正义的掌握上具天然的优势，国家掌握资源的分配，包括生产资料和生活资料，这是共和国分配正义的基础。个人的发展需要有外在诸善、身体诸善和内在诸善，同样，共和国的存在也需要有物质诸善作为基础。市场经济又指出，国家作为整体不可能拥有真实的社会经济信息，真实的信息来源于实实在在的个体分工与交易，国家只在能够掌握真实信息的基础上来发挥自己的功能，那就是依附于个人的意思自治，强制契约的履行，保障个人的安全——警察功能和整个体制的安全——国防功能。国家的作用是依附性的，是次要的，是第二位的。这两种针锋相对的认识必然在公共事务和公共领域产生冲突。

其次，现代社会制度构建的基础是发挥人的内在潜力，无论是亚里士多德的共和国还是亚当·斯密的市场经济，均以此为出发点。这也是现代社会之所以具有生命力的真正原因。这种后天努力改变自身命运的可能性也是我们提出的"中国梦"在个人层面的实现。

无论是共和国还是市场经济，其基础都是后天改变命运，都是强调人身上的神性、人无穷的潜力，如果能够将这些潜力发挥出来，任何先天的差别都是微不足道的。在这个意义上，"权利面前人人平等"这一法治基本原则才具有理论与现实意义。因此，社会制度的设计是使得大多数人能够通过努力来实现自身的梦想，对这种梦想实现方式的扭曲是不义的，是现代法律正义需要矫正的。

再次，要重视现代社会三种正义提供方式的不同属性。现代社会很多的方面是依据亚里士多德的混合体制来构建的①，社会存在三种正义的提供方式。这三种正义的提供方式都有自身的规律，共和国的分配正义需要以公开信息和正当程序为基础，在现代社会中，正当程序和公开信息成为行政法中的基本原则，也成为其合法性的标志。而在经济领域，市场经济具有配置资源的优先地位，市场经济的法则是基础性的，消极正义的提供需要以财产权的绝对化、契约自治的法律化、契约的强制履行为基础，对于当事人的意思自治需要给予足够的空间，这样才能使得市场中的真实信息能够通过价格这一中介反映出来。在市场经济的消极正义中，或是存在市场失效的情况下，法律的矫正正义尤显重要。在现代社会的正义提供中，法律正义扮演着越来越重要的作用。

最后，重视法律矫正正义的作用。共和国的发展路径强调分配正义，因为国家具有社会整体信息上的优势，直接民主和共和国的制度结构能够将社会信息汇集起来，在分配上具有天然的优势。但是民族国家之后，国家在信息汇集上的优势丧失了，国家无法掌握足够的真实信息，国家在分配正义上开始退缩，成了守夜人的国家，国家提供的正义从积极正义变成了消极正义。

在民族国家，社会信息开始采取自发的聚集方式，通过价格间接地反映出来，任何人为干预都会影响这种真实信息的显示，因此，近代民族国家制度设计的核心是保障这种信息传递方式的有效性。近代市场经济、社会契约、宪政思想都是围绕这一思路展开的。国家提供分配正义的功能大部分丧失了，虽然还保持着财政、税收功能，但这种功能也受制于议会。

社会正义很大部分是通过矫正正义的方式来实现，而矫正正义正是法律正义的基础。其实，正义的提供方式有两种，一种是分配正义，即通过社会成员的发展与社会的整体发展相结合，将社会的整体发展带入到个体

---

① 以美国的现代制度为例，议会中的众议会体现的是民主因素，参议会体现的是贵族治理因素，总统的行政权力体现的是专制因素，而司法提供的矫正正义是这些制度能够有效运转的根本保障。

的发展之中。另一种是矫正正义，将"不义"的情况通过法律强制的方式加以杜绝，从而实现正义。

矫正正义具体体现在以下几个方面：

第一，建立以矫正正义为核心的正义提供体系。在亚里士多德的共和国方式中，法治成了最优治理方式的基本要素，而在市场经济的治理方式中，法治成了必要的因素。在缺乏分配正义的情况下，法治提供的矫正正义具有优先和基础性的地位。因此，建立以"不义"为基础的法治伦理体系成为现代化的必然选择。

中国长期以来的大一统社会传统形成的以行政官僚为核心的治理体系与市场经济和共和国治理模式存在冲突，行政官僚体系本身存在信息不真实的问题，因此无法实现体系内的自我反省。而共和国与市场经济的治理模式也存在信息来源不真实的情形，因此，这两个体系只要在信息真实的情况下，都存在自我反思和自我反省的功能，也就是存在自我进化的功能，反之，均无法正常运转。

自 2012 年以来，我国司法机关的改革不断深化，这种深化改革的目的就在于形成司法机关独立于行政机关的判断能力，这是我国现代化的基础。

第二，社会成员的意思自治以不得剥夺公民的基本人权为前提。法治的一项基本原则就是权利和自由的行使不得以侵害他人的基本权利为前提，这在私法中是通过侵权法来进行保护。即由于侵犯了人的基本权利而使人性扭曲，通过法律的强制性禁止使得这些扭曲得以恢复，从而使得缺少分配正义的社会分工与交易能够有效地进行。民族国家的政治领域也是通过法律的矫正正义来保证社会契约的实现，即通过人权法案的方式，使公民的基本权利不能通过立法、行政的方法进行限制，唯一可以限制的是通过司法、依据正当程序进行个别的限制。

第三，社会中的"不义"需要以国家强制的方式规定。这些不义包括人发展必须的条件，尤其是先天的、自然的条件，没有这些条件，人的发展的基础就丧失了。无论是共和国思路下还是市场经济思路下，这些反映人的文明性和自然的因素都是法律需要保障的。

（1）基本的温饱水平。在共和国思路下，国家保障公民有尊严的生活，使公民能够有闲暇参与管理国家的事务。在雅典和罗马共和国，公民需要有足够的外在诸善的保障，这在历史记载中有明确记录。① 同样，在市场经济思路下，这种保障需要其能够维持简单的再生产，能够维持温饱和基本的生活，使社会维持在基本的文明水平。

（2）基本的自然条件，包括人的自然属性和社会的自然条件。从这一基础可以推导出，社会的发展不能以污染环境作为代价，尤其是在认识到发展与污染并行的情况下。因为这种发展是以牺牲社会一部分人的自然属性为代价的，是"不义"的。

（3）人的身体基础和财富基础。人的身体是人的发展的自然基础，人的财富是市场经济条件下分工与交易的基础，这都是在现代社会条件下人发展的基础，对这些权利的侵害都是"不义"的，因此需要受到强制法的保护和调整。

四、法治与社会正义：重视"义"的作用

法治是现代社会的标志，更是市场经济的基本特征。不受限制的恣意的权力，以及任何不受宪法和法律约束的个人与组织，都与现代化背道而驰。国家（制度）现代化最重要的标志是全面法治，而全面法治也为国家（制度）现代化提供有力的保障。改革开放后，中国法制建设事业是汇合在整个国家与社会变革之中的，留下了自己鲜明的烙印，其中，最显著的共识就是"法治"。"法令行则国治，法令弛则国乱。"法治是国家发展的重要保障，是治国理政的基本保障，"法治"是我们党领导人民治理国家的基本方略，也是中国在长期的现代化探索中得出的宝贵经验。2013 年

---

① 策勒尔：《古希腊哲学史纲》，翁绍军译，山东人民出版社 2007 年版，第 13 页。

11 月，党的十八届三中全会做出《中共中央关于全面深化改革若干重大问题的决定》（以下简称"三中全会《决定》"），对全面深化改革做出总体布局，其中，法治建设被着力强调，体现了法治改革优先的战略。2014 年 10 月，十八届四中全会通过《中共中央关于全面推进依法治国若干重大问题的决定》（以下简称"四中全会《决定》"），以"依法治国"为主要议题，这在中国共产党的历史上尚属首次。法治作为正义最为优先的、基础的提供方式被再次确定和强调。

中国社会主义改革具有复杂性，既需要借鉴其他先进国家的经验，又不能照搬照抄，需要创新性发展。因为近代社会所建立起来的民族国家的现代化模式在我国多民族国家条件下基础不同、条件相异：①中国传统的二元结构需要整合。长期的大一统社会约束使中国传统分化为两个性质相异的分支，现代化需要建立在传统文化的承继之上，如何继承又存在传统整合与辨识的过程。②中国现代社会的意见整合需要创新性发展。在中国人口多、疆域广的条件下实现现代化，存在缺乏共识、意见难以统一的矛盾。③西方社会的二元结构与传统无法适应中国的现实。西方的现代化进程体现了强烈的二元化特点：世俗国家与宗教分离、政治社会与市场分离、公民社会与市民社会分离的二元社会结构；共和国的政治路径和市场经济路径的二元现代化实现方式。我国长期大一统传统下的行政权过度干预和简单划一的治理，与市场经济的自由竞争、社会成员的多样性保存存在激烈的矛盾，使得中国的改革事业具有复杂性，硬搬这种二元结构的思想、概念和模式肯定会遭遇强烈的水土不服。

但是西方思想家文艺复兴时代的以下共识对我国的中国特色社会主义新时代思想具有重要的启示意义：①自文艺复兴开始开启的西方新时代是一场思想启蒙运动，具有普遍的影响力。启蒙是基于对人和社会的深刻理解，也只有从人与社会的共识出发，才能形成普遍的影响力。文艺复兴提出人的自然属性和人的自然状态是个人发展之"义"的基础，个人的品格是个人发展的基础，但是民族国家的社会成员间的信息隔阂使得政治社会无法汇集个人信息，国家成了"人造的上帝"，马基雅维利与霍布斯的分析指出，文艺复兴所指向的古希腊共和国和公民文明无法在近代民族国家的条件下实现，个人的发展只是局限于文学艺术的"乌托邦"梦想。虽然文艺复兴无法实现类似于古希腊城邦国家的社会成员在政治社会中的发展，但是从人的自然属性和自然状态出发认识社会现象成为文艺复兴之后社会科学的突出特点，近代的霍布斯、洛克、孟德斯鸠、卢梭的研究尽管观点不同，但均从这一点出发，现代的罗尔斯、诺齐克、麦金泰尔、麦克尼尔等的论述也是如此，这成为西方社会科学分析的逻辑起点。②西方的新时代是思想的重构，是在启蒙思想的基础上对社会思想和力量的理性整合。理性时代以霍布斯、洛克、伏尔泰、孟德斯鸠、卢梭为代表，这一时期的发展特色为运用理性，用批判的方法分析自然科学、哲学、伦理学、政治学、经济学、历史学、文学、教育学等，勇于质疑权威与传统教条，朝个人主义发展，强调人类进步的普世观念，出现了大批百科全书式的人物，在社会科学领域取得了突破性发展。③西方的新时代创造性地解决了个人发展之义与社会正义间的隔阂，创造出适合人的发展和各种社会力量共生的局面，激发出惊人的创新力。18世纪的科学时代正是其突出表现，以牛顿、莱布尼茨等主导的基础科学的突破和以蒸汽机为代表的工业革命的出现都是自然科学方面的体现。④西方的新时代的最终体现是现代新制度的产生，这是现代社会的基础，也是社会可持续发展的保障。18世纪末、19世纪初，以法国革命、德国民法典和美国宪法为标志，西方社会制度经历500年才走向成熟。西方开创的新时代呈现出人文科学（思想启蒙）——社会科学（理性协调）——自然科学（现实效果）——法律制度（制度理性）四个层次的发展，也使得在18世纪之后西方世界迅速超越东方世界，成为近现代社会的主导者。这种新时代的认识在西方学者的研究中业已成为共识，在他们的研究中得到了充分的体现，成了学术共同体的基础和共识。

正如上面的分析指出的，中国的社会主义改革具有自身的复杂性，机械的模仿与抄袭他人的思想与经验在近两个世纪的现代化实践中一再被证明是不可行的。同时，中国的现代化又确实需要借鉴、吸收全人类的文明成果和智慧结晶，在不断开放中创造性地发展已有智慧成果，这正是中国特色社会主义新时代思想提出的意义所在。在中国特色社会主义新时代思想中，"义"的明确与恢复是核心，尤其是在互联网与大数据经济迅猛发展的新经济条件下，个人的发展和活力在经济与社会发展中发挥着越来越重要的作用，重视人的发展成为国家综合竞争力的根本。转型时期的中国正处于中国特色社会主义新时代的入口，这既是新经济时代的开始，互联网和人工智能开启了自产业革命以来新的经济革命，同时这又是中华民族迈向全面复兴的激动人心的时代，承载了中华民族近 200 年（自 1840 年鸦片战争始）突破困境、结束屈辱、重创辉煌的梦想。但是，这也是一个矛盾重生、野蛮生长与文明创新并存的时代，如何生存与发展无时不在考验每一个身处其中的人们，也无不考验处于激烈竞争中的组织，以及处于国际竞争中的国家。因此，需要"义"的启蒙。从中国传统社会的演化和西方社会的发展来看，"义"是文明传统的精神所在，是真理连接实践的纽带。西方的古希腊传统和基督教传统莫不以"义"为中心，社会走向黑暗必然缘于"义"的扭曲。中国的民族复兴必然也在于"义"的复兴。

第二节　义与正义：东西方传统的比较

中国的现代化具有很强的外力推动因素，尤其是西方社会的影响。西方社会长期以来是在开放的体系中成长，因此，其传统也具有开放的因素，具有较强的自我反思与自我修复功能。中国的传统思想自秦汉以来，大一统社会的因素就不断加强，缺乏自我反省和自我修复的功能。当中国传统与西方社会在近代交汇一起之时，双方就处于尖锐的矛盾和冲突之中。中国的现代化同时受到这两股力量的影响，因此，研究这两个传统的关系，对中国社会走向现代化并在此基础上实现民族复兴是非常重要和必要的。

孔子的儒学思想是中国传统的基础，而孔子的思想又以"仁义"为中心，强调人的道德修养，由此，"仁义"思想在中国传统中起到了基础性作用，并与长期以来的封建政治统治结合在一起，形成"德主刑辅""以德入法"的传统。而"正义"是西方社会传统最核心的概念，无论是古希腊亚里士多德的政治学，抑或古罗马的法律传统，还是后来的基督教传统，都强调正义（justice），强调自然法中的正义诉求以及政治秩序和社会法律的正义性，社会正义是个人发展的保障。这一传统对中国近代社会的形成和现代社会制度的构建起到了架构性地支撑作用，使整体制度具有反思和自我修复的功能。

因此，从正义与仁义入手来研究两者的关系，可以迅速抓住两者的思想脉络，认清两者的本质区别，同时对中国现代化中的诸多问题可以提供指导。

一、共同的基础：以真理或是道作为基础

仁义思想成形于春秋战国时期，这一时期是中华民族历史上的大变动时期：礼崩乐坏。夏商周以来形成的社会秩序完全崩解，社会面临全面变革：从井田制走向小农自给；天下共主的邦国制走向诸侯林立、各自为政，直至逐鹿天下。天下纷乱，人类邪恶的本性也得到彰显：野蛮受到褒扬，诚实走向无用，邪恶成为生存的法则。①

大变动社会使社会中一切外在的东西都不足以成为依靠的对象，人的地位、财富、能力、关系都不足成为人依靠的对象，变动之中，人如草

---

① 在乱世之中，人性中的邪恶得到了无限的释放，善良成为社会中的稀有之物，社会没有公平正义可言。天地易位、乾坤颠倒，对的成为错的，错的横行于世；一年四季混乱之极，六月飘雪，冤魂四起。社的忠良之士"列星陨落"，社会充斥着污秽龌龊、道貌岸然，光明、正直难容于世，都隐藏不见了。正如《荀子·赋》中所言："天地易位，四时易乡；列星殒坠，旦暮晦盲。幽暗登昭，日月下藏。……仁人绌约，敖暴擅强。天下幽险，恐失世英。螭龙为蝘蜓，鸱枭为凤凰。比干见刳，孔子拘匡。"参见沈敏荣：《仁者无敌：仁的力量——大变动社会的生存之道》，人民出版社2015年版，第25页。

芥，也若浮萍，随风而逝，随波逐流，苦海无边。身处乱世，对人的生存智慧是一个巨大的考验，是遵循良善呢？还是随波逐流，成为桀纣的帮凶呢？"礼义不行，教化不成"，为什么一个人还要苦苦支撑呢？①

春秋时期的诸子百家不约而同地拒绝随波逐流，尽管他们提出的解决方案不同，但都认为这并不是无解的人生。而且他们拒绝的理由都是相同的。庄子说，我们面对乱世的苦恼是因为我们的"小知"，如果我们能够以"五百年为春，五百年为秋"，甚至"以八千岁为春，八千岁为秋"，我们就能够知道我们身上有个神奇的力量。②

人身上这种神奇的力量如果能够发挥出来，就能够做到"知者不惑、仁者不忧、勇者不惧"③，成为具有"艺、勇"各种才能的"成人"④，能够实现"三军可夺帅，匹夫不可夺志"的矢志不渝，成就"仁者无敌"⑤。孔子讲的"成人"、庄子讲的"神奇力量"、荀子讲的"宝物"、圣经讲的人的"神性"，都是人与生俱来的力量。一个人找到了这种力量，就可以成就自己；一个民族找到了这个力量，就可以经久不衰，即使衰落，也可

---

① "知者不得虑，能者不得治，贤者不得使"，社会黑白颠倒，坚持的结果是什么呢？往往是"为恶得福，善者有殃"。在墨子时代，当时的人们就向墨子提出同样的问题。原文为："子墨子自鲁即齐，过故人。谓子墨子曰：'今天下莫为义，子独自苦而为义，子不若已。'子墨子曰：'今有人于此，有子十人，一人耕而九人处，则耕者不可以不益急矣。何故？则食者众，而耕者寡也。今天下莫为义，则子如劝我者也，何故止我？'"见《墨子·贵义》，载《墨子校注》，吴毓江撰，孙启治点校，中华书局2006年版，第670页。

② 《庄子》以其神话般的叙述展现了一个我们无法用肉眼看到的神奇世界是，而这个世界正是我们内在潜力世界。"北冥有鱼，其名为鲲。鲲之大，不知其几千里也；化而为鸟，其名为鹏。鹏之背，不知其几千里也；怒而飞，其翼若垂天之云。是鸟也，……水击三千里，抟扶摇而上者九万里，去以六月息者也。"（见《庄子·逍遥游》。）详细分析见沈敏荣：《仁者无敌——大变动社会的生存之道》，人民出版社2015年版，第39~40页。

③ 《论语·子罕》。

④ 《论语·宪问》。

⑤ 《荀子·赋》。无怪乎荀子指出："有物于此，居则周静致下，动则綦高以钜。圆者中规，方者中矩。大参天地，德厚尧禹。精微乎其充，盈乎大宇。忽兮其极之远也，攭兮其相逐而反也，卬卬兮天下之咸蹇也。德厚而不捐，五采备而成文。往来惽惫，通于大神，出入甚极，莫知其门。天下失之则灭，得之则存。""有物于此，生于山阜，处于室堂。无知无巧，善治衣裳。不盗不窃，穿窬而行。日夜合离，以成文章。以合从，又善连衡。下覆百姓，上饰帝王。功业甚博，不见贤良。时用则存，不用则亡。"人身上这样的宝物，"天下失之则灭，得之则存""时用则存，不用则亡"，这是一个什么样的宝物呢？能够让人超越世间的变动不居。实现"无爵而贵，无禄而富，不言而信，不怒而威，穷处而荣，独居而乐，岂不至尊、至富、至重、至严之情举积此哉！"

以走向复兴。除了这种力量，我们再也找不到其他可以支撑的力量了。中西方莫不如此。

在西方也有类似的情形。希伯来民族是一个多灾多难的民族，也是一个不断实现复兴的民族。① 希伯来民族是一个拒绝平庸的民族，能够支撑他们不断地在困难中立稳脚跟，不断地与弱肉强食的世间抗争的精神支柱来源于他们的希伯来《圣经》，其中宣示：人是由"神的形象"创造的，如果遵循神的道和义，人就能够永恒。

除了希伯来传统外，古希腊传统也是西方传统的渊源之一。古希腊当时存在 200 多个城邦，如何构建一个最优城邦成为古希腊传统中的核心命题，亚里士多德对 200 多个城邦的经验进行总结，提出了构建最优城邦的经验和建议，对西方的正义传统产生最为深远的影响，被尊称为政治学之父和伦理学之父。亚里士多德采取的是自然法思路："自然对每一事物各赋予一个目的，只有专用而不混杂使用的事物才能有造诣最精当的形性。"② 他在《政治学》和《尼各马可伦理学》中系统地整理城邦的经验和教训，亚里士多德的正义呈现出"真理(善)—德性(道德德性)—权宜(理智德性)—正义"的发展路径。

在亚里士多德那里，正义存在于城邦之中，一个人如果不在城邦中发展，是不可思议的，要么是超人（即不按正常人的发展路径走的极小概率事件），要么是愚人（即视真理而不见的人）。绝大多数人都需要在城邦中发展。那么，城邦需要发展一个什么样的人呢？亚里士多德遵从了古希腊传统对人的普遍共识，即人的普遍性是由神性和兽性构成，人具有神的属性，即能够无所不能。古希腊文明将人理解为神与人的结合，如希腊神话中的英雄如阿喀琉斯（Achilles）、奥德修斯（Odysseus）、赫拉克勒斯（Heracles）等，在古希腊思想中，人与神的属类是共同的，人也具有无所

---

① 世间的错误千千万万，而真理就只有唯一，复兴的民族都遵循着共同的道路。中华民族的复兴之途，从希伯来人的身上其实可以学到很多复兴的秘诀。

② 亚里士多德：《政治学》，吴寿彭译，商务印书馆 2016 年版，第 5 页。

不能的神性。因此，人存活于世上的最大意义是如何在人性的基础上将人的神性释放出来。而兽性是只依自己的欲望、冲动、感觉和短期利益行事。人通过恰当地培养，能够将自身的神性发挥出来，如果不经过培养，任其发展，则只会纵长兽性。"凡隔离而自外于城邦的人——或是为世俗所鄙视而无法获得人类社会组合的便利或因高傲自满而鄙视世俗的组合的人——他如果不是一只野兽，那就是一位神祇。"① "人类由于志趋善良而有所成就，成为最优良的动物，如果不讲礼法、违背正义，人就堕落为最恶劣的动物。悖德（不义）而又武装起来，势必引致世间莫大的祸害；人类恰正生而具备武装，这些武装本来应由人类的智虑和善德加以运用，可是，这也未尝不可被运用来逞其狂妄或济其罪恶。"②

人的发展需要特定善的支持，没有这些善的支持，人的神性是发挥不出来的。"每种技艺与研究，同样地，人的每种实践与选择，都以某种善为目的。所以有人就说，所有事物都以善为目的。"③ 城邦政治学是为了人的发展这种善，这种善就是最高的善。④ "城邦各是一种类的社会团体，一切社会团体的建立，其目的总是为了完成某些善业。……既然一切社会团体都以善业为目的，那么我们也可以说社会团体中最高而包含最广的一种，它所求的善业也一定是最高而最广的；这种至高而广涵的社会团体就是所谓'城邦'，即政治社团。"⑤

这些善包括外在诸善与内在诸善。外在诸善包括财富、高贵、友爱、好运；而内在诸善包括身体诸善和灵魂诸善，身体诸善包括健康、强壮、健美、敏锐，灵魂诸善包括节制、勇敢、公正、明智。⑥ 这些善并不是单独存在，需要同时获得，而这种获得只有在城邦中才能取得，这也是为什么城邦是适宜公民发展的唯一场所，而脱离城邦的生活是不足取的。如何将这些善

---

① ② 亚里士多德：《政治学》，吴寿彭译，商务印书馆 2016 年版，第 9 页。

③ 亚里士多德：《尼各马可伦理学》，廖申白译，商务印书馆 2003 年版，第 3~4 页。

④ 亚里士多德：《尼各马可伦理学》，廖申白译，商务印书馆 2003 年版，第 6 页。

⑤ 亚里士多德：《政治学》，吴寿彭译，商务印书馆 2016 年版，第 3 页。

⑥ 亚里士多德：《尼各马可伦理学》，廖申白译，商务印书馆 2003 年版，第 22 页。

整合在一起，促进人的发展，这就是个人的事务（伦理学），同时也是城邦（政治学）的任务，因此，伦理学与政治学具有共通之处。

德性只有在城邦中才能得到支持。而德性的基本点就是真实，只有在真实的基础上，人的神性才能够源源不断地发挥出来。① "产生着德的那些行为，以及德性是在我们能力以内的和出于意愿的。"② 在真实的基础上，人的美德就是采取中庸，"有三种品质：两种恶——其中一种是过度，一种是不及——和一种作为它们的中间的适度的德性。"③ "德性是适度，是品质，表明了德性使我们倾向于去做，并且按照逻各斯的要求去做。"④真实性是这些理智德性的特点，"如果我们凭借着在不变甚至可变的事物中获得真，并且从未受到其欺骗的品质是科学、明智、智慧，如果使我们获得始点的不是这三点之一，那么始点就只能靠努斯来获得。"⑤

在始点上，仁义与正义的起点都是基于对人的认识和人类社会真正的力量源泉，而且对人自身身上的力量有着深刻地认识，认为人身上有神性，有神奇的力量，有成为一个真正的人的力量。

二、道德德性：通向人的发展的不变路径

在对人的这种本质属性的认识下，孔子的仁学正是着手解决这一问题。一开始人的内在潜力处于沉睡状态，人人皆为小人。所谓小人，就是内在的人很小⑥。依《论语》中孔子的解释是"言必信，行必果，硁硁然小人哉。"所谓"硁硁然"，就是不依环境、时间的变化而变化，这说明如果我们"志于道"，依真理的道路前进，在理论上可以实现外在的人与内在的人的一致，也就是"大人"，但这条道其实并不容易，在《新约》中

---

① 亚里士多德：《尼各马可伦理学》，廖申白译，商务印书馆 2003 年版，第 63~64 页。
②④ 亚里士多德：《尼各马可伦理学》，廖申白译，商务印书馆 2003 年版，第 76 页。
③ 亚里士多德：《尼各马可伦理学》，廖申白译，商务印书馆 2003 年版，第 53 页。
⑤ 亚里士多德：《尼各马可伦理学》，廖申白译，商务印书馆 2003 年版，第 174 页。
⑥ "小人"，依现代理解，或依现代日常用语，已丧失其中性之义，而具有贬义。

被称为"窄路"①，需要具备智慧、毅力和勇气，方能通行。此处的"小人"是指人内在人格的成长状态，内在人格初成，知晓美德，在个人发展中的重要意义，并能付诸实施，但是缺乏权变之义上的训练，未能实现"毋意，毋固，毋必，毋我"，无法应对变动社会的挑战，需要在"志于道""依于礼""权于义"上加强，促进内在人格的成长。

孔子的仁学可以归纳为三十字真言，即"志于道、兴于诗、据于德、立于礼、依于仁、辅于友、敏于行、合于爱、游于艺、成于乐"②。正是在这些智慧思想的指导下，美德的作用被揭示出来。美德的作用并不在于对社会的贡献，或是"人人为我，我为人人"的功利交易，而在于"认识我自己"，在发挥人的潜力的过程中，人需要有各种品格，如"立志"③，需要有"仁、知、信、直、勇、恭、慎、刚、毅、木、讷、诚、忠、恕、孝、悌、义、智、好学、中庸、以德报怨"等诸种美德。其中，"仁、义、礼、智、信"称为"五达德"。在孔子的仁学思想中，这些美德的基本逻辑是这样的："十五而志于学"，首先需要"立志"，即"志于道"，这是非常重要的，这个"道"就是上面所讲的关注于人的力量之源的发展，这是根本，失之毫厘，谬以千里。然后是"志于学"，学习各种"文"理，

---

① 《马太福音》7：13：你们要进窄门。因为引到灭亡，那门是宽的，路是大的，进去的人也多。《路加福音》13：24：耶稣对众人说，你们要努力进窄门。我告诉你们，将来有许多人想要进去，却是不能。

② 参见沈敏荣：《大变动社会与仁学智慧》，《华侨大学学报》，2016 年第 5 期。还可参见沈敏荣：《仁者无敌：仁的力量——大变动社会的生存之道》（上），人民出版社 2015 年版，第 59 页以下。孔子指出，需要做到"志于道"，即人的发展之路具有共性，"吾之道，一以贯之"；做到"兴于诗"，依自己的兴趣、爱好来设计自己的人生路径；"据于德"，道德能够让我们始终如一，不离不弃；"立于礼"，让我们将不可能实现的目标化为点滴的日常行为，这是我们能够实现"大人"目标的唯一路径；"依于仁"，时刻关注自己的外在的人与内在的人的统一，这是我们修正我们的道德、我们日常行为的基本原则；"敏于行"，力行谓之仁，自我潜力的开发是一条窄路，唯有不纠缠于细枝末节，迅速地通过，我们才不会被各种压力、欲望压垮；"辅于友"，以文会友，以友辅仁，德不孤，必有邻，志同道合的朋友让我们能够互相鼓励、互相激荡，让我们在窄路上不至于压力过大；"合于爱"，对父母的孝，对兄弟姊妹的悌，对朋友的义，对陌生众人的爱，对敌人的"以德报怨"，在爱中，让我们的能力不断地寻求自我突破；"游于艺"，我们毕竟生活于世俗的生活之中，我们的专业是我们立足之本，既延续我们的生存，也承载着我们的发展；"成于乐"，我们的成功并不全是苦难，愚公移山，最后是众志成城，并非一己之力，得道多助，失道寡助，我们可以快乐地成就仁学。

③ 《论语·为政》。原文为："子曰：'吾十有五而志于学，三十而立，四十而不惑，五十而知天命，六十而耳顺，七十而从心所欲，不逾矩。'"

也就是学习前人的各种智慧结晶，如"诗"，"可以兴，可以怨"，了解自己，发现自己的兴趣与爱好，这是人的立世之本。在此基础上，向外扩展，既照顾好自己，也能够照顾好自己最亲密的人——父母，那就是"孝"，以及和自己有血缘关系的平辈，能够做到像哥哥照顾弟弟一样地处理兄弟姊妹之间的关系，这就是"悌"，这是人能力扩展的第一步，也正是《论语》中所讲的："孝弟也者，其为仁之本与。"（《论语·学而》）然后再扩及自己周边认识的人，那就是"义"，再是不认识的人，那就是"泛爱众"①"爱人"②，最后是能够正确对待你的敌人和对手，"以德报怨"。这样，在"美德"的基础上，人的能力就实现了逐步扩展。

"厚德载物"是人成长的必然途径，"不恒其德，或承之羞"（《论语·子路》），"德"需要和日常行为规范结合在一起，正如孔子讲的，需要与"礼"，即与人的日常行为规范相结合③，德如果不与"礼"相结合，就会走向反面。同样，德还需要与"好学"相结合④，否则也会走向反面。

以上是孔子仁学思想中"大人"的实现路径，一个人的发展莫不以此为路径，长期以来，在中国传统儒家的经典解释中，存在仁学人格谱系的混乱，将"小人"与"君子"对立，将"君子"与"大人"混同，言必自称为君子，其实都是对孔子仁学与《论语》的有意或无意误读所致。与"小人"相对的实则为"大人"，"君子"是超越小人的一种状态，并非与"小人"相对，如《论语》中有"君子喻于义，小人喻于利"，"君子怀德，小人怀土。君子怀刑，小人怀惠。"（《论语·里仁》）此处，小人"怀利""怀惠"，那么君子讲"利"、讲"惠"吗？仔细研读《论语》就可发

---

① 《论语·学而》。原文为："子曰：'弟子，入则孝，出则悌，谨而信，泛爱众，而亲仁。行有余力，则以学文。'"

② 《论语·阳货》。原文为："君子学道则爱人，小人学道则易使。"《论语·颜渊》，原文为："樊迟问仁。子曰：'爱人。'"

③ 《论语·泰伯》。原文为："恭而无礼则劳，慎而无礼则葸，勇而无礼则乱，直而无礼则绞。君子笃于亲，则民兴于仁；故旧不遗，则民不偷。"

④ 《论语·阳货》。原文为："好仁不好学，其蔽也愚；好知不好学，其蔽也荡；好信不好学，其蔽也贼；好直不好学，其蔽也绞；好勇不好学，其蔽也乱；好刚不好学，其蔽也狂。"

现，君子讲"利"，"富与贵，人之所欲也"，"贫与贱，人之所恶也"（《论语·里仁》），"因民之所利而利之"（《论语·尧曰》）。君子也讲"惠"，"君子惠，而不贪"，因此，君子并非小人的对立面，而是超越小人，不再讲"小利"，"见小利，则大事不成"（《论语·子路》），转而讲人生大利，不再"放于利而行"（《论语·里仁》），而是"见利思义"（《论语·宪问》），做到"惠而不贪"（《论语·尧曰》），因此，君子勇猛精进，不断上达，可脱离小人状态，而若方法失当，巧言令色，则会重回小人状态，这也是孔子告诫子夏的"女为君子儒，无为小人儒！"（《论语·雍也》）。而从《圣经》的分析中我们也可以看到这样的发展路径。在《圣经》中有一整套关于人的发展的思想，依圣奥古斯丁的思想，《圣经》是在属灵意义上的阐释，若从世俗上来理解，需要有特别的解释方法。在《圣经·创世记》中，当初上帝造人的时候，人身上就具有了两种属性，一种是神性，即上帝将自己的灵用气传给人，这寓意人身上的神性，即无所不能的力量；另一种是尘土性，即人是用尘土做成的，来源于尘土，最后还归于尘土，人有各种尘世的欲望和依赖。人与生俱来的使命就是如何在尘土性上将人的神性发挥出来，即依《新约·哥林多前书》中所言，在软弱上显完全，这是传统的西方基督教思想，这与孔子的仁学思想探讨如何将人的两个方面的属性（小人与大人）结合起来具有同样的含义。[①] 如何将人身上真正的力量召唤出来成为各个社会结构的主旨和合理性基础，构成了社会伦理的出发点，也构成了各个文明绵延不绝、生生不息的原动力。

美德思想在各个文明中都是非常重要的，在西方传统中，美德也处于基础的地位。美德（virtue）的拉丁词根是 vir，意思是 man（人），意即一个真正的人。所以，美德的本意是 manliness，即男子气概、力量和勇气。美德是一种修养，不是与生俱来，而是后天的学习和感悟，在人类社会的

---

① 沈敏荣：《仁的价值与时代精神——大变动时代的生存之道》，人民出版社 2010 年版，第283 页。

历史长河中，美德总是闪烁一种奇特、靓丽的光芒。所有外在东西，如肤色、美丑、贵贱、贫富、性别、家庭、出生等，都不是衡量一个人真正价值的标准，只有美德，代表我们永远的价值。只有做到这些德性，人的神性才会源源不断地发挥出来，这些德性包括道德德性和理智德性，也就是我们一般讲的美德和理智。①

"道德德性是人进行选择的品质。"② 在《尼各马可伦理学》中，亚里士多德认为具体的德性包括道德德性和理智德性，而道德德性包括无逻各斯和有逻各斯的。具体而言，道德德性包括：一是勇敢，它是恐惧和信心的适度，能够让人克服恐惧，增强信心，"用来激发人们的信心和坚毅"③，加强人的行动力；二是节制，节制是针对纵欲④；三是慷慨，它是挥霍和吝啬的适度，能够让人突破自身的限制，实现能力的扩张；⑤ 四是大方，它是小气和虚荣的中庸，能够让花的钱创造出一种宏大的成果⑥；五是大度，它是过度谦让和虚荣的中庸；六是温和，它是怒气方面的适度；七是友善，它是谄媚和乖戾的中庸；八是诚实，它与自夸相对；九是机智，它是滑稽和呆板的中庸，十是羞耻。做到这些德性，一个人才能源源不断地

---

① 近代莎士比亚认为，人应该具备如下十二项美德：justice（公正）、verity（正直）、temperance（节俭）、stableness（镇定）、bounty（慷慨）、perseverance（坚毅）、mercy（仁慈）、lowliness（谦恭）、devotion（诚敬、虔诚）、patience（忍耐）、courage（勇气、勇敢）、fortitude（刚毅）。近代美国独立战争时期的"三杰"之一富兰克林在其自传中对自己提出了十三个要求，即人的自律的十三个美德：（1）节制：食不过饱；饮酒不醉。（2）沉默寡言：言必于人于己有益；避免无益的聊天。（3）生活秩序：每一件东西应有一定的安放的地方；每件日常事务当有一定的时间。（4）决心：当做必做；决心要做的事情应坚持不懈。（5）俭朴：用钱必须于人或于己有益，切忌浪费。（6）勤勉：不浪费时间；每进每刻做些有用的事，戒一切不必要的行动。（7）诚恳：不欺骗人；思想要纯洁公正；说话也要如此。（8）公正：不做不利于人的事，不要忘记履行对人有益而又是你应尽的义务。（9）中庸适度：避免极端；人若给你应得处罚，你当容忍之。（10）清洁：身体、衣服和住所力求清洁。（11）镇静：不因小事或不可避免的事故而惊慌失措。（12）贞节：除了为了健康或生育后代起见，不常举行房事，切忌房事过度，伤害身体或损害你自己或他人的安宁或名誉。（13）谦虚：仿效耶稣和苏格拉底。

② 亚里士多德：《尼各马可伦理学》，廖申白译，商务印书馆2003年版，第168页。

③ 亚里士多德：《政治学》，吴寿彭译，商务印书馆2016年版，第29页。

④ 亚里士多德：《尼各马可伦理学》，廖申白译，商务印书馆2003年版，第93页。

⑤ 亚里士多德：《尼各马可伦理学》，廖申白译，商务印书馆2003年版，第98页。

⑥ 亚里士多德：《尼各马可伦理学》，廖申白译，商务印书馆2003年版，第106页。

将自身的神性发挥出来。但是，九项美德是个人发展的必备条件，只有遵循了这些美德，人的发展才具有可持续性，个人未来的事项才会有扎实的平台。

个人按照这些品德去做，就是一个"公正"的人。公正是一种品质①，"这种品质是使一个人倾向于做正确的事情，使他做事公正，并愿意做公正的事"，这就是 rigtheousness。"公正是一切德性的总括。"② "公正最为完全，因为它是交往行为上的总体的德性。"③ "德性是完全的，因为具有公正德性的人不仅仅对他自身运用其德性，并且还能对邻人运用其德性。""具体的公正及其受益人行为有两类，一类是表现于荣誉、钱物或其他分析的共同财富上的公正。另一类则是在私人交易中矫正作用的公正。"

从人的发展到美德，其中最重要的是真实和公正。而美德是一种适度，这种适度并非轻易可得，也往往并不是个人独处可以得到，需要个人的智慧和符合正义的城邦，才能够渐次实现人的发展。

三、理智德性："义"的选择

人在发展过程中需要遵循美德，但美德并不能解决"过度"和"不及"的问题，如果不能解决程度问题，美德并不能导致"善"，而是导致"恶"，即不是导致人的发展，而是导致人与发展背道而驰，这就需要有智慧，这种智慧就需要逻各斯的帮助，亚里士多德将其称为理智德性："我们应当选择适度，避免过度与不及，而适度是由逻各斯来确定的。"④ 道德德性和理智德性的关系是目标与手段的关系，正如亚里士多德指出的："我们谈到过的那些品质以及其他的品质，都有一个仿佛是可以瞄准的目标，具有逻各斯的人仿佛可以或张或弛地用弓来瞄准它，也有一个合乎逻

---

① 亚里士多德：《尼各马可伦理学》，廖申白译，商务印书馆 2003 年版，第 126 页。
②③ 亚里士多德：《尼各马可伦理学》，廖申白译，商务印书馆 2003 年版，第 130 页。
④ 亚里士多德：《尼各马可伦理学》，廖申白译，商务印书馆 2003 年版，第 165 页。

各斯的标准，确定着我们认为是处于过度与不及之间的适度。"① "要想选择得好，逻各斯就要真，欲求就要正确，就要追求逻各斯所肯定的事物。"② 只有运用好理智德性，才能成为统治自己的主人，否则就被他人统治。"凡是赋有理智而遇事能操持远见的，往往成为统治的主人；凡是具有体力而能担任由他人凭远见所安排的劳务的，也就自然地成为被统治者，而处于奴隶从属的地位。"③

理智德性分为两个部分，一部分是不变的，另一部分是可变的。④ 理智德性包括，第一是科学，"科学是我们可以凭借它来作证明的那种品质。""科学是对于普遍的、必然的事物的一种解答。"⑤ 这是对不变的把握，而对权变部分的把握则是技艺，这是第二类理智德性。技艺同制作相关，与运气密切联系。第三是明智，"明智的人的特点是善于考虑对于他自身是善的和有益的事情。"⑥ "明智是一种同善恶相关的、合乎逻各斯的、求真的实践品质。"⑦ 它与道德德性中的节制密切相关，"节制这个词的意思就是保持明智。节制所保持的是明智的意见。" ⑧第四是努斯。科学依不变的逻各斯推出，但始点并非科学所能解决，需要有努斯。"努斯也从两端来把握终极的事务。因为，把握起点和终极的是努斯而不是逻各斯。在证明中，努斯把握那些起点，在实践事务中，努斯把握终极的、可变的事实和小前提。这些就是构成目的的始点，因为普遍的东西就出于具体。"⑨ 第五是智慧，"智慧显然是各种科学中的最为完善者。有智慧的人不仅仅知道从始点推出的结论，而且真切地知晓那些始点。所以，智慧必定是努斯与科学的结合，必定是关于最高等的题材的、居首位的科学。"

---

① 亚里士多德：《尼各马可伦理学》，廖申白译，商务印书馆 2003 年版，第 165 页。
② 亚里士多德：《尼各马可伦理学》，廖申白译，商务印书馆 2003 年版，第 168 页。
③ 亚里士多德：《政治学》，吴寿彭译，商务印书馆 2016 年版，第 5 页。
④ 亚里士多德：《尼各马可伦理学》，廖申白译，商务印书馆 2003 年版，第 166 页。
⑤ 亚里士多德：《尼各马可伦理学》，廖申白译，商务印书馆 2003 年版，第 170 页。
⑥ 亚里士多德：《尼各马可伦理学》，廖申白译，商务印书馆 2003 年版，第 172 页。
⑦⑧ 亚里士多德：《尼各马可伦理学》，廖申白译，商务印书馆 2003 年版，第 173 页。
⑨ 亚里士多德：《尼各马可伦理学》，廖申白译，商务印书馆 2003 年版，第 185 页。

"智慧是科学和努斯的结合，并且与最高等的事物相关。"① 第六是理解，"理解的对象不是永恒存在而不改变的事物，也不是所有生成的事物，而只是那些引起怀疑和考虑的事物。""理解和明智是与同样一些事物相关系的。"② 第七是体谅，"是对于同公道相关的事情作出正确的区分。""公道的人最能原谅别人，并且在某些情况下，公道就在于原谅别人。"③ "原谅是对公道的事情作出了正确的区分的体谅，而正确就意味着真。"④

　　如何能够实现道德德性和理智德性？需要做到两点：自我努力和恰当的共同体。自我努力就是自制，即自我实现，能够将道德德性和理智德性很好地安排起来，人实现德性并不是一件不可能的事情，也并非是一件痛苦的事情，而是一件快乐的事情。但是这种安排并非易事，个人独立完成近乎不可能。一个很重要的实现方式就是志同道合的人在一起，通过友爱可以促进这些要素的实现。"友爱也是一种德性或是包含一种德性，而且，它是生活最必需的东西之一。"⑤ 而友爱正是城邦的基础，"即使享有所有其他的善，也没有人愿意过没有朋友的生活。"⑥ "青年人需要朋友帮助少犯错误；老年人需要朋友关照生活和帮助做他力所不及的事情；中年人也需要朋友帮助他们行为高尚。因为当两人结伴时，无论在思考上还是做事情上都比一个人强。"⑦朋友之间的合作可以遮蔽一个人的弱点和缺陷。"友爱还是把城邦联系起来的纽带。立法者们也重视友爱胜过公正。因为，城邦的团结就类似于友爱，他们欲加强之；纷争就相当于敌人，他们欲消除之。而且，若人们都是朋友，便不会需要公正；而若他们仅只公正，就还需要友爱。人们都认为，真正的公正就包含着友善。友爱不仅是必要的，而且是高尚的。"⑥

---

① 亚里士多德：《尼各马可伦理学》，廖申白译，商务印书馆 2003 年版，第 176 页。
② 亚里士多德：《尼各马可伦理学》，廖申白译，商务印书馆 2003 年版，第 183 页。
③ 亚里士多德：《尼各马可伦理学》，廖申白译，商务印书馆 2003 年版，第 184 页。
④ 亚里士多德：《尼各马可伦理学》，廖申白译，商务印书馆 2003 年版，第 184~185 页。
⑤⑥⑦ 亚里士多德：《尼各马可伦理学》，廖申白译，商务印书馆 2003 年版，第 228 页。
⑥ 亚里士多德：《尼各马可伦理学》，廖申白译，商务印书馆 2003 年版，第 229 页。

因此，理智德性最终指向城邦政治，如何构建一个最优的城邦是个人发展的基础，这正是亚里士多德在《伦理学》完成之后，在《政治学》中需要解决的基本任务。这种对度的把握构成了西方传统中浓厚的对正确性（righteousness）的认识，而这种认识就是"义"。德只有在"义"的把握下，才会导向"善"，它自身并不会直接导向善。

同样，在孔子的仁学思想中，对德的认识也是如此。①德本身难以把握，②每个人的成长环境、性格不同，不同的人德的需求也不相同；③德与德还会相互冲突；④德与生命会发生冲突；⑤外在环境的变化，尤其是贫富的不同，使一个人对德的选择也会有不同。① 在现实生活中，当面临着巨大危机的时候，美德如何权变就成为一个大问题了。不同的人、不同的情境需要不同的策略，这就是孔子讲的："子绝四：毋意，毋必，毋固，毋我。"这就涉及对美德的选择，甚至是对德的完全抛弃。所以在《论语》中，孔子发出这样的感叹："吾未见好德如好色者也。"（《论语·子罕》）物质世界，世人皆知取舍，但在道德世界中，德之权变实属不易，既能随机应变，因时而化，又能坚持自身的信念，不背离自身的发展之道，故有孔子之感慨。不知权变之德，无法在变动社会中立足，小人虽然"言必信，行必果"，但"硁硁然"，不知因地制宜，因时而化，这种坚持必被大变动社会所摧毁，故有"小人之德，草。"（《论语·颜渊》）"知德者，鲜矣！"（《论语·卫灵公》）德的静态意义容易理解，但动态之德难以掌握与实践，正如孔子指出的："可与共学，未可与适道；可与适道，未可与立；可与立，未可与权。"（《论语·子罕》）。因此，真正的"知德"是深知"权变之义"，能实现"毋意，毋必，毋固，毋我"，能做到"无适也，无莫也，无莫也，义之与比"，能真正领会其中深意，又有几人？这都源于德所具的特点。

如何实践孔子的仁学，并非按部就班地依仁学三十字真言所指明的方

---

① 具体内容参见沈敏荣：《大变动社会与仁学智慧》，《华侨大学学报》，2016 年第 5 期。

法，而需要做灵活应对，这在孔子在世时就已经指出来了。① 每个人的志向不同，选取的实现路径也不一样。② "义"确实非常重要，孔子自己也是承认的，认为"君子义以为上"（《论语·阳货》），"君子喻于义"（《论语·里仁》），"义"是采取行动的最终准则。③ 尽管孔子指出了义的重要性，但是他并没有过多地着墨来解释它，这就直接导致了后来对"义"的歧义。

"义"其实是一种依据真理的原则，在现代多样化条件下进行正确的选择，这种选择具有多样性和权宜性。这是中国大一统社会所不支持的。大一统社会支持的是"万物定于一尊"，"思想定于一义"，和人的自然属性一样，义也受到大一统社会的排斥。④

正是在"义"的问题上，我们可以看到中西方社会的分野。后来墨学的发展也代表着"义"学的发展。墨家的思想也是仁学，在终极目标上也是"大人"，但是在实现路径上强调"由义入仁""贵义"，将"义"放在首位。⑤ "义"确实非常重要，孔子自己也承认，认为"君子义以为上"（《论语·阳货》），"君子喻于义"（《论语·里仁》），"义"是采取行动的最终准则。⑥ 但是，是否将"义"放于"仁学"的首位，一切以"义"为先导，则是孔子没有指出来的。墨子认为，"义"是实现仁的"不二法门"，"万事莫贵于义"（《墨子·贵义》）。这里的"义"与《圣经》中

---

① 子路问："闻斯行诸？"子曰："有父兄在，如之何（其）闻斯行之？"冉有问："闻斯行诸？"子曰："闻斯行之。"公西华曰："由也问闻斯行诸，子曰'有父兄在'；求也问闻斯行诸，子曰，'闻斯行之'。赤也惑，敢问。"子曰："求也退，故进之；由也兼人，故退之。"见《论语·子路》。

② 三子者出，曾皙后。曾皙曰："夫三子者之言何如？"子曰："亦各言其志也已矣。"曰："夫子何哂由也？"曰："为国以礼，其言不让，是故哂之。""唯求则非邦也与？""安见方六七十如五六十而非邦也者？""唯赤则非邦也与？""宗庙会同，非诸侯而何？赤也为之小，孰能为之大？"见《论语·先进》。

③ 子曰："君子之于天下也，无适也，无莫也，义之与比。"见《论语·里仁》。

④ 《水浒传》中水泊梁山的"聚义厅"改成"忠义堂"，将"义"置于"忠"之下，这也反映了大一统社会对"义"的改造和基本态度。

⑤ 沈敏荣：《仁者无敌：仁的力量——大变动社会的生存之道》（下），人民出版社2015年版，第854页以下。

⑥ 子曰："君子之于天下也，无适也，无莫也，义之与比。"见《论语·里仁》。

"义人"的"义"含义一致，即 righteousness，做正确的事①，实践"天"的意志："道"。② 但是自大一统社会形成后，"墨学"中的"义学"与大一统社会格格不入，使得其受打压成为常态。墨学在兴盛了 400 年之后逐渐转为纯粹的民间思想。

"义"的衰落使得仁义与正义开始分道扬镳，仁义的"道—德—义—正"走向了个人的道德发展，而正义则通过"真理—美德—正确性—正义"显现出来。

四、正义的本质："义"的汇合

理智德性只有在城邦中才能全面获得，"明白了城邦的自然演化"，就明白"人类自然是趋向于城邦生活的动物（人类在本性上，也正是一个政治动物）。凡人由于本性或由于偶然性而不归属于任何城邦的，他如果不是一个鄙夫那就是一个超人"③。

城邦的正义性在于其给城邦的成员提供了适合其成长的空间，因此，城邦是最高的善，人是依赖于城邦的"政治动物"。"人类所不同于其他动物的特征就在他对善恶和是否合乎正义以及其他类似观念的辨认，而家族和城邦的结合正是这类义理的结合。"④ "城邦以正义为原则，由正义衍生的礼法，可凭以判断是非曲直，正义恰正是树立社会秩序的基础。"⑤ 因此，正义的最基本的原则是个体的发展是城邦结构和组织的基础，即城邦需要以公共利益为基础，而非部分利益。"政治学上的善就是正义，正义以公共利益为依归。"⑥ 也就是说，政治是汇集其成员的发展之"义"的

---

① 沈敏荣：《仁者无敌：仁的力量——大变动社会的生存之道》（下），人民出版社 2015 年版，第 617 页。
② 沈敏荣：《仁者无敌：仁的力量——大变动社会的生存之道》（下），人民出版社 2015 年版，第 618 页。
③ 亚里士多德：《政治学》，吴寿彭译，商务印书馆 2016 年版，第 7 页。
④ 亚里士多德：《政治学》，吴寿彭译，商务印书馆 2016 年版，第 8 页。
⑤ 亚里士多德：《政治学》，吴寿彭译，商务印书馆 2016 年版，第 9~10 页。
⑥ 亚里士多德：《政治学》，吴寿彭译，商务印书馆 2016 年版，第 152 页。

场所，而非扼制其发展的场所。"依绝对公正的原则来评断，凡照顾到公共利益的各种政体就都是正当或正宗的政体；而那些只照顾统治者们的利益的政体就都是错误的政体或正宗政体的变态（偏离）。"①"这一人或少数人或多数人的统治要是旨在照顾全邦共同的利益，则由他或他们所执掌的公共团体就是正宗政体。反之，如果他或他们所执掌的公务团体只照顾自己一人或少数人或平民群众的私利，那就必然是变态政体。在这些偏离了正宗的政体中，一般公民的公共利益既然不受照顾，那么他们也就不必称为公民了；如果说他们必须称为公民，那么他们所在的公务团体或政体就应该照顾到全城邦人民的利益。"④

"政体（政府）的以一人为统治者，凡能照顾全邦人民利益的，通常就称为王制。凡政体的以少数，虽然不止一人而又不是多数人，为统治者，则称为贵族（贤能）政体——这种政体加上这样的名称或是由于这些统治者都是贤良，或由于这种政体对于城邦及其人民怀抱着最好的宗旨。末了一种，以群众为统治者而能照顾到全邦人民公益的，人们称它为共和政体——这个名称实际上是一般政体的通称。"⑤

其实，理解了"义"与"正义"对一个人发展过程的重要性，我们也能够理解，孔子在仁学思想成熟之后，为什么还要周游列国十几年，为什么还要寻找一个能够实现他理想的最佳诸侯⑥，因为，只有在恰当的政治环境下，仁学的思想才能真正得以实现。但是孔子并没有实现他的理想，因为，大一统社会的基础正侵蚀着仁义思想的基础。

正义包含两条基本的原则，第一是"大家认为相等的人就该配给相等的事物"⑦，第二条是尚优原则，即成员的长处和优点在分配中应得到尊重，"权利的分配就应该符合他们各别优点的大小"②。整个政治学就是

---

① 亚里士多德：《政治学》，吴寿彭译，商务印书馆2016年版，第135页。
④⑤ 亚里士多德：《政治学》，吴寿彭译，商务印书馆2016年版，第136页。
⑥ 沈敏荣：《仁的价值与时代精神——大变动时代的生存之道》，人民出版社2012年版，第36页。
⑦② 亚里士多德：《政治学》，吴寿彭译，商务印书馆2016年版，第152页。

如何恰当地运用这两条正义原则。

东方农业社会具有的规模效益使得集中成为社会的首选。重视土地，而不是重视人；重视义务，而不是人的自由发展；重视统一性，而不是多样性，成为大一统社会的特点。因此，东西方社会的差别，究其实质是大一统社会与大变动社会生存之道的差别。而渊源于大变动社会的仁学思想与西方社会的《圣经》思想在很多方面都具有相似性。[③]

《淮南子》就指出："王若欲久持之，则塞民于兑，道全为无用之事、烦扰之教。彼皆乐其业，供其情，昭昭而道冥冥。……以此移风，可以持天下不失矣。"[④] 要维持大一统社会的长治久安，就需要堵塞民众对真理的追求和对人本质的认识，将标准定于统治者的意志，将民众的喜怒哀乐集中于统治者的事情上来，引导他们做没有意义的事情，开展烦琐教育，使他们满足自己的性情，让民众做糊涂人，而非明白人。

确实，后来大一统社会正是按照这样的思路运行："三代以下，天下之是非一出于朝廷。天子荣之，则群趋以为是；天下辱之，则群擿以为非。簿书、期会、钱谷、戎狱，一切委之俗吏。时风众势之外，稍有人焉，便以为学校中无当于缓急之习气。而其所谓学校，科举嚣争，富贵熏心，亦以朝廷之势利一变其本领，而士之有才能学术者，且往往自拔于草野之间。"[⑤] 这种大一统社会不允许多样性的存在，也不允许有不同的声音、不同的思想，这就使得人的发展面临着桎梏。这种大一统社会形成的传统既远离了孔子的仁学思想，也与西方的传统渐行渐远。通过对"仁"的改造，将"仁"与"我"分离，并通过"仁"指导"义"来改造"我"。"春秋之所治，人与我也；所以治人与我者，仁与义也；以仁安人，以义正我；故仁之为言人也，义之为言我也，言名以别矣。""是义与仁殊，仁谓往，义谓来；仁大远，义大近；爱在人，谓之仁，义在我，谓之

---

③ 孔子仁学思想与《圣经》思想的相似性，另文分析。

④ 《淮南子·道应训》。

⑤ 黄宗羲：《明夷待访录》之"学校"，中华书局2011年版，第39页。

义；仁主人，义主我也；故曰：仁者，人也，义者，我也，此之谓也。"① 董仲舒对仁学的改造被大一统社会所遵循，儒学逐渐将孔子的仁学思想剥离，从而使其成为统治的正统之学，仁学隐晦儒学之后，"外儒内法"代替了"忠义之学"，仁学成为儒学之中若隐若现、挥之不去的幽灵。同时，丧失了灵魂的儒学也开始了其衰败的历史，到唐代，衰败之相尽显。李白的《嘲鲁儒》就是其中生动的写照，我们从中可以看到毫无生命力的儒学学说和儒生百态。②

由此，在中国的传统之中蕴含着两种渊源：大变动社会的生存智慧和大一统社会的生存法则，当社会进行到礼乐崩坏或是天崩地解时，大变动社会的生存智慧就显现出来。明末清初，当时的有识之士对儒学的批判又重新回归到孔子仁学的思想之中，让我们看到孔子仁学的强大生命力③，但是当社会进入到大一统社会时，大一统的生存法则又喧嚣尘上，社会自觉不自觉地走上追逐"富禄寿喜财"的路径中。

在中国经历了 2000 多年的大一统社会之后，从 19 世纪中叶开始，中国的大门被迫打开。开放就意味着竞争，东西方的竞争，思想层面很大程度上是大变动社会与大一统社会生存法则的竞争，在中国的现代化进程中，传统与现代、理论与实践、西方与东方的断裂反映的正是这种激烈的冲突。但是过于漫长的大一统社会将大变动社会的传统湮没其中，使人难以分离，因此，辨别中国传统中的两股不同的源流，对我国的现代化不无裨益。而且在大变动社会传统的基础上，与现代社会的对话也更为流畅。

---

① 董仲舒：《春秋繁露·仁义法》，周桂钿译注，中华书局 2011 年版，第 113 页。
② 沈敏荣：《仁者无敌：仁的力量——大变动社会的生存之道》，人民出版社 2015 年版，第 896 页。
③ 沈敏荣：《仁者无敌：仁的力量——大变动社会的生存之道》，人民出版社 2015 年版，第 933 页。

第三节　从"修齐治平"到"道德义正"：
转型中国社会正义逻辑路径的转向

中国社会正处于深刻的变革之中，20世纪80年代的改革开放使中国从计划经济逐渐过渡到市场经济，持续的改革开放使原来单一的社会结构迈向多元，原来单一社会结构的社会过渡到多种生产资料所有制共存、多种经济成分共生的格局；原来单一的行政管理模式被"依法治国"的社会共同治理理念所代替，多元化的社会需要寻求共同的利益基础和基本的共识；原来由政府为主导的改革开放模式受到挑战，需要寻求更具协商机制的社会合作模式。多元化社会必然导致利益和诉求的多元以及冲突的复杂化，单一的社会治理模式无法应对这些复杂情况，没有有效的社会治理结构，多元社会就难以有效地运行。社会正义正是通过寻求公平、公正的社会资源的分配结构，使得整个社会呈现出协调、合作的氛围，将诸多的利益矛盾在社会协商环节进行事先预防，而非等到矛盾激化，无法解决时才进行处理。这些都促进了社会正义逻辑路径的转变。

中国社会具有长期的大一统社会传统，社会正义虽作为一种理念被接受，但作为社会结构的社会正义长期被忽视。在多元社会出现后，如何将社会正义的理念，分配正义、经济正义、法律正义与个体正义有效地结合起来，成为被广泛接受的、具有共识基础的社会结构，成为当前中国社会改革迫切需要解决的问题，而且这种社会结构还必须具有深厚的传统思想基础，才能够使社会形成广泛共识，作为社会的基本结构被普遍接受。在中国传统社会中，"修身、齐家、治国、平天下"（简称"修齐治平"）思想曾在大一统社会被广泛地接受，作为连接个体与国家的最普遍的发展模式，这一思想能够成为社会正义的思想基础吗？

一、正义的起源："真理—美德—权宜—正义"的正义路径

中国社会长期以来是单一社会主导，无论是传统农业社会，还是社会主义改造之后，单一化特征明显。在单一社会结构下，社会的利益诉求单一、明显，社会个体与国家的联结成了社会正义的基本模式。在西方社会也是如此，在近代社会以前，无论是古希腊的城邦国家，还是中世纪的教会统治，社会的正义结构都是延续个体与国家的联结。社会正义从根本上讲体现的是个体正义，以社会成员的发展为依归。但是，个体与国家的连续的结构有开放性与封闭性的区分，中国传统的大一统社会结构呈现出一元化、封闭性的特点，而西方古希腊城邦国家的个体正义与社会正义的连续则呈现出开放性的特点。

社会正义理论最早起源于古希腊的城邦国家，公元前8—前4世纪的古希腊有200多个城邦国家，城邦之间的竞争非常激烈，城邦就需要寻找到真正强大与繁荣的力量之源，因此，在长达500多年的古希腊城邦国家的繁荣期，睿智的思想家们孜孜不倦地探寻其中的原因，他们排除了物质因素、偶然因素，最后集中到人身上，认为社会成员（即公民）的发展才是共和国最强大、最持久的力量之源，而符合正义的安排是个人发展的基础。[1] 寻求符合社会正义的社会结构和社会安排成为城邦国家最基本的使命。无论是柏拉图的《理想国》[2]，亚里士多德的《政治学》和《尼各马可伦理学》，还是希罗多德的《历史》[3]，都指出社会正义是政治制度的基础。

亚里士多德是古希腊思想的集大成者，他归纳出"真理—美德—权宜—正义"的正义路径，成为现代正义理论的起源和经典，亚里士多德也被称为政治学之父。

首先，亚里士多德指出，归依"真理"（自然）的生活是人生的最高

---

[1] 沈敏荣：《市民社会与法律精神——人的品格与制度变迁》，法律出版社2008年版，第285页。

[2] 柏拉图：《理想国》，郭和斌等译，商务印书馆1995年版。

[3] 希罗多德：《历史》，王以铸译，商务印书馆2007年版。

准则。在亚里士多德等古希腊思想家看来，探寻自然的本质，依自然的规则生存是人的应有之义。亚里士多德认为，事物的本性被认为是带有某种倾向性，以目的为导向，倾向于行为活动的某种乐观结果。① 他主要从生命体的角度出发来思考问题，确信这些生命体的发展总是朝向一个目的或结局。每个生命体都带着一些未曾开发和运用的潜力而出生，随着生命周期的发展，趋向于成熟和完善，并在自我种群中繁衍。亚里士多德对生命进程的理解包含了他关于生命内在结局的观点，认为个人活动的最终动力（目的）是持续优化和运用他的潜能。这个结局不是脱离本性的某种外在目标，而是一种圆满实现的状况，是达到个人完美的终极目标的条件。这种自我完善当然是和人类整体以及社会的福利和完善相一致的。②

那么，人的自然属性或是人的真理性是什么呢？亚里士多德遵从了古希腊传统对人的普遍性的共识，即人的普遍性是由神性和兽性构成，人具有神的属性，即能够无所不能，这在他的《政治学》和《伦理学》中反复强调。社会政治、法律安排的目的是如何将人的优良的内在属性源源不断地发挥出来，这是社会政治、法律的始点，也是决定其合理性的标准。亚里士多德采取的是自然法的思路，"自然对每一事物各赋予一个目的，只有专用而不混杂使用的事物才能有造诣最精当的形性。"③

其次，亚里士多德指出，人的发展需要特定善的支持，没有这些善的支持，人的神性是发挥不出来的。"每种技艺与研究，同样地，人的每种实践与选择，都以某种善为目的。所以有人说，所有事物都以善为目的。"④ "每种技术和研究，同样地，每个行动和工作，都被认为是为了追求某种善。因此，善的概念已经被正确分配，正确地定义为所有事物最终所追求的那个东西。"⑤

---

① 亚里士多德在《政治学》开篇就提出来，并作为整个立论的基础，也是亚里士多德整个思想体系，诸如《伦理学》《逻辑学》《物理学》等的基础。
② 布尔克：《西方伦理学史》，黄慰愿译，华东师范大学出版社 2016 年版，第 22 页。
③ 亚里士多德：《政治学》，吴寿彭译，商务印书馆 2016 年版，第 5 页。
④ 亚里士多德：《尼各马可伦理学》，廖申白译，商务印书馆 2003 年版，第 3~4 页。
⑤ 亚里士多德：《尼各马可伦理学》，廖申白译，商务印书馆 2003 年版，第 32 页。

既然世间万物都有其善的目的性，那么，实现这种善的目的的手段也应该是善的。而这些善又包括外在诸善与内在诸善。这些善并不是单独存在，需要同时获得，而这种获得只有在城邦中才能取得，这也是为什么城邦是适宜公民发展的唯一场所，而脱离城邦的生活是不足取的。

再次，亚里士多德指出，这些善只是一种理论的归纳，属于道德德性，要在现实世界中实践这些善，还需要理智德性。亚里士多德认为，"可感知的世界才是真实的世界，并不存在所谓仅可用智力来理解的概念王国。亚里士多德不把这些形式看作另一个更高层世界的组成成分，而是与所有实物形态相关的各种共同性。"① 在真实的基础上，人的美德就是采取中庸，"有三种品质：两种恶——其中一种是过度，一种是不及——和一种作为它们的中间的适度的德性。"② "德性是适度，是品质，表明了德性使我们倾向于去做，并且按照逻各斯的要求去做。"③ "大多数人类情感态度都包括了在一个方面可能是过分的或者在另一个方面可能是不足的各种不同境界或感觉。"④ "其中间境界，或中值，并不是介于两个极端之间的某个精确点。道德中值是根据个人而不同的，是根据时空环境而不同的。"⑤ "在确定美德的中值时，具体而说，应该运用的是感知性的评估力，而不是正规的推理。"⑥

最后，在亚里士多德那里，只有通过精心设计的优良城邦的政治和法律才能够提供这些善，正义只能存在于城邦之中。"产生着德性的那些行为，以及德性是在我们能力以内的和出于意愿的。"⑦真实性是这些理智德性的特点，"我们任何在不变甚至可变的事物中获得真，并且从未受到其欺骗的品质是科学、明智、智慧和努斯，如果使我们获得的不是这三点之一，那么始点就只能靠努斯来获得。"⑧ 这种德性只有在城邦中才能得到

---

① 布尔克：《西方伦理学史》，黄慰愿译，华东师范大学出版社2016年版，第21页。
② 亚里士多德：《尼各马可伦理学》，廖申白译，商务印书馆2003年版，第53页。
③⑦ 亚里士多德：《尼各马可伦理学》，廖申白译，商务印书馆2003年版，第76页。
④⑤⑥ 布尔克：《西方伦理学史》，黄慰愿译，华东师范大学出版社2016年版，第24页。
⑧ 亚里士多德：《尼各马可伦理学》，廖申白译，商务印书馆2003年版，第174页。

支持。这种德性的最基本点就是真实，只有在真实的基础上，人的神性才能够源源不断地发挥出来。①

二、中国传统正义的成形："道德义正"的正义路径

中国传统成形于春秋战国时期，西周分封 1700 余国，到春秋时期 200 余国，社会的变动不可谓不大，而且当时这种社会变迁仍在加剧，到了战国时期，有实力者仅剩 20 余国。在巨大的变动之中，外在贵族身份的荫庇、地位的显达、财富的显赫、家族的庞大都显得脆弱不堪，需要寻找新的力量之源。礼乐崩坏、个人沉浮、诸侯争霸，如何在上千个诸侯国中立足、图强，能够立于不败之地，成为春秋时期思想家探寻的主题，并由此衍生出诸子百家的思想。与古希腊的城邦时期一样，春秋时期的诸子百家也不约而同地将思想的焦点聚集到人的身上，对"个体正义"的强调也是"社会正义"的基础。孔子的思想极具代表性，对中华传统思想的形成具有根本性的影响。

孔子的仁学思想是从个人的发展出发，认为人身上具有大人的潜质②，需要将人内在的大人潜质发挥出来，能够做到"不忧、不虑、不惧"③，才能在大变动社会中"不降其志，不辱其身"，才能做到"坦荡荡"，而非"常戚戚"。孔子的仁学指出，在没有受特定训练之前，人的内在方面都是不成形的，在孔子那里就是"斗筲之人"，或是稍微成形，谓之"小人"④。但通过特定的思维方式与行为方式的转变，内在的人不断地成长，

---

① 亚里士多德：《尼各马可伦理学》，廖申白译，商务印书馆 2003 年版，第 63~64 页。

② 孔子仁学将小人、士、大人、君子的外在属性全部撇除，专指人的内在人格的成长状态，如小人者，"言必信，行必果，硁硁然，小人哉。""行己有耻，使于四方，不辱君命，可谓之士矣。"（《论语·子路》）"君子器"（《论语·为政》）。《论语》中的论述专指人的内在方面，与外在的身份，地位、官爵、财富无关。见沈敏荣：《仁者无敌：仁的力量——大变动社会的生存之道》，人民出版社 2015 年版，第 217 页。

③ 见《论语·子罕》。在如此变动之社会，能够做到这三点谈何容易，这是一种神一样的存在状态，也成为中国传统追求的最高境界。

④ 小人并不是贬义词，而是中性词，《论语》中有言："言必信，行必果，硁硁然，小人哉。"即内在的人还处于幼稚状态，但能够做到言必信，行必果，但是不能依时而化，因时而变，非常幼稚。

成为"中人"①，进而成为"大人"②，这条路径就是"君子之道"。这就是孔子"仁学"的基本逻辑路径，即人可以通过训练和经验而寻找到应对大变动社会的力量之源。③《周易》讲"天行健，君子以自强不息；地势坤，君子以厚德载物。"这一思想也成为诸子百家的共识，道家创始人老子在《道德经》中提出"厚德以载物""道法自然"，庄子提出人内在的"鲲鹏之志"，这都与孔子提出"好学"之后可以实现"仁者不忧，勇者不惧，知者不惑"相一致。后世各家也都遵循这一思路，孟子讲"浩然之气"，荀子讲人身上有种神奇的力量④，直到东汉时期引入中国并成为中华传统渊源之一的佛教也讲本性自足、人人皆有佛性，这与古希腊城邦时期对人的神性的认识相差无几。这一思想也为墨家的创始人墨翟、法家的代表人物韩非子所继承，这一点不但在诸子百家中，在各个文明的创始人那里都是共同的，他们共同揭示出真正推动人和社会发展的力量之源。

既然人身上具有神奇的力量，构成个人发展、家族兴盛、国家繁荣的基础，那么，如何发挥个人的潜质就成为核心问题。诸子百家们指出的共同路径就是必须遵循"美德"，美德是个人成长、发挥个人潜质的不二法门。孔子曾多次归纳过这些经验，如"志于道，据于德，依于仁，游于艺。"（《论语·述而》）"兴于诗，立于礼，成于乐。"（《论语·泰伯》）"君子有九思：视思明，听思聪，色思温，貌思恭，言思忠，事思敬，疑思问，忿思难，见得思义。"（《论语·季氏》）"非礼勿视，非礼勿听，非礼勿言，非礼勿动。"（《论语·颜渊》）"君子惠而不费，劳而不怨，欲而

---

① 《论语·雍也》，原文为"子曰：中人以上，可以语上也；中人以下，不可以语上也。"

② 《论语·季氏》，原文为"孔子曰：'君子有三畏：畏天命，畏大人，畏圣人之言。小人不知天命而不畏也，狎大人，侮圣人之言。'"

③ 沈敏荣：《仁者无敌：仁的力量——大变动社会的生存之道》，人民出版社2015年版。

④ 参见《荀子·赋》。荀子指出，这种力量非常神奇："有物于此，居则周静致下，动则綦高以巨。圆者中规，方者中矩。大参天地，德厚尧、禹。精微乎毫毛而充盈乎大宇。忽兮其极之远也，攭兮其相逐而反也，卬卬兮天下之咸蹇也。德厚而不捐，五采备而成文。往来惛惫，通于大神，出入甚极，莫知其门。天下失之则灭，得之则存。""有物于此，生于山阜，处于室堂。无知无巧，善治衣裳。不盗不窃，穿窬而行。日夜合离，以成文章。以能合从，又善连衡。下覆百姓，上饰帝王。功业甚博，不见贤良。时用则存，不用则亡。"

不贪，泰而不骄，威而不猛。"（《论语·尧曰》）"能行五者于天下为仁矣，恭，宽，信，敏，惠。"（《论语·阳货》）

孔子的仁学思想指出，"德"是通向"道"的不二法门，德行是中心，"君子怀德"（《论语·里仁》），"德不孤，必有邻"（《论语·里仁》），老子的《道德经》也正是取此义。厚德载物，德是人发展的基础，但德如何实践需要有"义"的支持。因为德性本身具有静态特点，在应用中具有不确定性、相互冲突性、无体系性、整体性的特点，美德的过分强调往往会走向反面，即"过犹不及"。

因此，必须根据不同的时间、地点、环境及时调整，同时将美德体系化，运用于实践，能够面对现实生活的挑战。"义"正是解决这些问题。孔子指出，美德在实践应用中需要活学活用，而非机械运用，即"君子之于天下也，无适也，无莫也，义之与比"（《论语·里仁》）。孟子也指出，"言不必信，行不必果，惟义所在"，即在美德中最基本的"诚信"，在实践的应用中都是可以变动的。

"义"可以整合、取舍美德，使之具有适度性、恰当性、整体性，使美德在具体的环境和条件下能够确定，通过适宜性能够应对外在的挑战，并且能够保持美德的统一性和一致性。"兴于诗、志于道、依于仁、游于艺、成于乐"正是个体正义的体现。这种个体正义在中国传统思想中被定义为"义"，正是由诸多的"义"，最后才能汇集成"正义"，没有了"义"，社会正义就是无源之水，无本之木。

"义"所代表的"个体正义"高于美德，具有统率美德的作用。正是在"个体正义"的基础上，个人的发展需要周围环境的支持，尤其是对社会环境和政治制度的要求。比如，在符合正义的城邦国家中生存是个人成长的唯一平台，只有圣人或是鄙人才不需要城邦国家。也正是在个体正义的基础上，才需要有社会正义，社会正义的出现才能够水到渠成，否则，社会正义脱离于个体正义，其自身的表述就会遇到麻烦。

由此，在中国传统的正义路径上形成了与"真理——美德——中庸——正义"几乎一致的"道——德——义——正"的正义路径。虽然东西方在公元前五六世纪并无信息上的沟通，也不知彼此，但是睿智的思想家们却达到了同样的思想高度。

三、从"道德义正"到"修齐治平"：单一社会的政治化

在中国传统"道——德——义——正"的实现过程中，核心是"义"，这在墨家思想中得到了充分体现。"万事莫贵于义"，奉行义是为了实践"道"（真理）。"义"来源于世间固有法则，要以事物本来的面目来取舍，坚持世间原有的法则，不要以众人的评价标准为标准。即使是天下人都不为"义"，个人还有为义的必要。

"义"和"德"都指向人的发展，"德"是从静态上归纳人的发展路径，在各种文明中，对这一问题的归纳近乎一致；而"义"是从动态上讨论人的潜力的实现路径，"义"是"德"的权变，即根据不同的环境、不同的时间做应该做的事情，做正确的事情，这就需要因时、因地而变，诸子百家的分歧由此而生。①

没有"义"，德性的实践就会困难重重、危机四起。"……义者，谓各处其宜也。"（《管子·心术上》）《中庸》也说："仁者，人也……义者，宜也……"（《中庸》）"义者，人道之宜，裁万物而与天下共睹，是故信其属也。"② 德的权变唯有"义"才能识别。荀子说："言己之光美，拟于舜禹，参于天地。"即自己的高大美好可比拟于古代圣王，德比天地，这好像是虚夸荒诞；君子"与时屈伸，柔从若蒲苇"，顺应时世，或屈或伸，能做到像蒲苇一样柔弱顺从，这与"慑法"相似，与胆小怕事具有形式上的相似性；君子能做到"刚强猛毅，靡所不信"，任何时候都不屈服，这与"骄暴"，即骄横暴躁相似。这些形式上的相似性只有在遵循实质上的

---

① 东西方文明的分界点也在于此。在道德问题上，其实，东西方文明的阐述都能够找到对应点，但是在如何权宜、变动这一问题上，差别就显现出来了。

② 戴震：《原善》（卷下），载《戴震全集》（第一册），清华大学出版社1991年版，第7页。

"义"之后才可以区分。"以义应变，知当曲直故也"，这些变化只有依据"义"进行判断时，才可能知道其中的曲直，做到该曲就曲，该直就直，否则，"权变"离开了"义"，就会受"欲"的支配，"权变"的意义也就丧失了。① 同时，"义"也为权变提供了准则，防止"不义"是其权变异化的防火墙。"行一不义，杀一无罪，而得天下，仁者不为也"，即使以"得天下"这一"至势"来相利诱，也不应背离"为仁"之途而单行"术"。"君子行不贵苟难，说不贵苟察，名不贵苟传，唯其当之为贵。"即，君子行事不在于建立多少功勋，君子的学说不在于清晰与否，名声不在于广泛流传，唯其符合道义最为可贵。

正是由于人的多样性，不同的人有不同的发展之"义"，"一人一义"是常态，孔子的仁学正是持这样一种态度②，"物之不齐，物之情也。"（《孟子·滕文公上》）这就有问题了，因为人是社会之人，不同的人有不同的"义"，正如墨子所说："一人则一义，二人则二义，十人则十义，其人兹众，其所谓义者亦兹众。是以人是其义，以非人之义，故交相非也。"（《墨子·尚同》）那么，社会的整合是否需要有一个"公义"或是"正义"，如果需要，如何在诸多"义"中确定这个"公义"或是"正义"呢？这里的问题就转变为在诸多"义"中寻找到关键或基础之"义"，使其充当诸"义"的龙头，其他的"义"则在这一基础上顺势建立起来，反之，如果失去了这一关键或基础，其他诸"义"的建立是如何努力也难以实现。因此，寻找到与"义"相适应的"正义"就成了社会各个发展阶段构建活力的基础。

正是在这一点上，政治成了绕不开的话题。在孔子的仁学思想中，"为政"非常重要，是个人成长的重要平台。正是在"正义"问题上，儒、墨两家分道扬镳。但"为政之义"在孔子那里并没有解决好。在个人

---

① 沈敏荣：《跨越义与正义的鸿沟——构建现代中国法律伦理的基础》，载《武陵学刊》，2016年第5期。

② 沈敏荣：《市民社会与法律精神》，法律出版社2008年版，第299页。

的成长层面，通过践行德而导向仁，而在实际操作层面，"义"是取舍标准，但是到了政治层面，仅仅将"德"与"政"联结，提出"为政以德"的理想，如何将"义"与"政"结合，是孔子没有解决的问题，由此他的政治理念也为子路所诉病。①这种"德"与"政"的结合，孔子也发现了有问题，他指出，上古是"斯民也，三代之所以直道而行也"，而今是"道之不行，久矣"（《论语·微子》）。

墨子突出"义"，使其成为维系社会关系的基本准则。"天下之所以乱者，生于无政长"（《墨子·尚同》），由是，必须要"一同天下之义"。而这个"义"直接出于"天志"，"故子墨子之有天之意也，上将以度天下之王公大人为刑政也，下将以量天下之万民为文学出言谈也……故置此以为法，立此以为仪，将以量度天下之王公大人卿大夫之仁与不仁"（《墨子·天志中》），这种"公义"需要符合"三表"：一是"上本之于古者圣王之事"，二是"下原察百姓耳目之实"，三是"发以为刑政，观其中国家百姓人民之利"（《墨子·非命上》）。这在理论上成立，但在实践中如何操作就成问题了。墨子用简单的方法来实现统一，即用"天子""巨子"来实现统一，即"天下之百姓皆上同于天子"，而"天子又总天下之义，以尚同于天"（《墨子·尚同》）。而非像古希腊传统，或是延续自身理论逻辑，采取通过明确"正义"的内涵、通过构建制度的方式从"义"中推导而出。墨子思想的这一简单化处理是其理论的致命缺陷，使其不足以抵御大一统社会的长期挤压，其显学的地位仅维持了400年，其后续影响力也限于民间。②

儒家思想后来的发展，重点在于补充完善"为政"的思想，并借此提炼出正义的思想。孟子将"仁"与"政"相结合，而不是将"义"与"政"结合，提出的仍是以德为基础的应对之策："穷则独善其身，达则兼济天下。"（《孟子·尽心章句上》）这与孔子的"天下有道则见，无道则隐"（《论语·泰伯》）、"邦有道，则知；邦无道，则愚"（《论语·公冶

---

①② 沈敏荣：《大变动社会与仁学智慧》，载《华侨大学学报》，2016年第6期。

长》）一脉相承，但"公义""正义"的思想仍未彰显。

荀子由此深入，指出"权变"在为政中必不可少，"势与术"在为政中决定了君子之仁能否实现，但"仁义"是其底线。这种反向演绎也是成立的，如果进一步推演，"公义""正义"的思想就呼之欲出了。但当时的时代已容不得"正义""公义"的生存了，诸侯争霸已近末期，社会大一统的趋势已越来越明朗。所以，荀子的弟子韩非对"势与术"的进一步研究得出的并不是社会"公义"的结论，而是"义"与"正义"的完全断裂，这反映了大一统社会政治呈现出的非理性特点并不支持"正义"模式。韩非子指出："上古竞于道德，中世逐于智谋，当今争于气力。"（《韩非子·五蠹》）即认为道德、仁义的成长模式已不再适用，"世主美仁义之名而不察其实，是以大者国亡身死，小者地削主卑。何以明之？夫施与贫困者，此世之所谓仁义；哀怜百姓不忍诛罚者，此世之所谓惠爱也。夫有施贫困则无功者得赏，不忍诛罚则暴乱不止……吾以是明仁义爱惠之不足用。"（《韩非子·奸劫弑臣》）

战国后期大一统社会因素的日益强烈以及秦汉之后中国步入大一统社会，"道——德——义——正"的正义路径碰到了前所未有的挑战，这种正义路径基于个体正义，基于个体的发展，必然会导致多样性、多元化社会的发展，而这种发展是大一统社会所不能够容忍的，"今师异道，人异论，百家殊方，指意不同，是以上亡以持一统；法制数变，下不知所守。臣愚以为诸不在六艺之科孔子之术者，皆绝其道，勿使并进。邪僻之说灭息，然后统纪可一而法度可明，民知所从矣。"[①] 大一统社会的有效形成势必要打破这一社会正义链条。而打破这种正义链条的方法就是"王若欲久持之，则塞民于兑，道全为无用之事，烦扰之教，彼皆乐其业，供其情，昭昭而道冥冥。……以此移风，可以持天下弗失。"（《淮南子》）必须取消掉"道——德——义——正"中的核心"义"，这样，这条正义路径就走

---

① 董仲舒：《天人三策》，转引自沈敏荣：《仁者无敌：仁的力量——大变动社会的生存之道》，人民出版社 2015 年版，第 857 页。

不通了，而取消掉了"义"之后，发展起来的就是"修齐治平"的思想。

"修齐治平"即"修身、齐家、治国、平天下"，出自《礼记·大学》，是成就"大人"之学，即提高自身修为，管理好家庭，治理好国家，实现天下天平，实现安抚天下百姓的抱负，从而实现社会正义。"修齐治平"作为典型的大一统社会实现社会正义的模式，泛指伦理哲学（比如齐家的孝，治国的忠，平天下的义）和政治理论。修身、齐家、治国、平天下的关系是互相促进的，以修身为基础。与传统中的"道——德——义——正"相比，"修齐治平"的思想保留了德，但是取消了"义"，将个人与国家直接相联，完全取消了社会在个人成长中的地位与作用。那么，这会是人的有效成长方式吗？它真的可以实现天下太平、社会正义吗？

《大学》经宋明理学的强调，成为儒家经典"四书五经"之一，成为科举取才的依据，也成为社会成员成长的标准和理想路径，但"修齐治平"与"道德义正"最大的不同就是缺失了"社会"这一环节，人与人之间联系的正确、善恶的纽带被隐藏了，而没有了正确、善恶，人与人之间的是非无法判断，这样就可以实现黄宗羲所说的"三代以下，天下之是非一出于朝廷。天子荣之，则群趋以为是；天下辱之，则群擿以为非。簿书、期会、钱谷、戎狱，一切委之俗吏。时风众势之外，稍有人焉，便以为学校中无当于缓急之习气。而其所谓学校，科举嚣争，富贵熏心，亦遂以朝廷之势利一变其本领，而士之有才能学术者，且往往自拔于草野之间。"[1] 因此，"修齐治平"并不是有效的社会正义实现方式，它不能促成社会正义的实现。明末清初的思想家陈确就对《大学》本身提出了尖锐的批判。[2] 与道德义正相比，"修齐治平"体现出这样的特点：

第一，"道德义正"的正义实现路径具有权宜性，能够根据"义"对

①　黄宗羲：《明夷待访录》，中华书局 2011 年版，第 39 页。
②　沈敏荣，《仁者无敌：仁的力量——大变动社会的生存之道》，人民出版社 2015 年版，第 938 页。

不同的个体做不同的调整，能够将多元化的发展诉求容纳于社会的整体结构之中，因此是一种多样化、多元化的发展路径。而"修齐治平"是一种静态、一元化的发展路径，将多样性的个人发展简单化、固定化、功能化，而且从个体家庭直接迈向国家，缺少至关重要的"社会"这一环节，社会共同体培养人才的作用被刻意地忽略了，这也为大一统社会取消社会共同体、代之以专制体制打下了思想基础。

第二，"修齐治平"导致对道德的过分强调。"道德义正"中也存在修身，但这种修身可以在各个环境之中，正如孔子的仁学思想可以是个体的"好学"，也可以是"以友辅仁"，具有活泼多样性，是一个不断扩展的过程，而非脱离社会的过程。而"修齐治平"中的修身是一个独立的环节，脱离于社会和家庭，这种封闭的"苦修"成功的概率有多少并未得到理论的论证和历史经验的证实，这种"苦修"又有几人可以做到？它的现实意义何在？如果对人提出过高的要求，一般人的反应会是如何，会不会以谎言应对呢？这样，《淮南子》里的话"塞民于兑，道全为无用之事，烦扰之教，彼皆乐其业，供其情，昭昭而道冥冥"是不是就应验了呢？

当然，"修齐治平"对道德的过度强调也有其现实意义。由于中国长期以来存在社会正义与个体正义的脱节，使社会正义理论萎缩，而在正义理论萎缩的情况下，道德在相当大程度上可以代替正义理论来约束政治权力。这也是我们看到的在中国的传统中，道德化约束代替正义理论普遍存在。这种道德泛化使个体的发展丧失了其灵活性、权宜性的特点，不具有正义理论应有的灵活、权宜性的功能。

第三，"道德义正"中的核心部分是"义"，它上直达道，义与正义相连，是一个贯通整个正义实现路径的核心环节。而"义"必然指向社会，使社会呈现出多元化的特点。"修齐治平"取消了社会这一环节，将社会成员原子化、个体化，使得个体无法对抗国家权力的垄断，并通过社会资源的分配引导社会成员放弃多元，走向一元，这正是大一统社会需要实现的目标。

第四，"修齐治平"给人提出了过高的要求，即希望通过自身修养而成就大人，而非通过个体和社会的共同努力。正如亚里士多德所言，不在城邦中生活而能够成长者，不是圣人，就是愚夫。孔子也指出，这种培养不足的要求是一种"暴"："不教而杀谓之虐，不戒视成谓之暴，慢令致期谓之贼，犹之与人也，出纳之吝，谓之有司。"（《论语·尧曰》）

第五，"道德义正"从"真理"出发，具有自身的判断标准，它是一个自足的判断体系，可以不受政治社会的影响，反而能够给政治社会提供是非、善恶的判断标准，正是这一点，触犯了大一统社会的禁忌，也是大一统社会竭力打压"道德义正"的原因所在。而"修齐治平"并没有提供是非、善恶的判断标准，将个人事务的标准移用于社会事务与政治事务，与"家天下"的社会治理模式相呼应，但是无法应对多元社会条件下社会利益的冲突与矛盾的普遍性，缺乏有效的对话与协调机制。

四、现代社会的多元化：从"修齐治平"到"道德义正"

自改革开放以来，中国社会呈现出多元化发展的趋势，社会呈阶层分化，社会行业收入、阶层收入、地区收入差距不断拉大，同时，不同地位、行业、收入人群的利益诉求也不同，社会利益主体多元化、利益趋向多极化、利益差别显性化、利益矛盾集中化正成为当前社会的新常态。①

正是基于多元社会格局的日益形成，原来深受大一统社会影响的单一社会的治理、决策模式正经受考验，需要代之以一种更为科学、信息流通更为通畅的决策和治理模式，因此，社会的正义结构从"修齐治平"走向"道德义正"是必然选择。

"道德义正"的正义实现模式正是针对社会变动状态之下的社会治理模式，通过社会利益阶层的对话、协调，寻求共识，实现社会信息自下而上的流动，使得社会的利益和正义诉求能够在社会的公共利益中反映出来，从而

---

① 靳凤林：《追求阶层正义：权力、资本、劳动的制度伦理考量》，人民出版社 2016 年版，第4 页。

使得社会治理具有合理性。这种从个体正义走向社会正义的社会决策过程可以整合社会各阶层的利益诉求，将不同的利益诉求融合起来，从而更好地实现有效的社会治理。而"修齐治平"则没有这方面的功能，它解决的是个体与国家间关系的问题，无法应对多元社会条件下的利益整合和决策选择问题。因此，从"修齐治平"到"道德义正"的转变是必然选择。

"道德义正"对应的是多元化社会的利益整合，可以更好地保持社会的多元化、多样化，而"修齐治平"则没有这方面的作用，它通过单一路径的设计将社会的多样性整合成一元，从而有效地维护社会秩序，而个体的有效成长则在所不问。这种国家不承担社会成员成长的责任越来越不适应现代社会的需要。

"道德义正"将社会成员的培养不再视为个人的事务，而是作为国家的基本职责之一，这也与现代的社会教育和义务教育正好一致。现代国际竞争是人才的竞争，正如明末清初大思想家黄宗羲指出的，人才的培养在大一统社会中是个人的事务，不是国家的事务①，这也是为什么孔子强调私学。而在"道德义正"的正义模式下，国家具有培养人才的责任，国家需要创造适当的社会环境，鼓励和支持社会个体的成长。正是基于此，道德义正能够有效地支持社会正义的形成，有效地缓解社会利益的冲突。而修齐治平并不是有效的社会正义的生成机制，无法有效解决社会利益的冲突。

第四节　跨越义与正义的鸿沟：
构建现代中国法律的伦理基础

中国法律与法制的发展很大程度上受西方现代文明的影响，从概念的引进，到法律的制度的建设，再到法治的推崇，无不打上了移植的烙印，水土不服的现象比比皆是：缺乏法律精神的法律制度、没有伦理基础的法

①　沈敏荣：《仁者无敌：仁的力量——大变动社会的生存之道》（下），人民出版社 2015 年版，第 945 页以下。

律规则、法律规则与规则难以成为逻辑统一体、政治问题与法律问题不分，使得中国现代法律具有现代外形而缺乏现代精神，法律精神在中国的法律文化构建中严重欠缺。司法自治是 Law（法律）和 Judge（法官）的基本内涵，而移植之后，"法官"成为"官"文化的体现；权利（rights）和正当、义（righteousness）所蕴含的合理、正义的观念被"权力和利益"（权利）所代替；Law 本身具有的"正义"灵魂被解释为"工具"。法律精神的欠缺使得法律形式之下充斥着中国大一统社会长期以来形成的落后观念——权力、等级、强权、歧视、特权都隐藏在法律的合法外衣之下。

缺乏正义思想传统的中国在法律的现代化进程中先天不足，法律成为现代社会中流砥柱的作用远未开启，法律的不确定性明显。① 尤其是中国目前进入转型时期，社会呈现多元化趋势，法律的作用越来越重要。如何让法律在中国的深化改革中发挥作用，如何让法律发挥"寻规导矩"的作用，法律的现代精神价值与深厚伦理基础显得尤为重要。

一、现代法律的伦理结构：法律正义的逻辑及伦理基础

自古希腊、罗马社会以来，将法律视为"正义"的同义词成为共识，正如古罗马法学家乌尔比安所言：法律是正义的学问。自文艺复兴以来，法律作为正义的观念在人本主义思想中重新得到诠释，成为现代法治思想的基础。

文艺复兴将人从神的光环下解放出来，重新从人的角度而非从神的角度来解释人与社会的属性。这种解释与基督教思想对人的解释并不冲突，只是认识角度不同。文艺复兴思想与古希腊思想以及基督教思想一样，认同人身上所具有的神性，只要方法得当，就可以将人的潜力发挥出来，这也孕育了14、15世纪众多多才多艺的百科全书式人物，如伏尔泰、卢梭、狄德罗、达·芬奇、伽利略等。问题是，如何将这种人的发展设计成为社会的基本规则，这成为文艺复兴之后思想家们孜孜不倦探讨的主题。②

① 沈敏荣：《法律的不确定性》，法律出版社 2001 年版，第 8 页。
② 沈敏荣：《市民社会与法律精神——人的品格与制度变迁》，法律出版社 2008 年版，第 413 页。

人的发展需要自身兴趣爱好的支持，并不是外在强力所能完成，正如文艺复兴对中世纪的反思，社会所需要的并不是强制人的发展或是信仰，而是划定人的势力范围，让其自由发展，这就是自然人的思想。只有保持人的自然属性，人的发展、人的潜力的发挥、人的神性的恢复才有希望。由此，文艺复兴提出人的自然状态、人的自然属性、人的自然美是社会发展的基础，也是社会制度合理性的基础。这种对人的多样性的承认还得到了自然界、生物学界经验的支持：物种的多样性是物种繁衍的基础，单一物种只能导致消亡。① 自然人思想成为西方社会科学的逻辑起点，无论是霍布斯的《利维坦》、洛克的《政府论》，还是后来卢梭的《论人类不平等的起源》，以及现代罗尔斯的《正义论》、罗伯特·诺齐克的《无政府、国家与乌托邦》，都是以此为逻辑起点。

现代法律也以此为起点，给人提供自由的空间，这就是物权的绝对性：任何他人、第三人、组织，以及国家，都需要尊重这种绝对权利，这是一种人与生俱来、人之所以为人的权利，"神圣不可侵犯"。这种"神圣性"已不再是中世纪的"神性"，而是超越了人的意志，具有不可规定性：这是人之所以为人的自由，如果没有了这种自由和多样性的保障，人就没有发展的空间。这种发展的空间只能留待自然人自主开发，任何的社会强制都是无效的。

社会除了提供自由的空间，还需要提供发展的空间，在古希腊，这种空间就是公民治理共和国城邦。正如亚里士多德所认为的，个人自身的道德修养无法在当时诸城邦林立的社会中立足，也就是只有在城邦中，个人才可以实现自己身上的神性，而脱离于城邦之外，人是没有办法实现自然

---

① 1859 年 11 月，达尔文经过 20 多年研究写成的科学巨著《物种起源》出版。在这部书里，达尔文旗帜鲜明地提出了"进化论"的思想，说明物种是在不断的变化之中，是由低级到高级、由简单到复杂的演变过程。《物种起源》的出版在欧洲乃至整个世界都引起轰动。托马斯·亨利·赫胥黎（Thomas Henry Huxley，1825—1895）竭力传播进化学说，是第一个提出人类起源问题的学者。他还首次提出"不可知论"一词，认为人们只能认识感觉现象，"物质实体"与上帝和灵魂一样，都是不可知的。他所倡导的社会进化论思想对近现代社会影响极大。

所赋予的与生俱来的目的。"一个城邦的目的是在促进善德"①，"城邦还应该计及优良的生活而要求大家都具有文化和善德"②。但是以共和国的方式训练公民是在城邦国家的前提下，城邦公民首先是道德共同体，彼此了解，有强烈的羞耻心和荣誉感。依亚里士多德的《政治学》，最优的城邦国家以 1 万公民为佳，如果人数众多，公民不再相互了解，甚至是陌生人，搭便车现象严重，共和国与公民的训练方式就堪忧了。③ 近代的民族国家正是出现了这样的危机，这使得政治从亚里士多德的"善的艺术"和中世纪的"上帝之城的善"④ 变为近代霍布斯所言的"必要的恶"。

亚当·斯密解决了人如何在现代社会发展的难题，他提出的人在市场与财富中发展的思路奠定了现代社会的基础。⑤ 在《国富论》一书中，斯密指出人的发展在于后天努力而非先天差别，后天基于分工与训练决定了人的比较优势。因此，人人依其兴趣与爱好，在分工与交易中训练自己的比较优势，就会形成绝对比较优势，而人人以自己的绝对比较优势进行市场交易，在不知不觉中，个人的自私自利行为促进了社会整体福利的提升。⑥ 由此，社会需要提供的是政府尽少干预的契约自由，同时为了促进交易和当事人意思自治的顺利进行，契约法对当事人合意提供全程的指导，设计出不同情况的合理条款，供当事人选择（opt-in）；或是提供补充条款（opt-out），以弥补当事人有限理性的不足。由此形成以意思自由与契约自由为核心、与政治社会相分离的市民社会。人们在社会中，只要后天努力，就可以从一个默默无闻的小子成为世界首富，比尔·盖茨、马克·扎克伯格、拉里·佩奇、谢尔盖·布林等都为此做了最好的注解，证

① 亚里士多德，《政治学》，吴寿彭译，商务印书馆 1996 年版，第 138 页。
② 亚里士多德，《政治学》，吴寿彭译，商务印书馆 1996 年版，第 151 页。
③ 沈敏荣：《市民社会与法律精神——人的品格与制度变迁》，法律出版社 2008 年版，第 290 页。
④ 奥古斯丁：《上帝之城》，吴飞译，上海三联出版社 2009 年版，第 37 页。
⑤ 沈敏荣：《市民社会与法律精神——人的品格与制度变迁》，法律出版社 2008 年版，第 55 页。
⑥ 亚当·斯密：《国民财富的性质和原因的研究》（上卷），郭大力、王亚南译，商务印书馆 1994 年版，第 15 页。亦可参考沈敏荣：《市民社会与法律精神——人的品格与制度变迁》，法律出版社 2008 年版，第 44 页。

明契约社会与市场经济设计的合理性。

现代社会的物权法与契约法如此设计正是基于对人的自然属性与人的发展的认识，人需要保持自身的自然属性，从而确保自身与众不同的兴趣与爱好的保存，也需要通过竞争与外在刺激不断地激发自己的斗志，释放自身的潜力，这正是现代社会设计的基本伦理基础，也决定了这个结构的有效建立需要以法律的强制方式来保障。对于物权的侵犯、对于人的自然基础（人身）、身份、利益、名誉、隐私等的损害，法律以强力的方式来进行救济，从而保护人格的完整，保护人的尊严。这就是现代市民法（私法）上的自然人、理性人与人格人的基本伦理逻辑关系，也是现代社会秩序正义的逻辑基础，充分体现了文艺复兴对人的认识，使得市民社会与经济社会代替政治社会成为现代社会的基础，成为人在现代社会的主要成长平台。

西方的现代法律思想是在自然人思想复兴的基础上，与基督教对人的认识相结合，改造了关于人的发展路径的认识，从而有 16 世纪的新教改革①，瓦解了罗马教廷的单一化控制，为现代社会的成型奠定了基础。这些文化与日耳曼文化中的尚武好动、勇敢忠诚、重视荣誉、冒险进取②相结合，构成了西方社会传统的三大渊源。建立在西方文化基础上的现代法治思想强调自由、民主、分权，将社会建立在发展之"义"的"共识"（common sense）基础之上，通过意见交流（民主）或是市场交换（价格）实现公开性治理：共和国的民主政体、市场经济的自由市场都是在这一理念下产生。如果缺乏"共识"，或是"共识"难以取得，西方的这一套现代治理模式就会出现问题，所以在欧洲近代社会演进中，从中世纪走出来的大的君主国不断地经历分裂与分化的过程，最后形成以"民族共识"为最大公约认识的社会治理单位，这就是现代社会的"民族国家"。这种局

---

① 基于对《圣经》的理解，新教与天主教最大的区别是，人人可以通过《圣经》取得与神的联系，而非必须通过罗马教会。其中，路德派主张信仰上自主自治，反对教会的思想和行政控制，强调"因信称义"（justification by faith）的教义，即人在上帝面前得到救赎，不被定罪，得称为"义"，全凭内心的真正信仰，而不在于遵行教会规条，故又称"信义宗"。

② 张竹筠："不应忽视欧洲文学中的日耳曼文化根基"，《学术交流》，2007 年第 2 期。

限性在 18 世纪末美国的建国史上就曾发生过，最后美国建国之父们找到了一个折中的方案，就是迄今尚存的"联邦"。[1] 由此可以看到，现代化是如何将对人的认识和人的发展的共识与本民族传统相结合，没有这种结合，现代化和现代制度的构建是不可能成功的。

从上面的分析可以看出，不同的社会对人的认识近乎相似，对德性的认识也几乎相同，不同的是对发展路径的认识，即在发展之"义"上各不相同。现代社会正义思想源于个体发展之义，社会正义的核心与落脚点是个体的发展，由此也决定了社会应保障个体的发展，基于正义的法律是现代社会合作、运行的基础，由此形成"真理"（truth）、"德性"（virtues）、（权变之）义（righteousness）、正义（justice），再到权利（rights）的逻辑过程。法律是"不得不为"的"义"（righteousness）思想的体现，权利（rights）是人之所以为人必须要提供的空间，义务（duties）是不得不为的行为和责任。在中国传统思想中，"义"是人之所以为人必须要为的。从中文的结构中也可以看到，"正义"的基础词是"义"，"正义"是诸多"义"中最基础、最重要的"义"，或是"义"的公约集合。因此，"正义"并非凭空而生，或是依据理论而来，而是产生于"义"之上。法律正义的理解与实现的根本在于"义"的理解与实现，如果在"义"的理解上出现偏差，那么，希望正确地理解"正义"几乎是不可能的；而如果能够很好地理解和把握"义"，"正义"也就水到渠成了。

二、源于"义"的"正义"：从义到正义的逻辑路径

美德的权变之义在西方传统中得到高度重视。亚里士多德的《政治学》和《尼各马可伦理学》专门讨论了美德在不同政体中的权变和不同培

---

[1] 现代共识模式不适用于疆域巨大的国家，因为疆域越大，个人发展之"义"的共识度越低，当社会缺乏共识时，现代社会就失去了运作的基础。美国独立战争之后建立起来的是具有独立主权国家的松散联合："邦联"。如何在美国这样一个大的疆域中建立起一个独立的国家，这正是这一时期美国建国之父们探寻的主要问题。最后，他们找到了一个界于自治与统一国家之间的结构模式：联邦。这一思想历史在《联邦党人文集》中得到了充分的反映。

养方式对人的美德的影响。《圣经》的主旨思想是"义人"和"义"的思想如何在这一歪曲扭僻的世间生存、发展与传播，《新约》依"义"的纽带将陌生人结合成兄弟姊妹。霍布斯的《利维坦》正是从美德的权变出发提出国家对个人美德毒害的深深担忧，并对"义"在近代社会的生存提出自己的看法。亚当·斯密在《道德情操论》中提出财富对人的美德具有至关重要的影响，进而在《国富论》中提出分工与交易培养人的美德和绝对比较优势，离开财富讨论美德的权变在近代社会变得毫无意义。马克思延续了这一传统，提出了经济基础决定阶级和个人的性格和德性。西方传统的发展脉络深深地打上美德权变的烙印，正是在这一基础上构建了西方近现代社会制度。①

古希腊的亚里士多德最早对何谓人之善进行了全面归纳，正如亚里士多德指出，城邦在个人的发展中具有基础性地位，理想城邦政体的基本原则，是培养最优良公民的基本原则，是促进最优良的生活。"世是有三善，身外诸善、身体诸善、灵魂诸善。幸福生活在灵魂诸善：城邦与个人相同，应各修四德（智、勇、礼、义），庶几可得真正快乐。配备身外诸善（衣食所需）和身体诸善，而能勤修灵魂诸善，达成善业，这就是最优良生活。"②

公民的成长与共和国"善的艺术"具有密不可分的关系，共和国政治的"善"对公民的发展之"义"具有决定性的影响，"正义"应该在城邦的权力结构和运作氛围中寻找。他指出，"政治学应研究理想政体，兼及现实问题，例如在现实条件下什么是可以做到的最优良政体；什么是大多数城邦可能施行的最优良政体；怎样保全现实政体"③。亚里士多德在古希腊200多个城邦国家治理经验的基础上比较了最常见的四种政体：共和、平民、寡头和僭主，"说明其各类并分析怎样的公民团体适宜于怎样的形式，以及各种形式的公民团体适宜于怎样的形式，以及各种形式怎样可以

---

① 沈敏荣：《市民社会与法律精神——人的品格与制度变迁》，法律出版社 2008 年版，第 413 页。
② 亚里士多德：《政治学》，吴寿彭译，商务印书馆 2016 年版，第 454 页。
③ 亚里士多德：《政治学》，吴寿彭译，商务印书馆 2016 年版，第 180 页。

可能和怎样而归堕毁，又怎样可以保全。"①

亚里士多德指出，正义并不是凭空而生，而是依据不同政体、不同势力团体的发展之"义"而确定。"为政应尚中庸，以中产者为主的共和政体介于贫富之间，可以协调两阶级的争端，较为稳定而适宜一般城邦。混合政体须求质量间的平衡。要是国内多数的平民已强于多数的富人，则势必建立平民政体，反之则势必建立寡头政体。倘使中产阶级的势力超过贫民和富室，即数和质的联合势力，或者仅仅超过两者之一，就可建立共和政体。平民政体和寡头政体的立法家如能在其所建质数偏胜，即阶级偏向的政体中，重视中产者的作用，一定有裨于实际。""伪善徒然引致祸害，当少数人为治的政体使人民受到虚文的苦难而无实权，这是不足取的。"② 由此，亚里士多德在政治中寻找到诸"义"当中的核心：即政治道德特重公平，正义依公平原则，把等量事物分配于相等的人们。政治权利的分配标准当以对于该团体的实际贡献（功绩）为衡：每一公民尽多少义务就取得多少权利③，"所以，谁对这个团体所贡献的美善的行为最多，按正义即公平的精神，他既比和他同等为自由人血统（身份）或门第最为尊贵的人们，或比饶于财富的人们，具有较为优越的政治品德，就应该在这个城邦中享受到较大的一份。"④ 这就是分配正义。但是这种正义法则依据不同的"义"的标准而做修正。"财富、出身、才德和集体多数四者并存于城邦之中，各自按其对于城邦的贡献而争取作为享受政治权利的标准。如果依平民主义，则理应驱除才德优胜的人们，以维护多数统治，放逐律可视为一种适当的政策。如果依据才德标准，则国内有出类拔萃的圣贤，就该奉为君王。"⑤

从上面的分析我们可以清楚地看到亚里士多德从"义"到"正义"的逻辑路径，而且财富并不是必选项，而在近代社会，财富成为必选项，

---

① 亚里士多德：《政治学》，吴寿彭译，商务印书馆2016年版，第445页。
② 亚里士多德：《政治学》，吴寿彭译，商务印书馆2016年版，第448页。
③⑤ 亚里士多德：《政治学》，吴寿彭译，商务印书馆2016年版，第449页。
④ 亚里士多德：《政治学》，吴寿彭译，商务印书馆1996年版，第143~144页。

其中的关系就更为复杂。亚当·斯密得出的结论与亚里士多德的完全相反，但是从"义"到"正义"的逻辑路径并没有改变。

亚当·斯密在《道德情操论》中讨论人在社会中如何实现美德。① 在人实现美德的研究中，亚当·斯密发现财富的作用非常巨大。人组成社会，人的发展是美德实现过程中一个不可缺少的环节。这也是亚当·斯密写《国富论》的缘由。在亚当·斯密的逻辑体系中，分工非常重要，它是基础。分工是"磨炼和发挥个人的才能"。他的《国富论》即以分工为论证的基础，这本书第一篇第一章就是"论分工"，这一思想贯彻他整本书论证体系的始终。在亚当·斯密的理论中，分工是为了发挥自身的绝对优势，发挥自身工作效率高的方面。而分工同时也导致了人的才能的不同。"人的才能相当部分是后天培育的。"人的才能上的优势很大部分是源于分工。"这就鼓励大家各自委身于一种特定的业务，使他们在各自的业务上，磨炼和发挥各自的天赋资质或才能"② 。这是绝对比较优势和自由竞争的基础。人人基于自己的比较优势进行分工，不断地磨炼，造就了不同人的"绝对比较优势"，每个人都基于自己的绝对比较优势，生产社会的商品进行交易，个人自私自利的行为一方面为自己积累了巨大的财富，另一方面也促进了社会整体财富的增加，这就是著名的市场经济"看不见的手"。

引入分工与交易，就意味着财富在人的发展中具有基础地位。第一种是通过劳动获取财富的劳动者，劳动的属性是劳动工资与社会对劳动的需求、社会财富的增长呈正相关，③ 因此，劳动者的利益与社会的利益是一

---

① 亚当·斯密：《道德情操论》，蒋自强等译，商务印书馆 1997 年版。在伦理学领域，亚当·斯密不是一流的学者，他的《道德情操论》的影响力远不及他的老师大卫·休谟的《人性论》，甚至他的著作在伦理学领域也鲜有人提及。

② 亚当·斯密：《国民财富的性质和原因的研究》，郭大力，王亚南译，商务印书馆 1994 年版，第 15 页。

③ 亚当·斯密：《国民财富的性质和原因的研究》（上卷），郭大力、王亚南译，商务印书馆 1994 年版，第 241 页。原文为："劳动工资最高的时候，就是对劳动的需求不断增加，所雇劳动量逐年显著增加的时候。当社会的财富处于不增不减的状态时，劳动者的工资马上就会低落，只够他们赡养家庭、维持种类。当社会衰退时，其工资会降低到这一限度以下。""劳动者在繁荣社会中不能享得地主阶级那样大的利益，在衰退社会中却要蒙受任何阶级所经验不到的痛苦。"

致的，也就是劳动者的发展之"义"是符合社会利益的。尽管两者利益同向，但亚当·斯密指出，劳动者"没有了解一般社会利益的能力，更没有能力理解本身的利益与社会利益的关系。他们的状况不能让他们有接受各方必要消息的时间，即使有此时间，他们的教育和习惯也不能使他们对任何消息做出适当的判断。因此，在公众集议时，只在特殊场合即在雇主为着自己的特殊目的，而不是为着劳动者的利益，出来鼓励并支持劳动者发言的场合，劳动者才发表意见。此外，劳动者能发言，很不多见，其议论受到尊敬的，更为少闻。"① 因此，劳动者的"义"符合社会利益，但是劳动者在管理社会能力上存在欠缺使得他们的"义"无法成为社会"公义"。②

第二种是通过运用资本获取财富的资本家。资本家的分工属性使得这一阶级由于"终日从事规划与设计"，有敏锐的理解力，而且最为富裕，为社会所尊重，具有领导社会的能力。③ 这也正印证了亚当·斯密论证的基础——"人与人之间的差异，看来是起因于习惯、风俗与教育，而不是起因于天性。"④ 但是资本家的发展之"义"与社会利益相反，"不论在哪一种商业或制造业上，商人的利益在若干方面往往和公众利益不同，有时甚或相反。扩张市场，缩小竞争，无疑是一般商人的利益。可是前者虽然往往对于公众有利，后者却总是和公众利益相反。"⑤ "他们通常为自己特殊事业的利益打算，而不为社会一般利益打算，所以，他们的判断，即使在最为公平（不总是如此的场合）也是取决于关于前者的考虑，而很少取决于关于后者的考虑。"⑥

资本这一财富形式使得资本家具有管理社会的能力，但是他们的

---

① 亚当·斯密：《国民财富的性质和原因的研究》（上卷），郭大力、王亚南译，商务印书馆1994年版，第241~242页。

② 马克思正是在继承亚当·斯密劳动创造财富、分工决定性格理论的前提下，提出通过革命的方式将无产阶级的"义"上升为社会"公义"，并通过教育的方式和无产阶级先锋队的方式，使其具有将自身的"义"转化为社会"公义"的能力。

③⑤⑥ 亚当·斯密：《国民财富的性质和原因的研究》（上卷），郭大力、王亚南译，商务印书馆1994年版，第242页。

④ 亚当·斯密：《国民财富的性质和原因的研究》（上卷），郭大力、王亚南译，商务印书馆1994年版，第15页。

"义"与社会整体的利益相反，因此，他们的"义"也不能上升为社会之"公义"。"因此，这一阶级所建议的任何新商业法规，都应当十分小心地加以考察。非小心翼翼地抱着怀疑态度作了长期的仔细检查以后，决不应随便采用。因为他们这般人的利益，从来不是和公众利益完全一致。一般地说，他们的利益，在于欺骗公众，甚至在于压迫公众。事实上，公众亦常为他们所欺骗所压迫。"①

第三种是靠土地地租获利的地主，他们的分工形式使得"地主阶级的利益，是和社会一般利益密切相关，不可分离的"②。但是，由于获取地租是一种消极的方式，"他们不用劳力，不用劳心，更用不着任何计划与打算就自然可以取得收入。这一阶级所处的安乐稳定地位，使他们自然流于懒惰。懒惰不但使他们无知，并使他们不能用脑筋来预测和了解一切国家规章的后果。"③ 因此，地主的"义"虽然与社会利益相符合，但是他们没有能力将自己的"义"升华为社会的"公义"。

正是由于亚当·斯密对近代市场经济三个阶级的"义"做出的分析，无法从中提炼出"正义"的法则：与社会利益相一致的阶级没有能力将自身的"义"转化为社会"公义"，而有能力转化的阶级则与社会利益相反，因此，斯密最终的结论是，国家无法掌握经济社会的"正义"，完全从竞争市场中退出，市场经济的正义法则是自由和完全竞争。正是由于现代社会任何一个阶级都有不足的地方，单独的任何阶级都不可靠，而整个社会制度却需要建立在一个坚定的基础之上。亚当·斯密在否定了阶级作为市场经济社会制度的基础之后，重新提出了将人作为社会制度的基础。

---

① 亚当·斯密：《国民财富的性质和原因的研究》（上卷），郭大力、王亚南译，商务印书馆1994年版，第243页。

② 亚当·斯密：《国民财富的性质和原因的研究》（上卷），郭大力、王亚南译，商务印书馆1994年版，第241页。原文为："凡是促进社会一般利益的，亦必促进地主利益，凡是妨害社会一般利益的，亦必妨害地主利益。地主在关于商业及政治问题的公众集会上，为本阶级的利益打算，决不会贻误国家，至少，在他们对本阶级利益具有相当知识的场合是如此。"

③ 亚当·斯密：《国民财富的性质和原因的研究》（上卷），郭大力、王亚南译，商务印书馆1994年版，第241页。

"每个人改善自身境况的一致的、经常的、不断的努力是社会财富、国民财富以及私人财富赖以产生的重大因素。这不断的努力，常常强大得足以战胜政府的浪费，足以挽救行政的大错误，使事情日趋改良。"① 由此，亚当·斯密得出的结论是：减少国家的作用，发挥市场和自由竞争的力量——这就是亚当·斯密的自由市场经济，即国家尽可能地减少作用，仅仅局限于安全、契约的强制履行以及有限的几个方面。这就是亚当·斯密的思想和他的论证过程，在这一过程中，现代社会的秩序建立起来了，现代国家的理念也确立起来了。

三、从"义"到正义的断裂：中国传统中"义"的思想

现代社会正义思想源于个体发展之义，那么，什么是"义"呢？中国传统之义是否也是在同样意义上使用呢？同样，中国传统的义也是人发展的应有之义。"万事莫贵于义"（《墨子·贵义》），奉行义，并不是为了他人的赞扬或是批评，而是为了实践"道"（真理）②。"义"正是来源于世间固有法则，要以事物本来的面目来取舍，坚持世间原有的法则，不要以众人的评价标准为标准。即使天下的人都不为"义"，个人还有为义的必要。③ 正如孔子讲的："君子义以为质，礼以行之，孙以出之，信以成之。""君子喻于义，小人喻于利。""君子有四忧：德之不修，学之不讲，闻义不能徙，不善不能改。"④

"义"最本原的解释是"事物的本来含义"，是透过现象揭示事物的本质。"义，人之正路也。"（《孟子·离娄上》）"义者，万物自然之则，

---

① 亚当·斯密：《国民财富的性质和原因的研究》（上卷），郭大力、王亚南译，商务印书馆1994年版，第315页。

② 《墨子·耕柱》。原文为："且翟闻之为义，非避毁就誉，去之苟道，受狂何伤！"《墨子校注》，吴毓江撰，孙启治点校，中华书局2006年版，第644页。

③ 《墨子·贵义》。原文为："子墨子自鲁即齐，过故人，谓子墨子曰：'今天下莫为义，子独自苦而为义，子不若已。'子墨子曰：'今有人于此，有子十人，一人耕而九人处，则耕者不可以不益急矣。何故？则食者众，而耕者寡也。今天下莫为义，则子如劝我者也，何故止我？'"《墨子校注》，吴毓江撰，孙启治点校，中华书局2006年版，第670页。

④ 以上三句均出自《论语》。

人情天理之公。"（朱舜水：《舜水文集·杂说》）在语言使用上，"义"直接与最终价值相联系，如"仁义""道义""真义"等。

"义"和"德"都指向人的发展，"德"是从静态上归纳人的发展路径，在各个文明中，对这一问题的归纳近乎一致；而"义"是从动态上讨论人的潜力的实现路径，"义"是"德"的权变，即根据不同的环境、不同的时间做应该做的事情，做正确的事情（righteousness），这就需要因时、因地而化，东西方文明的分歧由此而生。

厚德载物，德是人发展的基础，但德的实践需要有"义"的支持。因为德性本身是静态的，在应用中具有不确定性。首先，德本身难以把握，德并不是孤立存在，而需要取决于其他因素，如"好学""好礼"等。如果没有好学，光有德本身，好事情会变成坏事情。孔子讲的"六言六弊"就是这样①，没有"好学"，好品德就会滑向反面。同时，德本身还有程度与均衡的问题，不考虑场合、环境，就不能实现德的目的，正如孔子讲的，如果不考虑场合、环境，仍然是"小人"。② 因此，孔子提出在实现人的发展的过程中，"实事求是"是基本，"子绝四：毋意，毋必，毋固，毋我。"这就涉及对德的选择，甚至是对德的完全抛弃，没有任何机械、教条之义。

其次，每个人的成长环境、性格不同，对不同的德的需求也不同，正如在孔子的弟子中，有以德行见长，也有以言语见长，有以政事见长，也有以文学见长。③ 不同的人需要"因材施教"，对其道德的要求也应该是不同的。孔子并不对学生做统一要求，而是让学生各言其志④，在自身兴趣爱好的基础上再因材施教，让其发挥自身的潜力。

---

① 子曰："由也！女闻六言六蔽矣乎？"对曰："未也。""居！吾语女。好仁不好学，其蔽也愚；好知不好学，其蔽也荡；好信不好学，其蔽也贼；好直不好学，其蔽也绞；好勇不好学，其蔽也乱；好刚不好学，其蔽也狂。"

② 《论语·子路》。原文为："言必信，行必果，硁硁然，小人哉！"

③ 《论语·先进》。德行：颜渊，闵子骞，冉伯牛，仲弓。言语：宰我，子贡。政事：冉有，季路。文学：子游，子夏。

④ 见《论语·先进》。

最后，德与德还会互相冲突。在孔子的仁学体系中，有这么多德，"仁、知、信、直、勇、恭、慎、刚、毅、木、讷、诚、忠、恕、孝、悌、义、智、好学、中庸、以德报怨"，能否在同一时间内全部做到，这是有疑问的。对孔子的优秀弟子而言：德行第一的颜回，在提问辩论环节上欠缺①；言语第一的宰我②，但勤奋欠佳，在《论语》中有白天睡觉的记载③；政事第一的冉有，曾为虎作伥，正义与邪恶不分，气得孔子要清理门户。④ 这些德，要一起实现非常困难。这时，就需要有轻重缓急，这也是为什么孔子殁后，儒分八家，这八家并不是在仁学目标上的分歧，而是在实现手段上的分歧，是在德性处理上的不同。因此，德性问题的关键是如何实现的问题，而这正是"义"所要解决的。正如孔子所言，"君子之于天下也，无适也，无莫也，义之与比"，也正如孟子所言，"言不必信，行不必果，惟义所在"。

没有"义"，德性的实践就会困难重重、危机四起。"……义者，谓各处其宜也。"（《管子·心术上》）《中庸》也讲，"仁者，人也，……义者，宜也，……""义者，人道之宜，裁万物而与天下共睹，是故信其属也。"德的权变唯有"义"才能识别。"以义应变，知当曲直故也"，这些变化只有在依据"义"进行判断时，才可能知道其中的曲直，做到该曲就曲，该直就直。否则，"权变"离开了"义"，就会受"欲"的支配，"权变"的意义也就丧失了。⑤

---

① 《论语·先进》。原文为："子曰：'回也，非助我者也，于吾言无所不说。'"

② 《论语·先进》。原文为："德行：颜渊，闵子骞，冉伯牛，仲弓。言语：宰我，子贡。政事：冉有，季路。文学：子游，子夏。"

③ 《论语·公冶长》。原文为："宰予昼寝。子曰：'朽木，不可雕也，粪土之墙，不可杇也；于予与何诛？'"

④ 《论语·先进》。原文为："季氏富于周公，而求也为之聚敛而附益之。子曰：'非吾徒也。小子鸣鼓而攻之，可也。'"

⑤ 《荀子·不苟》。原文为："君子崇人之德，扬人之美，非谄谀也；正义所指，举人之过，非毁疵也；言己之光美，拟于舜、禹，参于天地，非夸诞也；与时屈伸，柔从若蒲苇，非慑法也；刚强猛毅，靡所不信，非骄暴也；以义应变，知当曲直故也。《诗》曰：'左之左之，君子宜之，右之右之，君子有之。'此言君子能以义屈信、变应故也。"见王先谦撰：《荀子集解》，沈啸寰、王星贤点校，中华书局1988年版，第41~42页。

中国传统有丰富的"义"的思想资源，四大名著之一《三国演义》的核心思想就是讲"义"，其中的"桃园三结义""华容道义释曹阿瞒""千里走单骑"等都成为众人皆知的传奇，其中关羽也被尊为"关圣""武圣"，成为"义"的代表。但是在"义"上升为"正义"这个问题上，中国传统文化并没有很好地解决，从而使得政治"正义"未形成完整的思想，体现出丛林化倾向：成者王，败者寇，中国传统统治的"外儒内法"充分地说明了这个问题。中国强大的"大一统"传统极大地弱化了中国传统中"公义""正义"的思想①，使中国现代法律很大程度上是在"势"与"术"层面上使用，未能找到自身真正的力量和道德伦理的渊源。

在孔子的思想中，"为政"在仁学思想中非常重要，是个人成长的重要平台，但"为政之义"在孔子那里并没有解决好。在个人的成长层面，通过践行德而导向仁，而在实操层面，"义"是取舍的标准，到了政治层面，又仅仅将"德"与"政"联结，提出"为政以德"的理想，如何将"义"与"政"结合，是孔子没有解决的问题②，由此他的政治理念也为子路诟病。③ 这种"德"与"政"的结合，孔子自身也发现问题，所以指出，上古是"斯民也，三代之所以直道而行也"，而今是"道之不行，久矣"（《论语》）。

正是在"正义"问题上，导致了儒墨两家的分道扬镳。墨子突出"义"，使其成为维系社会关系的基本准则。"天下之所以乱者，生于无政长"，由是，必须要"一同天下之义"。而这个"义"直接出于"天志"，"故子墨子之有天之意也，上将以度天下之王公大人为刑政也，下将以量

---

① 《淮南子·道应训》指出了大一统社会的精髓，"王若欲久持之，则塞民于兑，道全为无用之事，烦扰之教，彼皆乐其业，供其情，昭昭而道冥冥。……以此移风，可以持天下不失矣。"见刘安：《淮南子》，陈静注释，中州古籍出版社 2010 年版，第 201 页。宋儒认为"做官夺人心志"（《近思录·卷十二》，朱熹、吕祖谦：《近思录》，第 409 页），无正义的政治与人的发展之"义"背道而驰。

② 孔子自身的表现也自相矛盾，一方面，孔子讲"危邦不入，乱邦不居"（《论语·泰伯》），另一方面，佛肸叛乱，孔子却欲前往，无怪乎子路对其不满。见《论语·阳货》。

③ 子路在孔子的弟子中号称"为政"第一，曾讥孔子的"正名"的思想过于迂腐。见《论语·子路》。

天下之万民为文学出言谈也。……故置此以为法，立此以为仪，将以量度天下之王公大人卿大夫之仁与不仁"（《墨子·天志中》），这种"公义"需要符合"三表"，一是"上本之于古者圣王之事"，二是"下原察百姓耳目之实"，三是"发以为刑政，观其中国家百姓人民之利"（《墨子·非命上》）。这在理论上成立，但是在实践中如何操作就成问题了，由此，墨子用简单的方法来实现统一，即用"天子""巨子"来实现统一，即"天下之百姓皆上同于天子"，而"天子又总天下之义，以尚同于天"（《墨子·尚同》）。而非像古希腊传统，或是延续自身理论逻辑，采取通过明确"正义"的内涵，通过构建制度的方式从"义"中推导而出。墨子思想的这一简单化处理成为其致命缺陷，也使得其不足以抵御大一统社会长期的挤压，其显学地位仅维持四百年，其后续影响力也限于民间了。①

儒家后续的发展，如何补充"为政"的思想，并希望提炼出正义的思想一直是其重点。孟子将"仁"与"政"结合，而非将"义"与"政"结合，提出仍是以德为基础的应对之策："穷则独善其身，达则兼济天下"（《孟子·尽心章句上》），这与孔子的"天下有道则见，无道则隐"（《论语·泰伯》）、"邦有道，则知；邦无道，则愚"（《论语·公冶长》）一脉相承，但"公义""正义"思想仍未彰显。

荀子由此深入，指出"权变"在为政中必不可少，"势与术"在为政中决定了君子之仁能否实现，但"仁义"是其底线。② 这种反向演绎也是成立的，如果进一步推演，"公义""正义"思想就呼之欲出了。但当时的时代已容不得"正义""公义"生存了③，诸侯争霸已近末期，社会大一统的趋势越来越明朗。所以，荀子的弟子韩非对"势与术"的进一步研究，得出的并不是社会"公义"的结论，而是"义"与"正义"的完全

---

① 当然，这样对墨家和墨子而言已是苛求。社会思想的发展源于丰富的社会实践，古希腊200多城邦的实践给社会正义思想提供了丰富的源泉。

② 沈敏荣：《仁者无敌：仁的力量——大变动社会的生存之道》，人民出版社2015年版，第653页。

③ 荀子生活的时间为约公元前313年—公元前238年），此时为战国末期，强秦已出现。秦始皇（公元前259年—前210年），出生于赵国都城邯郸，13岁继承王位，39岁称皇帝，在位37年。

断裂，这正反映了大一统社会的政治呈现出非理性的特点并不支持"正义"模式。韩非子指出，"上古竞于道德，中世逐于智谋，当今争于气力"（《韩非子·五蠹》），认为道德、仁义的成长模式已不再适用于当时，"世主美仁义之名而不察其实，是以大者国亡身死，小者地削主卑。何以明之？夫施与贫困者，此世之所谓仁义；哀怜百姓不忍诛罚者，此世之所谓惠爱也。夫有施贫困则无功者得赏，不忍诛罚则暴乱不止……吾以是明仁义爱惠之不足用。"（《韩非子·奸劫弑臣》）

道家强调人的自然属性的传统思想渊源也不支持"义"的思想，"大道废，有仁义；智慧出，有大伪"，"绝圣弃智，民利百倍；绝仁弃义，民复孝慈"①，"故失道而后德，失德而后仁，失仁而后义，失义而后礼，夫礼者忠信之薄而乱之首。"② 道家返璞归真、弃绝尘世的方法虽然可以保存人的自然属性，但是也无法推导出正义的世俗法则。

从"义"未能发展出"正义"的思想，从而使政治社会无规则、标准可言③，这就使得中国传统上的法律基本上都是在"律"的层面上使用，而鲜有在"法"的层面上使用，运用"律"的也是行政官员，而非自成独立体系。这对现代"法官"和"律师"制度的形成产生了巨大的影响，同时，对现代中国法律的引入和法律体系的形成也产生了巨大的影响。

四、缺乏正义的现代化尴尬：法律的引入与伦理的欠缺

没有义，德性与世俗价值的连续就会困难重重、危机四伏，而缺少了德性，财富、地位、荣耀会蒙蔽人的灵魂，诱使人们与魔鬼做交易。因此，从"义"中归纳出核心价值，建立社会的正义秩序，对于防止社会滋生邪恶尤

---

① 《道德经》18、19 章。

② 《道德经》38 章。

③ 明末清初，一批有识之士对专制主义进行激烈的批判。其中黄宗羲指出，"三代以下，天下之是非一出于朝廷。天子荣之，则群趋以为是；天子辱之，则群擿以为非。簿书、期会、钱谷、戎狱，一切委之俗吏。时风众势之外，稍有人焉，便以为学校中无当于缓急之习气。而其所谓学校者，科举嚣争，富贵熏心，亦遂以朝廷之势利一变其本领……"见黄宗羲：《明夷待访录》之"学校"，中华书局 2011 年版，第 39 页。

其重要，对于现代社会尤其如此。现代社会所释放出来的人的自然属性、人的自利理性、人的物质欲望，这些其实都是近代社会以前人类社会长期以来持否定态度的，尤其是财富对人类灵魂的腐蚀作用，没有法律正义的约束，必然加剧社会的礼乐崩坏，纲常沦丧。现代性赋予法律基础的地位与作用，对现代社会而言，寻找法律正义的内核与传统渊源、建立法律正义的基础尤其重要。正是在这一重要环节上，中国的现代化出现了问题。

中国法律的现代化源于西方的影响，从 19 世纪洋务运动开始，西方的影响从器械，到制度，再扩及文化全方位的影响，推动了中国现代化的进程，20 世纪 80 年代开始的改革开放也受到西方的深刻影响，法律的现代化也是如此：从宪法的制定，到刑法、民法通则、行政诉讼法、合同法、公司法、证券法、物权法、侵权行为法、反垄断法等，无不受到西方先进立法例的影响。但在引入过程中，一个突出的特点就是法律伦理的欠缺，法律正义得不到传统的支持，从而出现基本法的危机，具体表现在以下几个方面。

第一，法律与现实严重脱节，政治问题与法律问题未明确区分，以宪法为典型。宪法的可诉性一直是一个难以解决的难题。宪法没有可诉性，说明整个法律体系还没有形成一个完整的逻辑统一体，政治问题与法律问题含糊不清，无法用宪法的体系性来概括整个法律规则体系。而不以完整的逻辑统一体为基础，法制的合理性就很值得商榷，法治更无从谈起。

宪法成立的一个重要前提就是社会具有共识，并将这些共识转化为法律，如人的本质、人是如何发展的、财富在人的发展中的地位与作用等，从而构成公民的基本权利、社会的基本经济制度和政治制度，这些若没有传统的支持是无法实现的。同时，社会能够区分政治问题与法律问题，法律问题占据社会的主导地位，能够将政治问题限制在有限的范围内。而这些重要的前提条件在目前的中国均未得以实现：西方文明与东方传统文明的对抗和分立还很明显，双方的和解和融合需要理论研究和传统思想的支持。

第二，对法律内在的基本伦理价值完全排斥，以物权法为典型。在我们的民法思想中，自然人仅仅是作为法人的相对概念，自然人思想在整个民法思想中无法体现。自然人思想并非相对于法人，法人是自然人思想的延伸。自然人思想相对于文明人，突出人的自然属性和自然状态，是为了在文明的同化中保存和发展人的多样性，这是现代社会的基础，是人发展的起点。因此，自然人的保障必须要体现绝对性、对世性、充分性，而物权正是体现这些特点。物权为绝对权、对世权，具有周延性，满足了自然人保障的要求，给人保存多样性和自身的特点划分了势力范围，任何文明或是法律的强制都无法突破这种自由，近代将之称为"神圣""天赋""绝对"，将之定性为"不可让与""不可减让""不可减损"。①

其实，对自然人思想的排斥还有一个深层次的原因，就是在中国的现代化过程中，对于人应该如何发展这个问题仍未形成清晰的思路：是以古希腊共和国的政治路径？还是以亚当·斯密之后人在经济社会中发展的市场路径？这两条路代表着城邦国家与民族国家的不同思路。依古希腊共和国与公民的发展路径，自然人思想实属多余，不引入自然人思想是可以的。如果要采用亚当·斯密的现代社会思路，则引入自然人思想是完全必然和必须的。"人民民主共和国"的政治理念接受古希腊的人在政治社会中发展的路径，而市场经济则采取亚当·斯密的自然人发展路径。中国的现代化在这个问题上的犹豫充分体现了中国现代化中对人应该如何发展这一问题欠缺考虑。

现代社会提供了两种基本的发展路径，一种是政治路径。自古希腊以来，"人是政治的动物"，公民在共和国中发展成为共识。民众有发表自己意见和联合发声的自由，即言论自由和结社自由，这种意见在社会中汇集，厘选出共同的意见或是折中的意见，这就是民主和选举，最后，决策者需要为自己的决策承担责任，这就是最终的执行机制。近代的社会契约、民主决策、选举制度都是在这一思路下进行。这一切的基础是"共识"的存在，假如没有"共识"，这一套制度的运作就比较麻烦了，就会

---

① 沈敏荣：《自然人思想解析》，《北京科技大学学报》，2007 年第 2 期。

产生"宪法危机"和社会裂痕，甚至是分裂。① 二是市场路径。人在政治中的发展需要以充分的信息为基础，而在陌生人社会的情形下，人与人之间的信息难以充分沟通，政治作为人的发展的基本路径被舍弃，这是自文艺复兴之后500年西方社会的历史经验证明了的。② 因此，以商品价格作为人与人交流的中介，通过分工与交易来发挥人的才能成为现代社会制度设计的首选。契约社会提供的是人的经济理性不断训练的场所，通过分工与交易，人的能力得以提升。

这两条路径都提供了充分的自由选择空间，政治中的民主选举，经济中的意思自治，社会提供的并不是答案，而是过程的支持，这正是现代社会正义的基本特征。"正义"并不是否定社会个体单一的"义"，而是给单一的"义"提供足够的空间，并给予足够的支持。这正是现代社会的根本特点和我国法律现代化的方向，是社会和法律正义的核心。

第三，中国法律的引入由于欠缺体系化的考量，政治问题与法律问题的混淆使得对法律的基本功用缺乏完整的认识：什么问题是法律问题可以解决的，什么是法律问题不可以解决的，对此缺乏整体的设计，法律的作用被过高强调，而在实践中却存在大量的潜规则，这种被撕裂的现象比比皆是。其实，法律是具有逻辑前提的，法律解决不了纯粹的利益关系。一个很重要的边界就是政治问题和法律问题的区别，法律可以解决法律问题，但是无法解决政治问题。目前，中国强力反腐也很能说明法律功能的局限性，这些盘根错节的腐败关系网，没有政治上的决心，单靠法律是无法推动的。

这种关系的混乱对经济法产生了致命的影响。比如，2005年修订《公司法》时强调商业自由在经济合作中的作用，公司的意思自治和章程自治日渐突出。现代市场经济中最为重要的主体是公司，但是公司法上确立了商业自由的基本原则——"商业判断规则"（BJR，Business Judgment Rule）却被搁置。因为商业自由的引入是以完善的公司治理作为基础，在

---

① 19世纪美国的南北战争以及2015年英国苏格兰的公投都说明了这一问题。
② 沈敏荣：《市民社会与法律精神——人的品格与制度变迁》，法律出版社2008年，第353页。

缺乏完善的公司治理的条件下，单单引入"商业自由"会引起职业经理人与企业所有人间的对抗，无助于国有企业的改制与民营企业的现代治理构建。问题是，商业的灵活性使得商业自由是其必然结果，商业自由与义务的界限不清，认定不明，法律规则无法调整，必然使潜规则盛行。再比如，《反垄断法》的本意是在契约自由基础上，在最终效果上最终审查契约自由与整体制度竞争价值是否符合，它的有效目标就是经济垄断，而无力处理行政垄断或是行政权力在经济中的存在。但中国的《反垄断法》却被赋予了这几个方面的功能，希望借助《反垄断法》来实现经济秩序的市场化，这其实是对《反垄断法》的奢望。中国市场经济中的垄断除了市场的开放带来的跨国公司的限制竞争行为外，另一个突出的问题就是行政权力在经济中无所不在的影响。这一市场经济中最为根本的市场与政治的关系问题已非反垄断法所能解决，而需要在宪法层面上做出安排。

五、跨越义与正义的鸿沟：回归"道—德—义—正"的伦理结构

法律是现代社会智慧的结晶，将社会共识通过基本法的形式体现出来，通过民主决策的方式形成法律规则，从而实现人民治理的目标，实现古希腊以来"社会是训练社会成员的大学校"的理想。法律的现代化就是将这种共识以法律的方式体现出来。从上面的分析可以看到，近现代法律伦理逻辑的建立遵循着"道—德—义—正"的伦理结构模式，从这一结构出发，可以检讨我国法律伦理结构的不足，并加以改进和提升。

回归中国的传统，我们发现关于人的发展的智慧并不欠缺，而且东西方在这一方面的智慧相差无几。[1] 道家讲人身上有鲲鹏之志[2]，孔子讲

---

① 见沈敏荣：《仁者无敌：仁的力量——大变动社会的生存之道》（上册），人民出版社 2015 年版，第 301 页以下。

② 《庄子·逍遥游》。原文为："北冥有鱼，其名曰鲲。鲲之大，不知其几千里也；化而为鸟，其名为鹏。鹏之背，不知其几千里也；怒而飞，其翼若垂天之云。是鸟也，海运则将徙于南冥。南冥者，天池也。齐谐者，志怪者也。谐之言曰：'鹏之徙于南冥也，水击三千里，抟扶摇而上者九万里，去以六月息者也。'"

"知者不惑，仁者不忧，勇者不惧"[①]，"我欲仁，斯仁至矣"[②]，孟子讲"浩然之气"，荀子讲人身上有神奇的力量[③]，佛家讲本性自足，人人皆有佛性[④]，这与《圣经》上讲的神依自己的形象造人完全相似，因此，社会的合理性和正义在于如何将人的这种力量发挥出来，这是社会正义的逻辑起点，也是推动西方社会现代化的基本伦理动力。[⑤]

人的发展是一个由内而外的自我认同的过程，需要全身心地投入，外在的力量仅仅是必要的外因辅助。这种人的发展具有不确定性、不可规定性，需要在"兴于诗"中不断地"如切如磋，如琢如磨"[⑥]，需要"听其言，观其行"（《论语·公冶长》）。这正是现代社会"自由"的伦理基础，孔子由此而有"仁学"的不可言说[⑦]、因材施教，都是缘于人发展的复杂性，也是基于对人的根本属性的认识。在对人的根本属性的认识上，东西方相差无几，但是在如何发挥人的潜力上，东西方社会差异极大，而且在各自的传统中也呈现出百家争鸣的态势：不同的人，认为自己的发展方式具有独特性，这正是"一人一义"。这时候，就需要社会制度的构建，如何获取社会的最大公约数，这正是现代社会法律规则形成的机制，也是现代法律具有合理性和约束力的伦理基础。由此，中国传统中蕴含着两种渊源[⑧]，大变动社会的生存智慧和大一统社会的生存法则。当社会礼崩乐坏时，

---

① 《论语·子罕》。

② 《论语·述而》。

③ 《荀子·赋》。原文为："有物于此，居则周静致下，动则綦高以钜。圆者中规，方者中巨。大参天地，德厚尧、禹。精微乎毫毛；而充盈乎大宇。忽兮其极之远也，接兮其相逐而反也，昂昂兮天下之咸蹇也。德厚而不捐，五采备而成文。往来惛惫，通于大神，出入甚极，莫知其门。天下失之则灭，得之则存。""有物于此，生于山阜，处于室堂。无知无巧，善治衣裳。不盗不窃，穿窬而行。日夜合离，以成文章。以能合从，又善连衡。下覆百姓，上饰帝王。功业甚博，不见贤良。时用则存，不用则亡。"

④ 如《六祖坛经》《大若般若金刚经》等。

⑤ 沈敏荣：《市民社会与法律精神——人的品格与制度变迁》，法律出版社2008年。

⑥ 《论语·学而》，原文为：子贡曰："诗云：'如切如磋，如琢如磨'，其斯之谓与？"子曰："赐也，始可与言诗已矣，告诸往而知来者。"

⑦ 《论语·子罕》有"子罕利与命与仁"。也可参考沈敏荣：《仁的价值与时代精神——大变动时代的生存之道》，人民出版社2012年版，第97页。

⑧ 对于中国传统的不同渊源问题，作者另有专文论述，见《大变动社会与仁学智慧》（待发表）。

大变动社会的生存智慧就显现出来，如在明末清初，当时的有识之士对儒学的批判又重新回归到孔子仁学的思想之中，让我们看到孔子仁学的强大生命力①，但是当社会进入到大一统社会时，大一统的生存法则又喧嚣尘上，社会自觉不自觉地走上追逐"富禄寿喜财"的路径中。

不管如何，我国的现代化方向是希望在现代开放社会的框架下来运行经济社会，必须遵循共同的规律性。

第一，社会的发展必须建立在社会成员发展的基础之上。这是自人类社会以来，无论是古希腊文明，还是中世纪，还是近现代西方社会的强盛，以及中国社会的历史经验，都一再证明，尤其是马克思主义更是强烈地指出，个体的强大是社会维持稳定与强盛的基础。忽视或扼杀个体强大的整体强大可能会出现或是维持一段时间，但是就社会或民族的整体发展而言是不可持续的，甚至是灾难性的。社会的现代性体现的是个体的发展与社会整体发展的一致。② 因此，现代性的意义在于促进个人的发展与进步，在于个人自然属性的保持、判断力的提升和实现做人的尊严。

近代以来，中国逐渐走出大一统社会，进入大变动社会之中。现代性所要求的社会的发展建立于个体发展的基础之上逐渐成为社会共识：1949年建立的中华人民共和国从政治上接受了古希腊确立的共和国与公民共同发展的理念，这一传统经过文艺复兴而成为现代社会追求的理想。自20世纪80年代改革开放以来逐渐确立的市场经济，又接受了自亚当·斯密以来确立的人在经济社会中的发展的这一现代社会确立的主流发展模式。尽管在明确这两条路径孰优孰劣、社会应以何种途径为基本发展路径上还存在争议，但是这两条路径所确立的人与社会共同发展的思路相当明确，而这种开放性正是跨越中国传统思想中"义"与"正义"鸿沟的基础。这为中国整合传统思想中"义"的思想，产生符合中国传统的"正义"

---

① 沈敏荣：《仁者无敌：仁的力量——大变动社会的生存之道》（下），人民出版社2015年版，第933页

② 沈敏荣：《市民社会与法律精神——人的品格与制度变迁》，法律出版社2008年版，第272页。

思想奠定了基础。以墨子、荀子为代表的古圣先贤未竟的建立社会"正义"的事业将会在现代中国逐渐成为现实。

第二，经济社会在近现社会意义上的展开也正是为了实现个体发展与社会整体发展的一致性，这正是市场化改革的真正意义所在。经济社会往往在民族国家的层面上能够更好地展开，在类似于城邦国家的小区域国家则更多地体现出政治社会或是公民社会的特点。从人类发展史的角度来看，将财富作为人的发展的途径并非最优选择，这与财富可能会遮蔽美德的危险性相关，但是现代民族国家的现实使得这种次优的选择成为社会成员发展的首选，这种选择并不意味着财富对美德的排挤就不存在了。在经济社会的制度设计中，如何防止经济社会对人的侵蚀与市场经济的效率安排具有同等的重要性，现代社会对财富的强调意味着社会制度需要在这两种价值取向间获得平衡和统一。由此，在现代经济社会中，对诚信和信义的强调成为市民法和经济法最基本的原则，没有这两个基本价值，私法与经济法的运转就会失灵。因此，在市场化立法中，法律的设计必须考虑是否符合这两个核心价值和法律伦理。

第三，法律中正义的产生并非完全基于正义理论，或是基于某一社会阶层的制度设计，需要社会成员、各阶层的发展之"义"的支撑。现代社会的结构是建立在文艺复兴思想基础上的培养社会成员的模式，因此，它强调的不是结果，而是过程。如何依据不同社会成员的特点而让其自由发展，自由使得社会成员的发展之"义"呈现出多元化的倾向。因此，法律的正义一方面在于保障这种多元之"义"的实现，另一方面，需要在这种多元之"义"的基础上归纳出共同的"公义"或是"正义"，这正是现代法律的使命，这样的社会才是一个健康的社会，也是现代社会基本的运行规则。由此，现代社会的伦理可以归纳为"道"（个人成长、社会发展的真理）——"德"（作为基础的道德、原则）——"义"（生存的权变及应对的标准）——"正"（为政、社会环境外在约束的重要性）的内在逻辑，这可以厘清各种传统思想、实践经验是否符合现代性。道德的扩大化、圣人思想的固化、"义"的潜规则化和弱化、财富的异化都不符合现代性要求，而符合这一伦理逻辑的思想则是符合现代开放社会的生存智慧。其中对"德"的过度强调和对"义"的忽视正是现代中国转型时期无法克服思想混乱和人的精神图像模糊的根本原因。在中国传统中具有丰富"义"的思想，同时在民间社会也存在丰富的"义"的思想资源，如何开发与整合正是中国现代化的基本使命。

在"道—德—义—正"的这一伦理框架下，社会成员的发展得到了极大的保障，社会的美德得到了极大的张扬，而且人人皆有灵活性，个性和自由得到了最好地保存，社会健康运行在社会成员的共识之上，这正是自文艺复兴之后对社会的理想，是现代社会具有生命力的奥秘，也是国家强大和民族复兴的奥秘。

参考文献

[1] 司马迁. 史记［M］. 北京：中华书局，1982.

[2] 董仲舒. 春秋繁露［M］. 周桂钿，译，注. 北京：中华书局，2011.

[3] 刘向. 新序校释［M］. 北京：中华书局，2001.

[4] 朱熹. 论语集注［M］. 北京：长沙：岳麓书社，2004.

[5] 朱熹. 近思录［M］. 北京：中华书局，2011 年.

[6] 朱熹，吕祖谦. 近思录［M］. 郑州：中州古籍出版社，2008.

[7] 程颢，程颐. 二程集［M］. 上下，北京：中华书局，1981.

[8] 周敦颐. 周敦颐集［M］. 北京：中华书局，2009.

[9] 陆九洲. 陆九渊集［M］. 北京：中华书局，1979.

[10] 张载. 张载集［M］. 北京：中华书局，1978.

[11] 朱熹，等，撰. 近思录［M］. 北京：中华书局，2011.

[12] 王阳明. 传习录［M］. 郑州：中州古籍出版社，2008.

[13] 黄宗羲. 明夷待访录［M］. 段志强，译注. 北京：中华书局，2011.

[14] 黄宗羲. 明儒学案［M］. 上下册，北京：中华书局，1985.

[15] 陈确. 陈确集［M］. 北京：中华书局，1979.

[16] 戴震. 孟子字义疏证［M］. 北京：中华书局，1982.

[17] 谭嗣同. 仁学［M］. 北京：高等教育出版社，2010.

[18] 王夫之. 读四书大全说［M］. 北京：中华书局，1975.

[19] 王夫之. 张子正蒙注［M］. 北京：中华书局，1975.

[20] 王夫之. 思问录俟解黄书噩梦［M］. 北京：中华书局，2009.

[21] 王夫之. 宋论［M］. 北京：中华书局，2008.

［22］王夫之. 读通鉴论［M］. 上中下册，北京：中华书局，201 .

［23］王夫之. 周易外传［M］. 北京：中华书局，1997.

［24］王夫之. 读通鉴论［M］. 上中下册，北京：中华书局，1975.

［25］王夫之. 宋论［M］. 北京：中华书局，2003.

［26］杨伯竣. 论语译注［M］. 北京：中华书局，1980.

［27］杨伯竣. 孟子译注［M］. 北京：中华书局，1985.

［28］杨伯峻. 列子集释［M］. 北京：中华书局，1979.

［29］上海师范大学古籍整理研究所. 国语［M］. 上海：上海古籍出版社，1998.

［30］尚书［M］. 郑州：中州古籍出版社，2010.

［31］梁启雄. 荀子简释［M］. 北京：中华书局，1983.

［32］王先谦. 荀子集解［M］. 上下，北京：中华书局，1988.

［33］吴毓江. 墨子校注［M］. 上下，北京：中华书局，2006.

［34］谭戒甫. 墨辩发微［M］. 北京：中华书局，1964.

［35］王先慎. 韩非子集解［M］. 北京：中华书局，1998.

［36］饶尚宽. 老子［M］. 北京：中华书局，2006.

［37］王先谦、方勇. 庄子［M］. 上海：上海古籍出版社，2009.

［38］杨树达. 论语疏证［M］. 南昌：江西人民出版社，2007.

［39］牟宗三. 人文讲习录［M］. 桂林：广西师范大学出版社，2005.

［40］章太炎. 国学概论［M］. 曹聚仁，整理，上海：上海古籍出版社，1997.

［41］梁启超. 梁启超法学文集［M］. 范中信，编. 北京：中国政法大学出版社，2000.

［42］胡适. 中国哲学史大纲［M］. 上海：上海古籍出版社，1997.

［43］钱穆. 论语新解［M］. 北京：生活·读书·新知三联书店，2002.

［44］钱穆. 阳明学述要［M］. 北京：九州出版社，2010.

［45］钱穆. 宋明理学概述［M］. 北京：九州出版社，2010.

［46］林语堂. 孔子的智慧［M］. 北京：群言出版社，2010.

［47］匡亚明. 孔子评传［M］. 南京：南京大学出版社，1990.

［48］李幼蒸. 仁学解释学：孔孟伦理学结构分析［M］. 北京：中国人民大学出版社，2004.

［49］顾准. 顾准文集［M］. 贵阳：贵州人民出版社，1994.

［50］冯友兰. 中国哲学史［M］. 北京：新世界出版社，1994.

［51］王亚南. 中国官僚政治研究［M］. 北京：中国社会科学出版社，1991.

［52］南怀瑾. 原本大学微言［M］. 北京：世界知识出版社，1998.

［53］林毓生. 中国传统的创造性转化［M］. 北京：生活·读书·新知三联书店，1996.

［54］蔡英文. 主权国家与市民社会［M］. 北京：北京大学出版社，2006.

［55］罗家伦. 写给青年［M］. 北京：中国人民大学出版社，2005 年版，自序.

［56］黄伟合. 英国近代自由主义研究［M］. 北京：北京大学出版社，2005.

［57］北京大学哲学系. 西方哲学原著选读［M］. 北京：商务印书馆，2005.

［58］金宜久. 伊斯兰教史［M］. 南京：江苏人民出版社，2006.

［59］王尔敏. 晚清政治思想史论［M］. 桂林：广西师范大学出版社，2005.

［60］杨仁寿. 法学方法论［M］. 台北：三民书局，1987.

［61］蔡英文. 政治实践与公共空间［M］. 北京：新星出版社，2006.

［62］江宜桦. 自由民主的理路［M］. 北京：新星出版社，2006.

［63］石元康. 当代西方自由主义理论［M］. 北京：生活·读书·新知三联书店，2000.

［64］张晋藩. 中国法律的传统与近代转型［M］. 北京：法律出版

社，1997.

[65] 盛宁. 人文困惑与反思——西方后现代主义思潮批判［M］. 北京：生活·读书·新知三联书店，1997.

[66] 刘放桐，等，编. 现代西方哲学［M］. 北京：人民出版社，1996.

[67] 杜任之，涂纪亮. 当代英美哲学［M］. 北京：中国社会科学出版社，1998.

[68] 徐友渔，等. 语言与哲学［M］. 北京：生活·读书·新知三联书店，1996.

[69] 张乃根. 西方法哲学史纲［M］. 北京：中国政法大学出版社，1993.

[70] 赵文洪. 私人财产权利体系的发展［M］. 北京：中国社会科学出版社，1998.

[71] 陈嘉明. 现代性与后现代性十五讲［M］. 北京：北京大学出版社，2006.

[72] 汪晖，陈燕谷. 文化与公共性［M］. 北京：生活·读书·新知三联书店，1998.

[73] 冒从虎，等，编. 欧洲哲学通史［M］. 天津：南开大学出版社，1985.

[74] 徐友渔. 精神生成语言［M］. 北京：四川人民出版社，1997.

[75] 严平. 走向解释学的真理［M］. 北京：东方出版社，1998.

[76] 刘梦溪. 传统的误读［M］. 石家庄：河北教育出版社，1998.

[77] 刘梦溪. 中国现代学术要略［M］. 北京：生活·读书·新知三联书店，2008.

[78] 龚鹏程. 晚明思潮［M］. 北京：商务印书馆，2005.

[79] 孟森. 明史讲义［M］. 北京：中华书局，2006.

[80] 唐君毅. 人文精神之重建［M］. 桂林：广西师范大学出版社，2005.

[81] 丁易. 明代特务政治［M］. 北京：中华书局，2006.

[82] 蔡蓁，编. 美德二十讲［M］. 天津：天津人民出版社，2008.

［83］北京大学哲学系外国哲学史教研室，编译. 古希腊罗马哲学［M］. 北京：生活·读书·新知三联书店，1957.

［84］徐怀启. 古代基督教史［M］. 上海人民出版社，2012 年版.

［85］翟学伟，薛天山，主编. 社会信任：理论及其应用［M］. 北京：中国人民大学出版社，2014.

［86］邓正来，郝雨凡，主编. 转型中国的社会正义问题［M］. 桂林：广西师范大学出版社，2013.

［87］靳凤林. 追求阶层正义：权力、资本、劳动的制度伦理考量［M］. 北京：人民出版社，2016.

［88］俞可平. 社群主义［M］. 北京：东方出版社，2015.

［89］沈敏荣. 法律的不确定性［M］. 北京：法律出版社，2001.

［90］沈敏荣. 仁的价值与时代精神——大变动时代的生存之道［M］. 北京：人民出版社，2012.

［91］沈敏荣. 仁者无敌：仁的力量——大变动社会的生存之道［M］. 北京：人民出版社，2015.

［92］沈敏荣. 市民社会与法律精神——人的品格与制度变迁［M］. 北京：法律出版社，2008。

［93］柏拉图. 理想国［M］. 郭斌和，张竹明，译. 北京：商务印书馆，1995.

［94］希罗多德. 历史［M］. 王以铸，译. 北京：商务印书馆，2007.

［95］亚里士多德. 政治学［M］. 吴恩裕，译. 北京：商务印书馆，2016.

［96］亚里士多德. 尼各马可伦理学［M］. 廖申白，译. 北京：商务印书馆，2003.

［97］西塞罗. 论共和国［M］. 王焕生，译. 上海：上海人民出版社，2006.

［98］奥古斯丁. 论上帝之城［M］. 吴飞，译. 上海：上海三联书店，2007.

［99］托马斯　阿奎那. 神学大全［M］. 段德智，等，译. 北京：商务印书馆，2013.

［100］霍布斯：利维坦［M］. 黎思复、黎廷弼，译. 北京：商务印书馆，2014.

［101］约翰·密尔. 论自由［M］. 北京：商务出版社，1996.

［102］马丁·路德. 路德三檄文和宗教改革［M］. 李勇，译. 上海：上海人民出版社，2010.

［103］亚当·斯密. 国民财富的性质和原因的研究［M］. 郭大力，王亚南，译. 北京：商务印书馆，1994.

［104］亚当·斯密. 道德情操论［M］. 蒋自强，等，译. 北京：商务印书馆 1997.

［105］康德. 法的形而上学原理——权利的科学［M］. 沈叔平，译. 北京：商务印书馆，1991.

［106］恩格斯. 自然辩证法［M］. 北京：人民出版社，1971.

［107］罗尔斯. 正义论［M］. 何怀宏，译. 北京：中国社会科学出版社，1988.

［108］卡尔·J. 弗里德里希. 超验正义［M］. 周勇，等，译. 北京：生活·读书·新知三联书店，1997.

［109］沃尔泽. 正义诸领域：为多元主义与平等一辩［M］. 储松燕，译. 上海：译林出版社，2009.

［110］桑德尔. 自由主义与正义的局限［M］. 万俊人，译. 上海：译林出版社，2001.

［111］布尔克. 西方伦理学史［M］. 黄慰愿，译. 华东师范大学出版社，2016.

［112］大卫·A. 德席尔瓦. 次经导论［M］. 梁工，吴珊，译. 北京：商务印书馆，2010.

［113］戴维·米勒. 社会正义原则［M］. 应奇译，南京：江苏人民出版

社，2001.

[114] 森图姆. 看不见的手 [M]. 冯炳昆，译. 北京：商务印书馆，2016.

[115] 罗纳德·科斯，等. 财产权利与制度变迁 [M]. 刘守英，等，译. 北京：上海人民出版社，2014.

[116] 弗兰克·伊斯特布鲁克、丹尼尔·费希尔. 公司法的经济结构 [M]. 罗培新，张建伟，译. 北京：北京大学出版社，2005.

[117] 钱德勒. 看得见的手：美国企业的管理革命 [M]. 重武，译. 北京：商务印书馆，1987.

[118] 阿道夫·A. 伯利，加德纳·C. 米恩斯. 现代公司与私有财产 [M]. 北京：商务印书馆，2007.

[119] 格茨·怀克，克里斯蒂娜·温德比西勒. 德国公司法 [M]. 殷盛，译. 北京：法律出版社，2010.

[120] 弗兰克·伊斯特布鲁克、丹尼尔·费希尔. 公司法的经济结构 [M]. 罗培新，张建伟，译. 北京：北京大学出版社，2005.

[121] 罗纳德·科斯. 企业、市场与法律 [M]. 盛洪，陈郁，译校. 上海：上海人民出版社，2014.

[122] 利奥·施特劳斯. 关于马斯雅维里的思考 [M]. 申彤，译. 南京：译林出版社，2006.

[123] 汉娜·阿伦特. 黑暗时代的人们 [M]. 王凌去，译. 南京：江苏教育出版社，2006.

[124] 斯东. 苏格拉底的审判 [M]. 董乐山，译. 北京：生活·读书·新知三联书店 1998 年版.

[125] 哈罗德·J. 伯尔曼. 法律与革命——西方法律传统的形成 [M]. 北京：中国大百科全书出版社，1996.

[126] 罗纳德·德沃金. 认真对待权利 [M]. 信春鹰，等，译. 北京：中国大百科全书出版社，1996.

[127] 罗斯科·庞德. 普通法的精神 [M]. 唐前宏，等，译. 北京：法律

出版社，2001.

[128] 麦金太尔. 追寻美德 ［M］. 宋继杰，译. 上海：译林出版社，2003.

[129] 罗伯特·诺齐克. 苏格拉底的困惑 ［M］. 郭建玲，等，译. 北京：新星出版社，2006.

[130] 斯蒂芬·霍尔姆斯. 反自由主义剖析 ［M］. 曦中，等，译. 北京：中国社会科学出版社，2002.

[131] 凯斯·R. 孙斯坦. 自由市场与社会正义 ［M］. 金朝武，等，译. 北京：中国政法大学出版社，2002.

[132] 约翰·罗尔斯. 政治的自由主义 ［M］. 万俊人，译. 南京：译林出版社，2000.

[133] 维塞尔. 启蒙运动的内在问题 ［M］. 贺志刚，译. 北京：华夏出版社，2007.

[134] 凯文·凯利. 新经济、新规则 ［M］. 刘仲涛，等，译. 北京：电子工业出版社 2014.

[135] 米歇尔·鲍曼. 道德的市场 ［M］. 肖君，等，译. 北京：中国社会科学出版社，2003.

[136] 埃里克·尤斯拉纳. 信任的道德基础 ［M］. 张敦敏，译. 北京：中国社会科学出版社，2006.

[137] 森图姆. 看不见的手 ［M］. 冯炳昆，译. 北京：商务印书馆，2016 年.

[138] 米尔顿·弗里德曼，罗斯·弗里德曼. 自由选择 ［M］. 胡骑，等，译. 北京：商务印书馆，1998.

[139] 策勒尔. 古希腊哲学史纲 ［M］. 翁绍军，译. 济南：山东人民出版社，2007.

[140] Louis Henkin, etc., Human Rights ［M］. New York：Foundation Press, 1999.

[141] John Finnis. Natural Law and Natural Rights ［M］. Oxford, 2001.

［142］Joseph Raz. Practical Reason and Norms ［M］. Oxford, 2002.

［143］Edmund S. Morgan. Inventing the People ［M］. W. W. Norton & Company, 1989.

［144］Carl Schimitt. The Concept of the Political ［M］. Chicago: University of Chicago Press, 1996.

［145］Hannah Arendt. On Revolution ［M］. Penguin Group, 1990.

［146］William Macdonald, ed., American History ［M］. Macmillan Company, 1899.

［147］David Sedley (ed.). Greek and Roman Philosophy ［M］. London: Cambridge University Press, 2003.

［148］Ronald Dworkin. Law's Empire ［M］. Cambridge: Harvard University Press, 2001.

［149］Thomas Paine. The Rights of Man, 1791, Penguin Classic Reprint, 1985.

［150］Richard E. Smith. Defining Corporate Social Responsibility: A Systems Approach for Socially Responsible Capitalism. University of Pennsylvania Scholarly Commons, 2011.

［151］Barbara Fryzel ed.. The True Value of CSR.: Corporate Identity and Stakeholder Perceptions ［M］. Palgrave Macmillan, 2015.

［152］Claude Menard and Michel Ghertman (ed). Regulation, Deregulation, Reregulation—Institutional Perspectives ［M］. Edward Elgar, 2009.

［153］Stephen Waddams, Principle and Policy in Contract Law ［M］. London: Cambridge University Press, 2011.

［154］James Taylor. Creating Captalism, Joint-Stock Enterprise in British Politics and Culture 1800—1870 ［M］. The Boydell Press, 2006.

［155］Leonard I. Rotman. Fiduciary Duty ［M］. Thomson Carswell, 2005.

［156］LE Talbot. Critical Company Law ［M］. Routledge-Cavendish, 2008.

[157] John W. Meyer, Shawn M. Pope, Andrew Isaacson. Legitimating the Transnational Corporation in a Stateless World Society, from Kiyoteru Tsutsui and Alwyn Lim, (ed.), Corporate Social Responsibility in a Globalizing World [M]. London: Cambridge University Press, 2015.

[158] Rafael Alvira. CSR: What Does It Mean? From Barbara Fryzel, (ed.), The True Value of CSR, Corporate Identity and Stakeholder Perceptions [M]. Palgrave Macmillan, 2015.

[159] Martin Hogg, Promises and Contract Law, Cambridge University Press, 2011.

[160] Stephen Waddams. Principle and Policy in Contract Law [M]. London: Cambridge University Press, 2011.

[161] Paul Davies. Introduction to Company Law [M]. 2nd Edition. London: Oxford University Press, 2010.

[162] LE Talbot. Critical Company Law [M]. Routledge - Cavendish, 2008.

[163] James Taylor. Creating Capitalism: Joint-stock Enterprise in British Politics and Culture 1800—1870 [M]. The Boydell Press, 2006.

后　记

　　孔子仁学的研究缘于长期研究法律过程中法律人格中缺失伦理人格。虽然法学界言之凿凿有法律人一说，但这种法律人却不受传统文化的支撑，系舶来品。因此，当热播的《人民的名义》出现市中院院长勤学"外语"、笑谈中定判决的场面时，人们的普遍态度是并无突兀之感。这种斯文扫地、正义舍弃不断地被现实所证实，从劲爆的最高法院副院长、到各地不断有法院院长未能免于刑戮，一再说明法律人格的无力。《论语》中提到的"有耻且格"无法在法律人的思想中得到体现。在西方学者们讨论"法律必须被信仰"时，我们的法律仍然停留在"器"的层面上，无法与信仰有半点联系，仍沉迷于"暴力出法律"的浅层认识之中，"徒法不足以自行"仍未能成为法律界的共识。

　　越来越多的人认识到自 1840 年以来开启的近代化过程是一个可类比于春秋战国时期的大变动社会时期，这种快速变动的社会普遍让人无所适从，对错、善恶渐失规范，野蛮生长成了常态，"仁人绌约，敖暴擅强。""螭龙为蝘蜓，鸱枭为凤凰。"正是这种时代的相似性，春秋时期诸子百家思想所揭示的变动社会的生存智慧也深深地吸引了现代社会的人们，从传统中寻找思想的支点越来越成为人们普遍的诉求。

　　孔子仁学是变动社会条件下的思想启蒙，它以"视其所以，观其所由，察其所安"的理性方法，以"叩其两端而竭焉"的态度提出对人的全面、理性认识，从人的兴趣、爱好出发（"兴于诗"），坚持真理（"志于道"），在变动社会下坚守美德（"据于德"），在礼乐崩坏的社会下重建行为规范（"立于礼"），以培养自身强大的行动力来应对变动社会的挑战

（"敏于行"），由此而得到自身的发展（"依于仁"）。仁学提出了变动社会条件下生存与发展的智慧，在孔子在世时，就被人誉为"世之木铎"，后世被人推为"万世师表"。

孔子仁学的基本思想是在大变动社会中坚持美德，认为美德在人的发展中具有不可替代的基础性作用。孔子认为周代礼乐所建立的"以德入仁"的思路并没有实质上的问题，"厚德载物"是人发展的正道，除此之外，并无他途，"不恒其德，或蒙其羞"。因此，在个人的发展中，需要担忧的是，"德之不修，学之不讲，闻义不能徙，不善不能改，是吾忧也"，也只有坚持道德，一个人才能实现内在人格的成长。"道之以德，齐之以礼，民有耻且格。"因此，无论在哪个时代，无论是乱世，还是治世，厚德载物是不会改变的，"德不孤，必有邻"。

大变动社会的应对之法在实际应用中需要灵活掌握，"君子之于天下也，无适也，无莫也，义之于比"。需要遵循权宜、变通的法则，即义的法则。君子的本质是"义以为上"，"君子义以为质，礼以行之，孙以出之，信以成之。君子哉！"君子的行动准则是"君子喻于义"，原来教条的德、礼、仁的静态结论在动态条件下可能会被全部推翻，需要依自身的特点、禀性、外在的特点、现实的状况来进行重新设计、编排，而后找到适宜自身的"礼"，以谦逊的态度、以适宜的美德来应对变动社会的挑战，"夫达也者，质直而好义，察言而观色，虑以下人。"因此，仁学作为大变动社会生存与发展的智慧，可以简单地讲，德、学、义构成孔子仁学的三大支点，"德之不修，学之不讲，闻义不能徙，不善不能改，是吾忧也。"而且在大变动社会条件下，在实践操作层面，"德与学"都受"义"的节制，因此，仁学在实践中也就转变为义学，仁义并称足见"义"之重要。

仁学的根本在于如何在大变动社会中让遵循美德成为可能，这才是仁学需要解决的中心问题，君子除了能够将美德化为日常行为的"礼"严格执行外，还需要根据大变动社会的外在环境和压力的变化做出调整，能够因地制宜，因时而化，随机应变也是其中特点。孔子指出，在大变动社会条件下，美德是可以推翻的，没有必须要遵循的教条，这也是《论语》中强调的"子绝四，毋意，毋必、毋固、毋我"，也就是不要自以为是，意气用事；也不要认为这个世界存在必然性，没有什么是应该的，没有什么是不应该的，这正是大变动社会的特点，一切皆有可能，"人能弘道，而非道弘人"；没有任何东西是固定不变的，一切皆在变化之中，包括善与恶；千万不要以自我为中心，大变动社会中有你不多，无你不少。在这里，虽然美德是应对大变动社会的基本原则，但是这些美德都是可以被推翻的，没有固定不变的东西。这也正是孔子提出的，"君子之于天下也，无适也，无莫也，义之于比"是君子最难掌握的。这一点是后来曾子、子思一系没有强调的，也是后来大一统社会传统没有强调的。固定化的君子之道成为中华传统的特点，这并不符合孔子仁学，也未得孔子仁学的精髓。

孔子仁学对人的认识，以及在大变动社会条件下的生存智慧所带来的启蒙意义正是大变动社会的一盏明灯。无论是在春秋战国，还是后世天崩地裂的明清之交，还是自 1840 之后中国近现代化进程，都给大变动社会提供了极有价值的启蒙。孔子仁学的这种大变动社会生存智慧的表述成为中华民族民族精神的坚强内核，成为中华民族的信仰。正如北宋范仲淹指出的，"吾尝求古仁人之心，……不以物喜，不以己悲。居庙堂之高则忧其民，处江湖之远则忧其君，是近亦忧，退亦忧，然则何时而乐焉！其必曰，先天下之忧而忧，后天下之乐而乐乎。"

然自秦汉以来，中国社会进入大一统社会时期，同时，经汉代董仲舒、宋明理学的发展，中国在思想上也渐次达到大一统状态。在明末清初的天崩地解之时，中国社会又重回大变动社会时代，以黄宗羲、顾炎武、方以智、王夫之、朱舜水明末清初中国五大学者为代表的一批思想家对中国的传统思想进行了深入的反思与批判。五位学者均参加过明朝末年的抗清战争，失败后均致力于学术。黄宗羲有"中国思想启蒙之父"之誉。顾炎武以博学于文，行己有耻为主，合学与行、治学与经世为一，开清代朴学风气。方以智博采众长，主张中西合璧，儒、释、道三教归一。王夫之与黑格尔并称为东西方哲学双子星座、中国朴素唯物主义思想的集大成者、启蒙主义思想的先导者，王夫之一生主张经世致用的思想，坚决反对程朱理学，自谓："六经责我开生面，七尺从天乞活埋。"朱之瑜在南明亡后，东渡定居日本，在长崎、江户（今东京）授徒讲学，传播儒家思想，很受日本朝野人士推重。其学特点是提倡"实理实学、学以致用"，认为"学问之道，贵在实行，圣贤之学，俱在践履"。这些思想家的共同特点是以孔子真正的仁义之学来修正不再适应大变动社会发展的理学传统。

明末清初的思想启蒙并没有延续，而是迅速地被政治上的大一统局面所替代，中国重新进入到政治与思想的大一统。没有了大变动社会仁学支撑的明清两代发生了中国历史上最让人难以卒读的人性扭曲，政治上的黑暗与残忍、人性的阴淡和丑陋、仁学的虚伪与无力成为明清两代历史的主旋律。而破开这种雾霾和迷思的方法，思想家们又重新回到了仁学。中国近代思想家谭嗣同于1896—1897年间写成《仁学》一书。《仁学》全书凡50篇，分为两卷。《仁学》上卷，先是宣扬仁以通为第一义，宣扬平等。其次讲仁的不生不灭，提倡兼爱，宣扬博爱。其三是宣扬维新，强调革新，崇奢黜俭，要求动反对静。其四部分反对封建伦常，要破除封建等级制度，宣扬民主。《仁学》下卷先是批封建专制主义，反对民族压迫，其次批三纲的罪恶，宣扬科学民主。其三是提出以心力挽劫运，要求破除我执，打破人我的界限，具有平等思想。其四讲进入大同，含有人人得自由的思想。

中国的近代化进程以及民族复兴的过程都被很多研究者认为其社会变动的激烈程度并不亚于历史上的任何时期，而作为大变动社会生存之道的仁学所带来的启蒙价值和意义无疑也会给现代的变动社会带来极有价值的生存和发展指南。正是基于这种认识，我在学校开设《论语要义》《论语与法律》《〈论语〉的法典化解读》等通识课程，录制了《仁学启蒙：<论语>的法典化解读》的慕课，以期尽到"传道、授业、解惑"之职。本书也正是对这一思考的反映。虽然其中的结论显得稚嫩，但希望通过这些讨论能够提升知识界的良知和共识，能够给大变动社会提供更多的生存与发展的智慧产品。

2019 年 8 月 31 日